EL SIGNIFICADO DEL MATRIMONIO

UN DEVOCIONAL PARA PAREJAS

TIMOTHY *y* KATHY KELLER

El significado del matrimonio: Un devocional para parejas

B&H Publishing Group
Brentwood, TN 37027

Clasificación Decimal Dewey: 242
Clasifíquese: LITERATURA DEVOCIONAL

Diseño de portada por B&H Publishing Group

Publicado originalmente por VIKING con el título The Meaning of Marriage: A Couple's Devotional © 2011, 2019 por Timothy Keller and Kathy Keller.

ISBN: 978-1-0877-0650-4

Impreso en EE. UU.
7 8 9 10 11 12 * 29 28 27 26 25

DEDICATORIA

A nuestros hijos y a las extraordinarias
mujeres que se casaron con ellos.
David y Jen
Michael y Sara
Jonathan y Ann-Marie

INTRODUCCIÓN

Hace varios años, Tim y yo escribimos un libro, *El significado del matrimonio: Cómo enfrentar las dificultades del compromiso con la sabiduría de Dios*. Discutimos una serie de temas relacionados con conocer y amar a tu cónyuge en el contexto de un matrimonio basado en la fe cristiana. Muchas personas nos han dicho cuánto les ha ayudado el libro, y nada podría hacernos más felices. Fue el fruto de un gran esfuerzo, y Dios promete que lo que le da a uno es para el beneficio de todos.

No es necesario haber leído ese libro para usar este. Pero vale la pena recapitular algunos de los temas básicos de *El significado del matrimonio*. El principal problema al que se enfrenta cada matrimonio es el egocentrismo en los corazones de ambos cónyuges. Las culturas tradicionales a menudo lidiaron con esto intimidando a las personas con su pecado. La cultura moderna prácticamente lo ha consagrado, hablando de «MI-Matrimonio», que dura solo mientras ambas partes sientan que el matrimonio satisface sus necesidades sin demasiado esfuerzo. La solución, sin embargo, es el evangelio de Cristo, porque nos humilla y nos exalta al mismo tiempo.

Un tema igualmente crucial es que la esencia de tu matrimonio es un pacto, una promesa que hay que cumplir. Un pacto no es un simple contrato ni una mera promesa emocional. Se están dando toda la vida el uno al otro, no solo física, sino también legal, financiera, emocional y espiritualmente. El compromiso legal que los une crea un espacio incomparable para la confianza, la vulnerabilidad y la intimidad. Actualmente, muchas personas piensan que la esencia del matrimonio es el sentimiento romántico, sin embargo, es la promesa del matrimonio lo que los mantiene unidos a través de los altibajos del sentimiento, lo que, a lo largo del tiempo, proporciona una profundidad de amor que no podría lograrse de ninguna otra manera.

Vemos el matrimonio como una amistad con una misión. Si bien los matrimonios tradicionales en la antigüedad daban prioridad a los deseos de los padres, y el matrimonio moderno eleva los deseos de los amantes románticos, argumentamos que, junto con todos los demás factores, los cónyuges deben ser mejores amigos. La amistad, sin embargo, debe estar basada en algo, y en el matrimonio tiene que ver con el crecimiento espiritual y la forma en que cada cónyuge ayuda al otro a crecer a la semejanza de Cristo. Si buscamos la santidad el uno del otro, la felicidad vendrá; si buscamos principalmente la felicidad, no obtendremos ninguna.

Luego, para estas diversas tareas y responsabilidades en el matrimonio, encontramos una «caja de herramientas» con diversas formas para conocer y amar a tu cónyuge a lo largo de los años, particularmente a medida que ambos experimentan cambios importantes en la vida que a veces nos hacen sentir que estamos casados con un desconocido. ¿Qué hacemos? Hay tres cosas básicas que se pueden hacer: decir la verdad; mostrar amor —en las formas o «idiomas de amor» particulares que tu cónyuge encuentra más valiosas —; y, finalmente, dar gracia mediante el arrepentimiento constante, el perdón y la reconciliación.

En el matrimonio cristiano, amar a alguien del género opuesto es tanto un triunfo como un desafío. Amar a través de la brecha de género requiere mucha paciencia, comprensión, humildad y amor. Hoy, por supuesto, está en un punto marcado por la controversia, pero tratamos lo más posible de apegarnos a las Escrituras, que critican tanto los estereotipos de género demasiado rígidos como la negación moderna de distintos roles de género.

En los últimos dos capítulos pasamos a los temas de soltería y sexualidad. Allí presentamos algo de la ética cristiana y la comprensión del sexo, tan revolucionario como cuando irrumpió en la escena mundial, pero tan impugnado hoy.

Entonces, ¿por qué este devocional? El propósito del devocional en pareja es brindar una reflexión sustentada y práctica sobre el amor y el matrimonio desde una perspectiva cristiana. Un libro como El significado del matrimonio puede proporcionar principios e ideas, pero también puede ser difícil de digerir y aplicar a la vida cotidiana. En el libro que tienes en tus manos, ambos ampliamos y dividimos los temas y las lecciones en meditaciones cortas, observando cada concepto en sus diversos aspectos y proponiendo preguntas y formas de aplicación.

Este devocional toma pasajes de *El significado del matrimonio* y brinda la oportunidad de meditar cada día las implicaciones personales de un aspecto muy específico del matrimonio cristiano.

La primera semana de cada mes, te proporcionamos un texto de las Escrituras sobre el amor, el sexo y el matrimonio, seguido de una meditación sobre un aspecto de la enseñanza bíblica. Después, hay una «Reflexión» que es una serie de preguntas de aplicación, seguida finalmente de un breve ejemplo de una oración sobre el tema. Si bien algunos de estos textos bíblicos se mencionan en *El significado del matrimonio*, estos estudios son nuevos y no se encuentran en el libro anterior.

Los textos que estudiaremos son los siguientes:

Enero: Génesis 1 y 2 | Matrimonio y creación
Febrero: Génesis 2–3; Efesios 5 | Matrimonio y redención
Marzo: Varios | El séptimo mandamiento
Abril: Génesis 39 y varios | Prevención del adulterio
Mayo: Varios | Divorcios
Junio: Proverbios y varios | Quiénes somos el uno para el otro
Julio: Varios Nuevo Testamento | Cómo servirse unos a otros
Agosto: Varios Nuevo Testamento | Cómo reconciliarse unos con otros
Septiembre: 1 Corintios 6 | La revolución sexual cristiana (parte 1)
Octubre: 1 Corintios 7 | La revolución sexual cristiana (parte 2)
Noviembre: Cantos de Salomón| Canción de amor: buscándose uno al otro
Diciembre: Cantos de Salomón| Canción de amor: encontrándose uno al otro

Comenzaremos cada día de las otras tres semanas del mes, con una cita de *El significado del matrimonio* en lugar de un versículo bíblico, seguido de una meditación y una reflexión. Finalmente, hay una «Meditación para la oración» que da algunas ideas sobre cómo puedes orar el tema del día en tu corazón y durante tu vida.

Este es un «devocional de pareja», y está diseñado para que lo usen parejas casadas. Una forma de hacerlo es leerlo en voz alta el uno al otro. Luego preguntarse: «¿Qué les ayudó más?». Después de eso, respondan juntos las preguntas de Reflexión. Finalmente oren juntos, usando la «Meditación para la oración» como base para su propia conversación con Dios. Otra forma de usar este libro es leerlo cada día individualmente, escribir tus pensamientos y reunirte regularmente con tu cónyuge para discutir sus ideas y hallazgos.

Ten en cuenta que los temas básicos y las lecciones nombradas anteriormente se mencionarán en numerosas ocasiones, pero cada vez se abordarán desde una perspectiva diferente, o con preguntas prácticas diferentes.

El significado del matrimonio no fue escrito solo para parejas casadas. Su origen radica en una serie de sermones para una congregación que consiste mayormente de adultos solteros. Este devocional particular, sin embargo, está destinado a parejas casadas, aunque las parejas no casadas que están comprometidas o que están considerando casarse podrían usarlo de la manera que hemos prescrito. Algunas de las meditaciones al final del año deberían ser especialmente aplicables para ellos.

Una advertencia muy importante. Todo cristiano necesita leer la Biblia y orar diariamente. Este libro, si bien puede complementar eso, no debería ser el único tiempo que uno pasa diariamente ante Dios. ¡Tan importante como es este tema, el matrimonio no es lo único de lo que deberías hablar con Dios durante todo un año! Les pedimos a los lectores que consideren usar también nuestros devocionales de Salmos o Proverbios, o alguna otra ayuda para tener un tiempo diario con Dios.

INSTITUIDO POR DIOS

DÍA 1

Y Dios creó al ser humano a su imagen; lo creó a imagen de Dios. Hombre y mujer los creó (Gén. 1:27).

Hoy en día pensamos en el matrimonio como una relación romántica entre dos personas a quienes la sociedad otorga algunos beneficios legales. Sin embargo, la Biblia dice que el matrimonio es creación de Dios y, por lo tanto, es intrínseco a nuestra naturaleza humana. La primera mención sobre el género y el matrimonio en la Biblia ocurre con la primera mención de la humanidad misma. Y aunque no todos los individuos deben casarse, la raza humana, en su conjunto, está constituida para ello. Ninguna sociedad humana puede prosperar sin matrimonios saludables.

Reflexión:

¿Qué asociación observas entre la salud de las personas en general y la salud de los matrimonios?

Oración:

Señor, la fuerza de nuestros matrimonios contribuye al bienestar de la sociedad. Perdóname por pensar egoístamente sobre esto. Mientras buscamos tener matrimonios felices, ayúdanos a hacerlo primeramente por ti y por el bien de los demás, así como por nosotros mismos. Amén.

DÍA 2

Luego Dios el Señor dijo: «No es bueno que el hombre esté solo» (Gén. 2:18a).

LA NECESIDAD DE UNA AMISTAD

Génesis nos muestra a Dios haciendo todo «bueno». Lo primero que declaró «no bueno» es que Adán estaba solo. Esto significa que tenemos una necesidad creada por Dios que solo las relaciones de amor humano pueden satisfacer. Incluso la relación sin obstáculos de Adán con Dios y su hogar en el paraíso no podría satisfacerlo por completo. La soledad, entonces, no es pecado, y esto significa dos cosas. Primero, aunque no es necesario estar casado (por ejemplo, Pablo y Jesús), es necesario que una vida próspera tenga grandes amistades. Segundo, cuando Dios trae a Eva a Adán, está claro que ella no es simplemente una compañera sexual o de negocios, sino la amiga que ha anhelado.

Reflexión:

Es posible que los cónyuges contribuyan tanto a la paternidad, el romance, la sexualidad y la administración de sus asuntos, que descuiden su amistad. ¿Cómo puedes evitar eso?

Oración:

Señor Jesús, no solo eres nuestro verdadero cónyuge (Ef. 5:25-26), sino también nuestro mejor amigo (Juan 15:12-15). Que nuestro matrimonio esté lleno de sinceridad, afecto y compromiso fiel a nuestra amistad. Amén.

DEJANDO

DÍA 3

Por eso el hombre deja a su padre y a su madre, y se une a su mujer, y los dos se funden en un solo ser (Gén. 2:24).

El matrimonio implica irse. No significa que rechaces o abandones a tu familia de origen. Más bien, significa que las necesidades y preocupaciones de tu familia actual tienen prioridad sobre los deseos y conductas de tu familia anterior. Deben elaborar nuevos patrones de vida juntos que se ajusten a su contexto particular, dones y necesidades. No has «dejado» a tu antigua familia si insistes en que todo en tu matrimonio se haga como lo viviste en el matrimonio y la familia de tus padres. En resumen, tu cónyuge debe tener prioridad indiscutible en tu corazón. El respeto que tienen por sus padres o incluso por sus hijos no debe rivalizar con el que tienen por su cónyuge.

Reflexión:

Haz una lista de las formas en las que puedes fallar al intentar «irte» y transferir tu lealtad de todos los demás a tu cónyuge.

Oración:

Señor, une nuestros corazones divididos. Permítenos amarte más que a todos los demás seres del universo. Y cuando nos casemos, permítenos amarnos más que a cualquier otra persona en el mundo. Amén.

DÍA 4

De la costilla que le había quitado al hombre, Dios el Señor hizo una mujer y se la presentó al hombre [...]. Por eso el hombre deja a su padre y a su madre, y se une a su mujer, y los dos se funden en un solo ser (Gén. 2:22,24).

PROMETEDOR

En Génesis 2:22-25 se celebra la primera ceremonia de matrimonio, en la cual «Dios mismo, como un padre de la novia, lleva a la mujer al hombre».[1] La palabra «unido» se traduce de una palabra hebrea que significa una relación de pacto vinculante (Deut. 10:20, 11:22-23). En nuestra sociedad individualista, la legalidad del matrimonio parece intrascendente. Se dice que es «solo un pedazo de papel» y que lo que importa es que nos amamos. Sin embargo, si realmente se aman, ¿por qué no se entregan el uno al otro en todos los sentidos: física, emocional, personal, legal, social y económicamente? Eso es lo que sucede en un pacto matrimonial, y se hace mediante una promesa.

Reflexión:

¿Por qué la gente duda en casarse? ¿Cuáles son las formas en que nuestra cultura debilita esta visión del matrimonio como un pacto?

Oración:

Señor, vivimos en una cultura que le teme al compromiso. Nos han enseñado a mantener siempre abiertas nuestras opciones en cuanto a las relaciones, ¡pero no queremos que la gente nos ame así! Enséñanos a ser amigos y cónyuges fieles, en los buenos y malos tiempos, para bien o para mal. Tú has sido el mejor ejemplo de ello. Amén.

[1] Gerhard Von Rad, *Genesis* [Génesis], trad. John H. Marks (Philadelphia: The Westminster Press, 1961), 82.

ADHERIRSE

DÍA 5

Por eso el hombre deja a su padre y a su madre, y se une a su mujer, y los dos se funden en un solo ser (Gén. 2:24).

Las traducciones antiguas dicen que un hombre debe «unirse a su esposa», un término que significa literalmente estar pegado a algo. ¿Por qué un pacto vinculante, creado por votos solemnes, es tan crucial para la comprensión bíblica del matrimonio? Primero, es una prueba crucial. La voluntad de entrar en un pacto de por vida es evidencia de que su amor mutuo ha alcanzado proporciones matrimoniales. En segundo lugar, es un recurso para la fuerza. Habrá momentos difíciles como en cualquier matrimonio, en el que su paciencia y amor necesitarán el apoyo de saber que hicieron una promesa solemne. Por último, es instructivo. El pacto nos enseña que el matrimonio no se trata en última instancia de la realización personal, sino de la entrega personal.[2]

Reflexión:

«Un voto matrimonial es limitado a corto plazo, pero liberador a largo plazo». ¿Estás de acuerdo? ¿Por qué sí o por qué no?

Oración:

Señor, cuando nuestro compromiso con el matrimonio del pacto se debilite, ayúdanos a recordar tu fidelidad inquebrantable hacia nosotros, incluso hasta la muerte en la cruz. Amén.

[2] Como veremos, la Biblia permite el divorcio en algunas situaciones. En Génesis, por supuesto, no aborda eso, pero sí muestra que el divorcio no es natural y que el matrimonio debe iniciarse con plena intención y con la expectativa de que será permanente.

DÍA 6

Por eso el hombre deja a su padre y a su madre, y se une a su mujer,
y los dos se funden en un solo ser (Gén. 2:24).

UNIENDO

Un esposo y una esposa se convierten en una sola carne. «Carne» en la Biblia es a menudo una referencia para la persona (como en «Derramaré de mi Espíritu sobre toda carne», Hech. 2:17 RVR1960). Así como el hombre y la mujer literalmente encajan en un todo en el sexo, el esposo y la esposa entran en una profunda unión personal en todos los niveles de sus vidas. Se vuelven física, emocional, social, y legalmente uno. La unión sexual, entonces, es una forma de renovar y profundizar el pacto del matrimonio. Es un acto físico, de la unidad inseparable en todas las demás áreas creadas por el pacto matrimonial.

Reflexión:

¿Cómo puede ser el sexo una manera ideal de renovar el voto matrimonial? ¿Cómo se puede practicar el sexo estando casado sin que refleje el voto matrimonial? ¿Qué puedes hacer para evitar esto?

Oración:

Señor, nos han enseñado que el sexo existe para la realización personal, no para entregarnos a la otra persona. Ayúdanos a cambiar este pensamiento. Muéstranos cómo la sexualidad humana debería reflejar tu propio amor por nosotros. Amén.

PROCREAR

DÍA 7

Y Dios creó al ser humano a su imagen; lo creó a imagen de Dios. Hombre y mujer los creó, y los bendijo con estas palabras: Sean fructíferos y multiplíquense; llenen la tierra y sométanla; dominen a los peces del mar y a las aves del cielo, y a todos los reptiles que se arrastran por el suelo (Gén. 1:27-28).

Así como no todas las personas deben estar casadas, tampoco todos los matrimonios producirán hijos. Sin embargo, Dios ha diseñado el matrimonio para ser capaz de crear y nutrir una nueva vida. Solo hombres y mujeres juntos, cada uno haciendo algo que el otro no puede, pueden producir nuevos seres humanos. Luego, a medida que los niños crecen en presencia de la madre y el padre, están expuestos a las cualidades y fortalezas únicas de los géneros masculino y femenino. Finalmente, el compromiso matrimonial de por vida les brinda a los niños la seguridad y estabilidad necesarias para prosperar. Dios le da al matrimonio la habilidad de procrear, un reflejo de su propia creatividad que da vida.

Reflexión:

Piensa en las formas en que cada aspecto del matrimonio bíblico apoya la reproducción y la crianza de nuevos seres humanos.

Oración:

Señor, podrías haber hecho que nuevos humanos se materialicen con tu poder. En cambio, nos hiciste tus socios para traer una nueva vida humana al mundo y para nutrira con amor. Gracias por este gran regalo. Danos a más de nosotros la sabiduría y el carácter que necesitaremos para usarlo bien. Amén.

DÍA 8

Este libro está dirigido a los matrimonios que están plenamente conscientes de los retos a los que hay que hacer frente en la vida en común, pero que buscan al mismo tiempo recursos prácticos para superar las dificultades y poder salir indemnes de las «terribles pruebas» que vayan sucediendo en esa vida compartida. Las experiencias en ese sentido han dado lugar a la aparición, en la sociedad occidental, de la expresión «la luna de miel ya pasó». Lo que sigue está dedicado de manera muy particular a todos aquellos que han tenido esa experiencia como verdad literal: enfrentarse a la dura realidad en verdadero estado de conmoción (pág. 9).

NO SEAS INGENUO O CÍNICO

El significado del matrimonio es un libro realista sobre el matrimonio, porque la Biblia es hiperrealista sobre los seres humanos. El matrimonio es algo maravilloso. Fue idea de Dios, y los humanos no pueden prescindir de el. Sin embargo, como somos pecadores, el matrimonio no es fácil. La Biblia no se alinea ni con el antiguo sentimentalismo que existía en torno al matrimonio, ni con el cinismo que caracteriza nuestra actualidad. En el pasado, el matrimonio era una necesidad absoluta para todos: los adultos solteros eran mal vistos por la sociedad. Hoy, el matrimonio es visto como una opción más de estilo de vida.[1] Navegar entre estos dos distorsionados puntos de vista es crucial si deseas elegir bien a un cónyuge o vivir bien con el cónyuge que has elegido.

Reflexión:

Considerando estos dos puntos de vista, ¿a cuál te inclinas? ¿Por qué? ¿Qué efectos ha tenido tu elección en ti?

Oración:

Piensa en la Biblia como un amplio recurso sin explotar mientras vives tu matrimonio. Pídele a Dios que te revele más y más de Su sabiduría sobre el matrimonio a través de Su Palabra.

[1] Marissa Hermonson, «How Milennials are Redefining Marriage» [«Cómo los Milennials están redefiniendo el matrimonio»], The Gottmann Institute, 3 de Julio, 2018, https://www.gottman.com/blog/millennials-redefining-marriage/

EL CONFLICTO POR ENCIMA DEL MATRIMONIO

DÍA 9

Nuestra cultura tiene una relación de amor y odio con el matrimonio. Mervyn Cadwallader argumentó que el matrimonio era «una institución miserable». Escribió: «Matrimonio [...] deletrea el fin del afecto voluntario, del amor dado libremente y recibido alegremente. Los romances hermosos se transmutan en matrimonios aburridos y, finalmente, la relación se vuelve estrecha, corrosiva, abrasiva y destructiva [...] La idea misma de un contrato irrevocable que obligue a las partes involucradas a una vida de esfuerzo romántico es completamente absurda». Sin embargo, Cadwallader admite que sigue intentando tener un buen matrimonio (estuvo casado tres veces), y que la mayoría de la gente todavía lo seguirá intentando. Pero si la idea misma del matrimonio es absurda, ¿por qué seguimos intentándolo? Puede ser que nunca haya existido una sociedad con tanto conflicto con el matrimonio como la nuestra.

[Hay una] profunda ambivalencia con que la sociedad occidental [contempla] el matrimonio [...] [Las objeciones incluyen:] el matrimonio tuvo en principio que ver con la noción de propiedad; el matrimonio anula la identidad individual y ha servido desde un principio para tener oprimida y en sujeción a la mujer; el matrimonio acaba con la pasión y no se ajusta a la realidad psicológica de las personas; el matrimonio no es más que un contrato «mero papel», únicamente sirve para estorbar el proceso de desarrollo del verdadero amor, y muchas opiniones más que oímos en esa misma línea. Pero lo cierto es que, subyacente a todas esas objeciones de supuesto tono ideológico, había toda una batería de espinosos conflictos personales y de sentimientos y emociones no resueltas surgidos de las múltiples experiencias negativas dentro de la institución matrimonial y la vida de familia (pág. 10).

Reflexión:

¿Son válidas cada una de las objeciones al matrimonio enumeradas en las citas anteriores? ¿Por qué crees que mucha gente cree esto sobre el matrimonio? ¿Por qué, por otro lado, crees que muchas personas todavía desean casarse?

Oración:

Oren para que la actitud de sus corazones hacia su matrimonio no sea moldeada en exceso por sus dificultades, sino más bien por las promesas e instrucciones de la Biblia.

DÍA 10

[El] objetivo principal [de El significado del matrimonio] es proporcionar, tanto a casados como a solteros, una visión del matrimonio desde la perspectiva de la Biblia. Así, servirá para que los casados corrijan ideas equivocadas que pueden estar afectando negativamente a su matrimonio, y será igualmente de ayuda para las personas solteras obsesionadas en exceso por casarse, o que rechacen hacerlo con actitud destructiva. Por otra parte, un libro con base bíblica ayudará siempre al lector a tener una noción más adecuada de [a quién debe considerar como una posible pareja] (págs. 10-11).

EL MATRIMONIO NO ES SUFICIENTE

En el libro *Mero Cristianismo*, de C. S. Lewis dice que cuando nos «enamoramos» por primera vez, «los anhelos que surgen en nosotros [...] son anhelos que ningún matrimonio [...] realmente puede satisfacer». Añade que no está hablando de «matrimonios fracasados», sino «de los mejores matrimonios posibles». Si Lewis tiene razón, y creemos que la tiene, entonces la forma en que respondes a este hecho de la existencia humana determinará el curso, no solo de tu matrimonio, sino también del resto de tu vida. Tienes tres opciones. Una es culpar a tu cónyuge y buscar otro. La segunda es volverte cínico y desilusionarte del matrimonio. La tercera es darte cuenta de que, «si encuentro en mí un deseo que ninguna otra persona puede satisfacer en este mundo, la explicación más lógica es que fui creado para otro mundo».[1]

Reflexión:

Si consideraras la tercera opción de Lewis, ¿cómo cambiaria tu actitud hacia el matrimonio si estás en un matrimonio difícil? Si estás soltero, ¿cuál es tu actitud hacia el proceso de escoger tu conyugue?

Oración:

Ora para que puedas escoger la tercera opción, para evitar el romanticismo o el cinismo sobre el matrimonio, y también para aprender a amar a Dios más que cualquier otra cosa.

[1] C. S. Lewis, *Mere Christianity* [Mero Cristianismo] (New York: Macmillan Company, 1958), 105-6.

HECHO PARA EL MATRIMONIO

DÍA 11

Dios nos creó para ciertas cosas. Él nos hizo para adorarlo (Ex. 20:2-3). Nos hizo para trabajar, para crear y cultivar (Gén. 2:15). La historia muestra que ignorar o evitar estas cosas conlleva graves consecuencias. Asimismo, cuando Dios nos creó a Su imagen, nos hizo hombres y mujeres (Gén. 1:27) y nos dio el regalo del matrimonio (Gén. 2:21-25). Esto significa que, aunque no todos se casan (1 Cor. 7), la humanidad no puede prescindir del matrimonio. También significa que lo que hacemos sexualmente refleja o niega a Dios, sus caminos y forma. No podemos hacer que el matrimonio sea como nosotros deseamos. Más bien, Dios nos hizo para él.

Reflexión:

Nuestra cultura es la primera en ver el matrimonio como algo que podemos diseñar a nuestro gusto, en lugar de verlo como una institución que recibimos y a la que nos sometemos. ¿Cómo te ha influenciado la visión de nuestra cultura? ¿Qué efecto ha tenido en cómo vives tu matrimonio?

Oración:

Ora por nuestra sociedad, para que no nos dañemos estropeando la institución del matrimonio. Ora por ti, para que puedas recibir el matrimonio como un regalo de Dios.

El matrimonio no se desarrolló en la Edad de Bronce como medio para determinar los derechos de propiedad. En un punto culminante de la creación, vemos a Dios estableciendo el matrimonio como vínculo máximo entre el hombre y la mujer. En la Biblia encontramos, ya en su mismo principio, una unión matrimonial (entre Adán y Eva), la que finaliza con el desposorio de Cristo con su Iglesia en el libro de Apocalipsis. El matrimonio es creación divina (pág. 12).

DÍA 12

REGULADO POR DIOS

Si Dios ha sido el creador del matrimonio, aquellos que lo contraigan deberán hacer todo el esfuerzo posible por comprender y someterse a los propósitos para los que fue instituido. Eso es algo que hacemos en muchos otros aspectos de nuestra vida. Imaginemos por un momento que pensamos comprarnos un automóvil: si adquirimos un vehículo, con una maquinaria que está fuera de nuestra propia capacidad mecánica, lo más lógico será hacer caso del fabricante y seguir sus instrucciones de uso, manejo y mantenimiento. Ignorar esas pautas puede hacer que terminemos en la cárcel o en el hospital (pág. 12).

Muchos argumentan que el matrimonio ha evolucionado durante siglos y, por lo tanto, podemos decidir cómo queremos que sea. Pero lo que Dios crea también lo regula: la Biblia nos muestra cómo debe ser el matrimonio y critica todas las distorsiones culturales del mismo. Génesis es una crítica sostenida a la antigua poligamia y la miseria que trajo, especialmente a las mujeres. Sin embargo, la naturaleza vinculante y de pacto del matrimonio en la Biblia, también se opone a la idea moderna del matrimonio como una relación meramente de negocios y provisional entre individuos. Si honramos a Dios, amando y sirviendo mutuamente a nuestro cónyuge en lugar de a nosotros mismos como lo prescribe la Biblia, trascenderemos las distorsiones históricas del matrimonio.

Reflexión:

Piensa en la falta de compromiso mutuo en muchas formas tradicionales de matrimonio, así como en la naturaleza negociada y transitoria de muchas relaciones modernas. ¿Cómo menosprecian estas formas la idea bíblica de amor desinteresado del uno al otro?

Oración:

Ora para que puedas rechazar todas estas idolatrías culturales mientras vives tu propio matrimonio.

LIBRE DEL PASADO

DÍA 13

Un lugar en el que podemos obtener una visión distorsionada del matrimonio es en nuestra cultura. El otro es en nuestra familia. Es comprensible, aunque equivocado, considerar la relación matrimonial de nuestros padres como la pauta sobre cómo es realmente el matrimonio. Eso sería como dejar que tus visitas a uno o dos médicos determinen tu visión de toda la profesión médica. En cambio, considera que, si bien has visto una parte de lo que es el matrimonio, algunas de las alegrías o muchas de las dificultades, solo la Biblia puede darte una perspectiva completa de la intención de Dios. La sabiduría y las promesas de la Biblia con respecto al matrimonio pueden liberarte de tu pasado.

Reflexión:

Si no tuvieras otra idea del matrimonio además del ejemplo de tus padres, ¿cuál sería tu opinión? ¿Cómo ha sido moldeada tu visión del matrimonio por su matrimonio o los matrimonios de las personas que te criaron?

Oración:

Dale gracias a Dios por lo que has aprendido sobre el matrimonio de tus padres o de aquellos que te rodean, y pídele que complemente y complete ese conocimiento con Su Palabra.

Desde luego, es difícil tener una adecuada perspectiva del matrimonio. La tendencia innata es considerarlo desde nuestra propia experiencia, a riesgo de distorsionarlo. Si te has criado en un hogar estable, con el ejemplo del feliz matrimonio de tus padres, quizás pienses que es «algo fácil», y que al enfrentarte a la realidad de tu propio matrimonio se te haga evidente lo mucho que exige forjar una relación estable y duradera. En el punto opuesto, si tu experiencia personal del matrimonio, sea de niño o de adulto, ha sido negativa o ha acabado incluso en divorcio, es muy probable que tu actitud ante el matrimonio sea reticente e inclusive pesimista. Es posible, por ello, que estés demasiado a la expectativa de problemas de relación y que, cuando de hecho aparezcan, estés demasiado proclive a decir «Justo lo que me esperaba», y desistas y te rindas sin más (pág. 13-14).

DÍA 14

Dicho con otras palabras, sea cual sea tu noción y experiencia previa del matrimonio, puede que no estés adecuadamente preparado para vivirlo a título personal. ¿Dónde adquirir entonces una visión adecuada y completa del matrimonio? Sin duda, hay muchos buenos libros que se encargan del «cómo», y pueden ser una ayuda valiosa a tener en consideración. Pero lo cierto es que, transcurridos los primeros años de vida en común, esos manuales suelen quedarse cortos y caducos. Por otro lado, en la Biblia encontramos enseñanzas que han superado la prueba de los años y de las gentes en ámbitos y lugares muy distintos. ¿Qué mejor ayuda podríamos encontrar? (pág. 14).

APRENDIENDO DE TODA LA BIBLIA

Hemos estado diciendo que debemos buscar en la Biblia nuestras opiniones sobre el matrimonio, pero ¿dónde? No debemos pensar que la Biblia solo nos da información sobre el matrimonio cuando hablamos específicamente sobre él en citas como Génesis 2, 1 Corintios 7 o Efesios 5. Por ejemplo, prácticamente todo el libro de Proverbios es crucial para la sabiduría matrimonial porque analiza temas como el dinero, las emociones, el uso y abuso de nuestras lenguas, la sexualidad, la toma de decisiones y los pecados mortales del orgullo, la ira, la envidia, la pereza, la gula, la codicia y la lujuria. Vemos también muchos textos bíblicos sobre arrepentimiento, perdón y reconciliación (por ejemplo, Mat. 18:15-35; Ef. 4:25-32). Todos estos temas, extraídos de toda la Biblia, son necesarios para saber si tu matrimonio puede crecer y prosperar.

Reflexión:

Si la prosperidad matrimonial depende de tu comprensión de toda la Biblia, ¿cómo podrías planear conocerla mejor a partir de ahora? Considera formas de leer libros enteros de la Biblia (como Proverbios o Efesios) buscando específicamente la sabiduría matrimonial.

Oración:

Pídele ayuda a Dios no solo para conocer la Biblia en general, sino para que te moldee en la forma en que piensas y actúas sobre temas como el sexo, el amor y el matrimonio.

LA FELICIDAD COMO UN SUBPRODUCTO

Vivimos en una cultura individualista en la que el matrimonio se ve como un medio para obtener la felicidad personal. La Biblia dice que el amor matrimonial es una imagen de nuestra unión con Cristo, que viene solo porque Él dejó Su gloria por nosotros (Fil. 2:1-11), y porque a su vez, nos hemos humillado en arrepentimiento y servicio ante Él. El matrimonio puede reflejar el amor salvador de Dios y moldear nuestro carácter a Su semejanza. Como consecuencia, hay una mayor felicidad al amar a Cristo y a nuestro cónyuge.

Reflexión:

La cita enumera cuatro razones por las que Dios creó el matrimonio. ¿Cómo se relaciona cada una con las demás? ¿Son cada una de estas razones igualmente importantes?

Oración:

Pídele a Dios que te muestre todas las formas en que tu matrimonio está fortaleciendo tu carácter. Agradécele por ellas, incluso por las difíciles.

DÍA 15

Según la Biblia, Dios instituyó el matrimonio como reflejo de Su amor redentor en la persona de Cristo, para refinar así nuestro carácter, para crear una comunidad humana estable en la cual criar los hijos y para llevar todo ello a cabo a través de una unión estable en el seno de parejas de distinto sexo (págs. 15-16).

DÍA 16

Las enseñanzas de la Biblia respecto al matrimonio no son mero reflejo de la perspectiva de otra cultura y otro tiempo. Las enseñanzas de la Escritura son todo un reto a las nociones y posturas predominantes en la sociedad occidental, que ve la libertad individual a ultranza como único modo de ser felices. Al mismo tiempo, critica el modo en que las culturas tradicionales han considerado al adulto soltero como ser humano no completo (pág. 10).

NI IZQUIERDA NI DERECHA

La cultura occidental progresista es susceptible al matrimonio, ya que lo considera inherentemente incompatible con la libertad individual. Acepta el matrimonio solo si se trata de una relación romántica y emocional que dura el tiempo que traiga felicidad y satisfacción a ambas partes. Por otro lado, las sociedades tradicionales no occidentales son susceptibles a la soltería. Valoran el matrimonio y consideran que el adulto soltero es deficiente. La visión cristiana no encaja en este espectro de «izquierda o derecha». Nuestra identidad principal está en Cristo y nuestra familia principal consiste en nuestros hermanos y hermanas en Cristo (Mar. 3:31-35). Esto nos da la libertad tanto de entregarnos el uno al otro en matrimonio o de permanecer solteros, sea cual sea la voluntad de Dios.

Reflexión:

¿Por cuál de estos dos puntos de vista culturales del matrimonio, progresivo o tradicional, has sido más influenciado? ¿Cómo ha afectado esa influencia tu visión del matrimonio?

Oración:

Pídele a Dios que haga de tu iglesia una que acoja y apoye tanto a las parejas casadas como a los solteros. O pídele a Dios que te ayude a encontrar una congregación que lo haga.

NI ANTIGUO NI MODERNO

DÍA 17

Las culturas antiguas del Cercano Oriente apoyaban la poligamia. Pero Génesis muestra la miseria de los matrimonios con múltiples cónyuges. La cultura romana dictaba que, si bien una esposa no podía tener relaciones sexuales con nadie más que con su cónyuge, se esperaba y era permitido que todos los esposos tuvieran relaciones sexuales con muchas otras. El Nuevo Testamento puso fin a ese doble estándar e introdujo el consentimiento mutuo en el sexo conyugal (1 Cor. 7:2-5). Lo que dice la Biblia sobre el sexo y el matrimonio no es producto de ninguna cultura humana. Más bien critica a cada cultura humana con la revelación divina de lo que Dios quiere que sea el matrimonio.

Los autores bíblicos desafiaron de forma constante y sistemática los convencionalismos sociales de la época, por cuanto no eran simple producto de costumbres y prácticas ancestrales. Lo que significa que nosotros no podemos ahora desestimar la noción bíblica del matrimonio como algo culturalmente obsoleto y unilateralmente regresivo (pág. 16).

Reflexión:

Dado que la enseñanza bíblica es subversiva hacia todas las culturas, ¿de qué manera critica y socava las creencias dominantes en nuestra cultura sobre el sexo, el romance y el matrimonio?

Oración:

Pídele a Dios que te ayude a recibir la enseñanza de la Biblia sobre el sexo y el matrimonio como Su sabia Palabra, a pesar de que nuestra cultura y nuestros propios sentimientos y sensibilidades internas piensen lo contrario.

DÍA 18

Debemos ser capaces de contemplar la institución del matrimonio desde la óptica de la Escritura en lugar de hacerlo desde nuestros temores, o de un romanticismo sin fundamento, o a través de la propia experiencia, o desde los límites que nos imponga nuestro contexto social; si no lo contemplamos desde la perspectiva bíblica, tampoco vamos a ser capaces de tomar las adecuadas decisiones necesarias en relación a un futuro en pareja (pág. 16-17).

NI TEMEROSO NI CRÉDULO

Hoy en día muchos temen que el matrimonio requiera más autodisciplina de la que cualquier ser humano pueda realmente sobrellevar. Otros creen que todos tienen un alma gemela esperándolos y, si podemos encontrarla, todo en el matrimonio saldrá bien. Nuestra cultura es tan esquizofrénica como nosotros. Algunos expertos en libros, películas y programas de entrevistas nos hacen creer que el romance perfecto curará todo lo que está mal en nosotros, mientras que otras voces culturales fuertes nos dicen que no cedamos nuestra independencia a nadie. Sin embargo, si buscamos el amor de Dios para encontrar nuestra mayor satisfacción, en lugar de amor romántico o libertad personal, no seremos ni muy optimistas ni pesimistas con respecto al matrimonio. Veremos el matrimonio por lo que es: un regalo de Dios que es bueno. No es una necesidad absoluta para una vida plena ni un sueño imposible.

Reflexión:

¿Tiendes a ser demasiado romántico y desesperado con estar casado o demasiado temeroso y pesimista con respecto al matrimonio? ¿Por qué? ¿Cómo ha afectado esto tus relaciones o matrimonio hasta ahora?

Oración:

Recuerda la famosa declaración de San Agustín de que nuestras almas están inquietas hasta que encuentren su gran descanso en Dios. Pídele al Señor que te ayude a encontrar tu satisfacción en Él para que no busques en el matrimonio lo que solo Él puede darte.

TAN DURO COMO MARAVILLOSO

Aquí hay dos hechos sobre el matrimonio: es extremadamente difícil y excepcionalmente maravilloso. Eso suena contradictorio, pero no lo es. Piensa en las interminables e insoportables horas de práctica que se necesitan para convertirse en un atleta, músico, erudito o escritor de primer nivel. Las largas y extenuantes horas de trabajo brindan a quienes las soportan la capacidad, el poder, la perspicacia y la habilidad para crear belleza. El matrimonio es difícil, pero tan maravilloso que la dureza y la dificultad valen la pena.

Reflexión:

Haz dos listas. ¿Cuáles son las cosas más difíciles del matrimonio? ¿Cuáles son las cosas más maravillosas? ¿Cómo conducen las cosas difíciles a las cosas maravillosas?

Oración:

Pídele a Dios que te ayude a crecer a través de las pruebas y dificultades para ser alguien que pueda amar a otra persona sabiamente y hacerlo bien.

DÍA 19

El matrimonio es un compromiso y una experiencia sin igual de gozo y de plenitud, pero a la vez incluye espinas y momentos duros. Es compromiso como marco de vivencias agridulces, en el que puede experimentarse el gozo más maravilloso, los momentos más difíciles de sangre, sudor y lágrimas, las derrotas que nos enseñan humildad y las victorias que nos dejan exhaustos. No sé de un solo matrimonio que no reconozca que, a las pocas semanas de casados, no podían hablar ya de un cuento de hadas hecho realidad. Esa es la razón por la que no debe sorprendernos que la frase clave en el discurso de Pablo [en Efesios 5 sea el versículo 32: «...y los dos llegarán a ser un solo cuerpo. Esto es un misterio profundo»]. Hay momentos en la vida en común de la pareja en los que, llegada la noche, uno de los dos se dejará caer en la cama con un suspiro, entre agotado e incrédulo, preguntándose con honesta perplejidad cómo es que la verdadera comunicación resulta a veces tan difícil: «¡Misterio verdaderamente insondable!». La vida de matrimonio puede ser como un rompecabezas de miles y diminutas piezas que no sabe uno por dónde empezar a colocar y encajar; un verdadero laberinto en el que es muy fácil perderse

(págs. 21-22).

DÍA 20

No hay posible relación humana que puede compararse [al matrimonio] en importancia y profundidad. Tal como nos informa el relato bíblico, fue Dios mismo el que ofició en la primera boda celebrada en el mundo (Gén. 2:22-25). Al contemplar el hombre a la mujer creada como compañera suya, exclama gozoso: «Ésta sí es hueso de mis huesos...». Después de la relación que podemos tener con Dios, la relación de pareja en el matrimonio es lo más profundo que humanamente puede experimentarse. Esa es la razón de que, igual que conocer a Dios, llegar a conocer y amar a nuestra pareja sea una tarea difícil pero sumamente gratificante y plena (pág. 22).

PERDER LA INDEPENDENCIA Y ENCONTRAR LA LIBERTAD

La Biblia compara nuestra relación con Dios con un matrimonio, y con buena razón. Cristo dejó Su gloria y poder para venir a la tierra y morir por nosotros. Debemos renunciar a nuestros derechos de autodeterminación para unirnos a Él en amor. Del mismo modo, los cónyuges renuncian a su libertad e independencia para conocer la libertad más profunda del amor mutuo y el servicio sacrificial el uno por el otro. Una vez que somos salvos en Cristo, nuestro conocimiento y amor por Él progresa principalmente a través de los fracasos, el arrepentimiento y el perdón. Los fracasos son la forma de aprender y crecer. Del mismo modo, los cónyuges encuentran que su amor se profundiza al fallar, arrepentirse y perdonarse mutuamente.

Reflexión:

Enumera otras formas en las que nuestra relación con Dios es como la relación del matrimonio. ¿Cómo nos ayuda ver estas analogías con ambas relaciones?

Oración:

Pídele a Dios que te ayude a entregar voluntariamente tu libertad e independencia para conocer la libertad del amor mutuo.

¿MATRIMONIOS ARREGLADOS?

DÍA 21

Algunos países aún conservan la práctica del matrimonio arreglado, donde el cónyuge es elegido para cada uno. Las tasas de divorcio para estos matrimonios son en realidad más bajas que para otros tipos de matrimonio en la sociedad.[1] La premisa de tales uniones es que puedes llegar a amar a alguien En quien inicialmente no estás interesado. El matrimonio de mi abuela fue arreglado y al describirlo, me dijo que los sentimientos de amor siguen a las acciones de amor, siempre y cuando ambos busquen amar a la otra persona. La Biblia no habla a favor de los matrimonios arreglados, pero tampoco menciona una fuerte química sexual como requisito. La gente moderna comúnmente asume que debemos tener sentimientos abrumadores y apasionados para comenzar un matrimonio, y que estos pueden controlarnos completamente en contra de nuestra voluntad. No es de extrañar que tengamos miedo.

[Hay una] creciente prevención y pesimismo de la población respecto al matrimonio. Son muchas las personas que piensan que las probabilidades de tener éxito en el matrimonio no son significativas, incluso en los matrimonios estables, y además están convencidos de lo inevitable de la monotonía o la inapetencia respecto al sexo según van pasando los años (pág. 23).

Reflexión:

La Biblia no describe ninguna forma de encontrar pareja. ¿Cuáles son las desventajas de los matrimonios arreglados? ¿Cuáles son las ventajas?

Oración:

Pídele a Dios que ayude a las parejas cristianas a dar más valor al carácter y a la compasión que a la química.

[1] Véase «Omiai: The Culture of Arranged Marriage in Japan» [«Omiai: La cultura de los matrimonios arreglados en Japón»], Japan Info, 11 de diciembre, 2015, https://jpninfo.com/36254.

DÍA 22

Las razones de esa opción [cohabitación] son diversas. Así está, por ejemplo, el absoluto convencimiento de que la mayoría de los matrimonios son infelices [...]. Convivir de forma previa al matrimonio, se argumenta, incrementa las probabilidades de conseguir un buen matrimonio. Entre otras razones, porque te brinda la oportunidad de averiguar hasta qué punto eres compatible con tu pareja antes de dar el paso definitivo [...]. El problema con esas convicciones es que se parte de una base errónea [...] «las estadísticas han demostrado que el riesgo de acabar en ruptura es notablemente superior en las parejas que han convivido de forma previa al matrimonio» (págs. 23-24).

¿VIVIENDO JUNTOS?

Muchos piensan que tiene sentido vivir juntos antes del matrimonio para descubrir si tus sentimientos románticos perdurarán y si son compatibles. Sin embargo, la mayoría de los estudios muestran que las parejas que viven juntos antes del matrimonio son más propensas a divorciarse si se casan, y experimentan mucha más inestabilidad e insatisfacción en general que las personas casadas. ¿Por qué? Una razón es que la convivencia no logra que el compromiso y la confianza sean la base de la relación amorosa. Decir «Te amo, pero no quiero casarme» es una contradicción. Lo que quieres decir es: «Quiero recibir los beneficios de estar contigo, pero no te amo lo suficiente como para confiar mi vida completamente a ti».

Reflexión:

¿Cuáles son algunas de las razones por las cuales la convivencia puede crear problemas para una pareja más tarde, incluso si se casan? ¿Cuáles son las ventajas de vivir juntos solo después de haberse casado?

Oración:

Pídele a Dios que ayude a las personas de nuestra sociedad a no temer al matrimonio. Dales la fuerza para creer que el matrimonio puede ofrecerles mucho más que una pasión o conveniencia fugaz.

PODER PARA EL CAMBIO

Hay muchas razones por las cuales el matrimonio puede cambiarnos para bien de maneras que ninguna otra relación interpersonal puede hacerlo. Algunas se listan al lado. Brinda apoyo en el sufrimiento, nos hace responsables por nuestros cambios de comportamiento y nos incentiva a meditar nuestras acciones a largo plazo en lugar de ser impulsivos. Quizás el mejor recurso para una transformación personal es que tu cónyuge puede ver (y sentir) tus fallas más que nadie, incluso más que tus padres o tus hermanos. Y así, más que nunca, es posible vernos con mayor claridad a través de los ojos de nuestro cónyuge. Eso hace posible el cambio, pero solo si aprendemos a decir la verdad en amor los unos a los otros. Si nos negamos a hablar sinceramente en el matrimonio, podemos obtener una imagen más distorsionada de nosotros mismos que antes.

Reflexión:

¿Cómo distorsiona la visión de cada cónyuge de sí mismo el no decir la verdad en amor en un matrimonio? ¿Cómo la distorsiona decir la verdad sin amor? ¿Cómo la distorsiona amar, pero al mismo tiempo esconder la verdad?

Oración:

Pídele a Dios que les ayude a decir la verdad en amor el uno al otro. Especialmente pide la gracia y la sabiduría que se necesita para decir cosas difíciles de una manera que tu cónyuge pueda aceptar.

DÍA 23

[L]os individuos que permanecieron casados hasta ese momento tenían un 75 % más de haberes en el momento de jubilarse que los que habían permanecido toda su vida solteros, o enviudados sin segundas nupcias […] [E]l matrimonio te va preparando para asumir las dificultades con mayor «entereza», de forma particular ante las frustraciones, las enfermedades y los problemas de cualquier tipo […]. Los estudios en ese sentido han constatado que los cónyuges se muestran más responsables y disciplinados de lo que puedan serlo sus familiares o sus amigos […]. Los matrimonios suelen hacer del ahorro una norma, y están más fácilmente dispuestos a posponer la gratificación personal. Nada hace madurar el carácter como el matrimonio (págs. 24-25).

DÍA 24

[E]l número de personas casadas que afirman ser «muy felices» es elevado, entre un 61 y un 62 %, con un descenso apenas perceptible en esas cifras en la última década. Lo más sorprendente de todo es que una serie de estudios longitudinales, ponía de relieve que dos tercios de aquellos que eran desdichados en su matrimonio se volverían felices si permanecían casados por espacio de cinco años más y no se divorciaban […] [Una investigadora escribió:] «los beneficios del divorcio se han exagerado» (pág. 27).

NO TAN RÁPIDO

La Biblia reconoce que, en un mundo pecaminoso, el divorcio puede ser correcto (Mat. 19:8), y nadie debe justificar a un adúltero, un desertor o un abusador. Permitir que alguien peque contra ti nunca es amoroso. Sin embargo, la Biblia indica que el divorcio debe ser el último recurso. Todos tendemos a pensar rápidamente que la culpa de cualquier problema matrimonial recae principalmente en el otro, no en nosotros. Si rechazamos los esfuerzos por reconciliarnos, si huimos demasiado rápido del matrimonio en lugar de reconocer nuestros propios defectos y superarlos, solo podremos llevar las semillas de un nuevo fracaso al próximo matrimonio. Los estudios longitudinales y la experiencia confirman esta sabiduría bíblica.[1]

Reflexión:

¿Puedes nombrar lo que parecía un problema imposible de resolver en tu matrimonio (o en el de otra persona)? ¿Qué te ayudó a ti o a la pareja para salir adelante?

Oración:

Pídele a Dios que te dé paciencia con tu cónyuge y que veas tus propias faltas y pecados con mayor claridad. Comprender tu papel en los problemas de cualquier relación es esencial para superarlos.

[1] Véase Timothy Keller y Kathy Keller, *El significado del matrimonio* (Nashville: B&H Español, 2017).

LA BONDAD DEL MATRIMONIO

DÍA 25

El porcentaje de adultos estadounidenses que nunca se han casado es más alto que nunca y una menor proporción de ellos dicen que les gustaría casarse.[1] Las tasas de matrimonio también han disminuido drásticamente en la mayoría de las naciones europeas en los últimos diez años porque los adultos más jóvenes valoran su independencia, pero aún quieren intimidad.[2] Sin embargo, incluso en las condiciones culturales actuales, la mayoría de los matrimonios son felices y las personas casadas viven vidas más satisfactorias que las solteras. Esto va en contra de la intuición de los adultos más jóvenes, pero no debería sorprendernos. El matrimonio es bueno para la mayoría de la población porque fue diseñado por Dios para el bienestar humano. Ese siempre será el propósito.

En las dos décadas pasadas, la importancia creciente de los análisis al respecto ha servido para evidenciar que las personas que se mantienen casadas y estables muestran un índice notablemente más alto de satisfacción que las personas solteras, divorciadas o que cohabitan en pareja. Otro hecho relevante es que son mayoría las personas que se sienten felices en su matrimonio, y que aquellas que no lo son, pero que no se divorcian, también acaban siendo felices (pág. 27).

Reflexión:

¿Te sorprenden los hallazgos mencionados en la cita anterior? ¿Por qué la vida matrimonial es tan satisfactoria para las personas?

Oración:

Pídele a Dios que use su poder amoroso para cambiar las condiciones sociales, el miedo y la indiferencia de las personas hacia el matrimonio.

---

[1] Wendy Wang y Kim Parker, «Record Share of Americans Have Never Married» [«Registros de americanos que nunca se han casado»] Pew Research Center, 24 de septiembre, 2014, https://www.pewsocialtrends.org/2014/09/24/record-share-of-americans-have-never-married/.

[2] «Marriage Falls Out of Favour for Young Europeans» [«El matrimonio cae de las preferencias de los jóvenes europeos»] The Guardian, 25 de julio, 2014, https://www.theguardian.com/lifeandstyle/2014/jul/25/marriage-young-europeans-austerity.

DÍA 26

[L]os niños que crecen en familias con ambos progenitores presentes tienen un índice mayor de experiencia positiva en su vida. La abrumadora conclusión es pues, que criarse con padres que permanecen casados, y mantenerse casado a su vez, son factores que contribuyen notablemente al bienestar personal (pág. 27).

EL MATRIMONIO ES IRREMPLAZABLE

Una encuesta preguntó a las personas cuál de las siguientes afirmaciones se acercaba más a sus puntos de vista: «La sociedad está mejor si las personas hacen del matrimonio y tener hijos una prioridad, o la sociedad está igual de bien si las personas tienen otras prioridades además del matrimonio y los hijos». En 2014, dos tercios de los que tenían 20 años eligieron el segundo.[1] Sin embargo, ninguna sociedad ha encontrado una mejor manera de criar a los niños para que se conviertan en adultos sanos, que no sea a través de familias casadas.[2] La Biblia, por supuesto, nos dijo todo esto hace mucho tiempo, que el matrimonio no se trata exclusivamente del cumplimiento con la pareja, sino también de la creación de una comunidad nueva y duradera para la crianza de una nueva vida humana.

Reflexión:

¿Por qué crees que la mayoría de los jóvenes está de acuerdo con la segunda declaración? ¿Qué creencias hay detrás de esto? ¿Compartes esas opiniones?

Oración:

Pídele a Dios que use su poder amoroso para fortalecer a las familias que buscan la felicidad y el bienestar de las próximas generaciones.

---

[1] Wang y Parker, «Record Share of Americans Have Never Married», Pew Research Center.
[2] Existen muchos estudios que citan y están de acuerdo con esto. Un ejemplo es W. Bradford Wilcox y Alysse ElHage, «The Wealth of Nations Begins at Home» [«La riqueza de las naciones comienza en el hogar»], Institute for Family Studies, 8 de noviembre, 2018, https://ifstudies.org/blog/the-wealth-of-nations-begins-at-home.

LA PRESIÓN DEL MATRIMONIO MODERNO

DÍA 27

Paradójicamente, su origen [del pesimismo con respecto al matrimonio] puede estar en una nueva forma de idealismo, poco realista en su visión del matrimonio, nacido de un significativo cambio respecto a cuál sea su propósito […] [E]l antiguo ideal del «matrimonio visto como una unión en compromiso permanente, siendo su propósito el amor mutuo, la procreación y la protección, está paulatinamente dando paso a una nueva realidad, en la que el matrimonio se contempla en términos de "contrato sexual condicionado" con vistas a la gratificación a ultranza de las partes contrayentes» (pág. 28).

Anteriormente, la esencia del matrimonio se veía como el pacto. Se esperaba tensión y desilusión, pero el contrato estaba allí cuando nuestras emociones no eran confiables. Jane Eyre da la antigua visión de los votos y promesas: «Si a mi conveniencia individual pudiera romperlos, ¿cuál sería su valor? […] (En ellos) planto mi pie».[1] Sin embargo, el matrimonio moderno es condicional y se basa en la satisfacción mutua. Esto ejerce una gran presión sobre cada cónyuge para mantenerse atractivo y cuidarse en todo momento para la pareja. ¿Quién puede hacer eso a lo largo de los años? Entonces, el modelo moderno de matrimonio, supuestamente más liberador, podría estar condenándose a sí mismo.

Reflexión:

¿Cuál de los dos puntos de vista descritos en la cita anterior está más cerca de tu creencia personal sobre la naturaleza del matrimonio? Discute cómo la visión más antigua y restrictiva puede ser más liberadora.

Oración:

Pídele a Dios que te ayude a ver que, así como tu servicio conduce a la libertad, los votos matrimoniales y las promesas son formas de liberación.

[1] «Charlotte Bronte», *Jane Eyre* (New York: Macmillan, 2017), 450-451.

DÍA 28

[El propósito occidental antiguo del matrimonio era] la creación de un marco referencial para una convivencia de amor y fidelidad entre marido y mujer. Se trataba de un vínculo solemne, en el que ambos contrayentes subordinaban los propios impulsos e intereses en aras de una venturosa relación […]. El matrimonio imprimía carácter al unir lo masculino y lo femenino en el vínculo del compañerismo […] [Creando el] único factor de estabilidad social para una adecuada crianza de los hijos (págs. 28-29).

MATRIMONIO Y LA SEMEJANZA A CRISTO

El matrimonio es único en la formación del carácter. Una razón (como vimos anteriormente) es que nadie puede ver tus pecados como lo hace tu cónyuge. Tu cónyuge se convertirá en un espejo en el que podrás verte más claramente que nunca, si tienes el coraje de mirar. Pero hay una segunda razón. El matrimonio te presenta más oportunidades de sacrificio voluntario que incluso la crianza de los hijos. (Los sacrificios que haces por tus hijos no se sienten voluntarios). Una y otra vez, el matrimonio ofrece ocasiones en las que puedes responder a tu cónyuge con gracia en lugar de enojo, con humildad en lugar de arrogancia. Esto te brinda muchas oportunidades para crecer a la semejanza de Cristo, si tienes el valor de usarlas.

Reflexión:

¿Qué otras razones se te ocurren que hacen que el matrimonio forme un carácter único? ¿Cómo te ha ayudado en particular?

Oración:

Pídele a Dios que te moldee a la semejanza de Cristo a través de tu matrimonio.

EL MATRIMONIO Y LA JUSTICIA SOCIAL

DÍA 29

Los jóvenes modernos están intensamente comprometidos con el bien público: con la justicia social, con la mejora de la sociedad, con hacer del mundo un lugar mejor para que vivan todas las personas. Por lo tanto, es irónico que piensen en el matrimonio como algo estrictamente para su felicidad en particular. En el pasado, las personas se casaban y tenían hijos con la sensación de que esto era un bien crucial para la sociedad. Si bien, sus matrimonios a menudo eran menos que satisfactorios, las personas se quedaban casadas por un sentido de deber. La visión del matrimonio sobre la felicidad individual también ejerce una presión mucho mayor sobre nosotros para sentirnos apasionadamente enamorados todo el tiempo, mientras que la visión más antigua no. Es hora de pensar nuevamente en el matrimonio como una institución pública, y no solo una opción de estilo de vida.

Reflexión:

¿Piensas que tu matrimonio es por el «bien mayor»? ¿Cómo funciona como tal?

Oración:

Pídele a Dios que fortalezca tu sociedad y nación fortaleciendo los matrimonios de tu país.

[En la nueva perspectiva] el matrimonio se redefinió como ámbito de realización emocional personal, satisfacción sexual propia y vehículo de potenciación de la individualidad [...] [Así que las personas no se casaban] para cumplir con una responsabilidad personal ante Dios o de cara a la sociedad. [Esto privatizó] el matrimonio, sacándolo de la esfera pública, redefiniendo su propósito con base en la gratificación individual y haciendo caso omiso de un posible bien común que reflejara la naturaleza de Dios, que ayudara a forjar el carácter o que sirviera de marco ideal para la crianza y educación de los hijos. Un tanto irónico, esta nueva forma de ver el matrimonio supone una carga adicional respecto a lo que se espera de la pareja y de la vida en común (págs. 29-31).

DÍA 30

[Muchos hablan de casarse con] su pareja «ideal», esto es, alguien con quien congenien y que sea totalmente «compatible». Ahora bien, ¿qué quiere decir eso en realidad? [Hace referencia a] la atracción física y la química sexual [...]. «Nos instalamos en una rutina en la que, como mucho, teníamos la relación sexual una vez a la semana, e incluso menos. No había variedad ni gran interés, ni conexión mental o emocional. Había desaparecido por completo el apremio y la tensión que hace de la espera y su culminación algo tan grande, ese entusiasmo que te mueve a conquistar y a satisfacer...»
(pág. 31-32).

SEXO A LARGO PLAZO

Muchos creen que lo que hace que el sexo sea tan grandioso es «el deseo de impresionar o atraer a alguien». Esta definición excluye la idea de que el sexo puede ser maravilloso a largo plazo en el matrimonio. ¿Cómo podrías «impresionar» a alguien que ha estado casado contigo durante 20 años? ¿Cómo «atraes» a alguien que ha prometido estar contigo sin importar nada? ¿Y cómo lo haces cuando ambos cuerpos envejecen y se vuelven inevitablemente menos atractivos? La manera más profunda de impresionar a alguien es con tu carácter, y la forma de atraer a alguien es con tu deleite en él o ella. Eso sostiene y aumenta el deseo sexual a través de los años. Y eso no depende de lo que ahora llaman «química».

Reflexión:

¿Qué crees que significa hoy el término «química sexual»? ¿De qué maneras es útil para las parejas casadas? ¿De qué maneras es inútil?

Oración:

Pídele a Dios que te muestre formas de mantener el aspecto romántico de tu relación a lo largo de los años.

EL REALISMO DEL MATRIMONIO BÍBLICO

DÍA 31

Cuando el matrimonio se consideraba un bien público, se esperaba que estar casado cambiaría a los participantes. Ahora que se considera que el matrimonio se trata principalmente de la felicidad privada e individual, se deduce que muchos insistirían en que su pareja no exija ningún cambio importante. Pero vivir en lugares cerrados con cualquiera es una violación a la independencia de uno, por lo que cualquier matrimonio debe requerir cambios masivos en la vida de uno, así como el autocontrol y la disciplina para mantenerlos. Criar niños lleva los requisitos para el cambio a otro nivel. Aquí entonces, hay otra forma en la que los puntos de vista más modernos sobre el matrimonio pueden no ajustarse a la realidad, así como a la visión y la perspectiva de la Biblia.

Pero lo cierto es que esa idoneidad en lo sexual no era el factor mencionado primordialmente por la mayoría de los encuestados […]. «Muchos de los hombres encuestados expresaron su resentimiento respecto a las mujeres que tratan de cambiar a su pareja […]. Algunos dijeron de hecho que, para ellos, la "compatibilidad" consistía en encontrar una mujer que "encajara en su forma de vida". "Si de verdad se es compatible, no hay razón alguna para cambiar", comentó uno de los encuestados» (pág. 32)

Reflexión:

¿Cuáles son los cambios que tu matrimonio ha requerido de ti? ¿Qué cambios te gustaría ver en tu cónyuge?

Oración:

Pídele a Dios que te haga más abierto y capaz de hacer los cambios que tu matrimonio requiere.

DÍA 32

Y Dios creó al ser humano a su imagen; lo creó a imagen de Dios. Hombre y mujer los creó […]. Luego Dios el Señor dijo: No es bueno que el hombre esté solo. Voy a hacerle una ayuda adecuada (Gén. 1:27; 2:18).

IRREMPLAZABLE

El ser humano siempre ha existido en dos formas: masculino y femenino. Esto se ve en la palabra «ayuda» (hebreo, «ezer»). Implica que la mujer tiene fortalezas complementarias y suplementarias que el hombre no tiene, y viceversa. La nueva unidad que resuelve la «soledad» de Adán se produce no mediante la adición de un animal u otro macho, sino de una hembra. Cada género tiene habilidades y bellezas únicas que el otro no puede reproducir, por lo que nos necesitamos mutuamente. Como no puedes tener una sociedad o iglesia completamente masculina o femenina sin perjuicio, tampoco puedes tener un matrimonio así. La posición cristiana a través de la historia ha sido que el matrimonio incluye toda la gama de excelencia humana, que solo está disponible si tenemos presentes ambos sexos.

Reflexión:

Las diferencias de género se expresan de manera diferente en cada matrimonio. ¿Cómo se han expresado en tu matrimonio?

Oración:

Señor, ayúdanos a que no aceptemos los pecados de nuestros géneros, no tengamos resentimiento, ni nos acostumbremos a sus diferencias. Amén.

DIVERSIDAD

Dios toma una costilla del costado de Adán. Esto significa que la mujer tendrá cualidades que son idénticas a las del hombre, pero también algunas que ahora no tiene. Por lo tanto, Dios la describe como «adecuada» (hebreo, «kenegdo»), una palabra que significa «igual-opuesto». Hombres y mujeres son iguales y diferentes, iguales, pero profundamente diferentes. El matrimonio es, por lo tanto, compañía complementaria, una unidad lograda a través de la diferencia. En Efesios 5, la relación esposo-esposa se compara con la unión de Cristo y la Iglesia, nos muestra que esa unidad entre diferentes partes profundamente diversas siempre es una ganancia que se consigue con esfuerzo. No debería sorprendernos que las diferencias de género sean notables y difíciles al mismo tiempo.

Reflexión:

¿De qué manera la diferencia de género ha obstaculizado tu matrimonio? ¿Cómo lo ha enriquecido?

Oración:

Señor Jesús, te alabamos porque dejaste el cielo y tu gloria y te regocijaste al unirte a nosotros, los seres humanos. Enséñanos qué debemos hacer para vivir en armonía e interdependencia unos con otros. Amén.

DÍA 33

Así el hombre fue poniéndoles nombre a todos los animales domésticos, a todas las aves del cielo y a todos los animales del campo. Sin embargo, no se encontró entre ellos la ayuda adecuada para el hombre. Entonces Dios el Señor hizo que el hombre cayera en un sueño profundo y, mientras este dormía, le sacó una costilla y le cerró la herida. De la costilla que le había quitado al hombre, Dios el Señor hizo una mujer y se la presentó al hombre, el cual exclamó: «Esta sí es hueso de mis huesos y carne de mi carne. Se llamará "mujer" porque del hombre fue sacada» (Gén. 2:20-23).

TRANSPARENCIA

DÍA 34

… el hombre y la mujer estaban desnudos, pero ninguno de los dos sentía vergüenza (Gén. 2:25).

El matrimonio fue diseñado tanto para la verdad como para el amor. Adán y Eva tuvieron una relación perfecta. «Desnudez sin vergüenza» significaba transparencia y vulnerabilidad total el uno con el otro. No tenían nada que ocultar. Estaban absolutamente abiertos el uno al otro, y ninguno de los dos abusó de tal privilegio. Su relación «no tenía rastro de avaricia, desconfianza o deshonra».[1] Tenían una «apertura y una unidad, no enmascarada por la culpa, no desordenada por la lujuria, no obstaculizada por la vergüenza».[2] Porque ahora somos pecadores, el ideal de la perfecta apertura y la afirmación no es posible. Sin embargo, el evangelio nos da las herramientas (Ef. 4:15) —la seguridad interior y la plenitud del amor— que necesitamos para avanzar hacia él.

Reflexión:

Discute con tu cónyuge las razones por las cuales la apertura y la transparencia requieren tanto la verdad como el amor. ¿Qué sucede cuando dices la verdad, pero tu cónyuge no confía completamente en ti? ¿Todavía es posible hablar con sinceridad y recibir su manera de pensar de la manera que esperas?

Oración:

Señor, te hiciste vulnerable a nosotros y nosotros te rechazamos; sin embargo, nos amaste y abriste nuestros ojos para amarte. Ayúdanos a correr los mismos riesgos de amor para amarnos uno al otro. Amén.

---

[1] Derek Kidner, *Genesis: An Introduction and Commentary* [«Genesis: Introducción y comentario»], (Downers Grove, Illinois: Inter-Varsity Press, 1972), 66.

[2] David Atkinson, *The Message of Genesis 1–11* [«El mensaje de Génesis 1-11»], The Bible Speaks Today (Downets Grove, IL: InterVarsity Press,1990), 79.

HUMILDAD

DÍA 35

Cuando Adán y Eva pecaron, la maldición del pecado cayó sobre ellos. La familia humana, en su función de procrear y su función económica, ahora estaban profundamente alteradas. Se ha hecho mucho énfasis en entender qué significa exactamente cada una de las declaraciones anteriores. Notemos que el pecado afecta a la mujer y al hombre de manera diferente. Esta es otra indicación de que los géneros son distintos tanto en sus fortalezas como en sus debilidades. Aquí parece que sus ídolos y frustraciones son diferentes. Nuestros estantes están llenos de libros de «manuales» para construir un matrimonio maravilloso, pero este pasaje nos llama a la humildad. Incluso dentro de un matrimonio cristiano, debemos esperar obsesión, miedo, culpa, adicción y opresión. No podemos evitarlo. Pero podemos entender por qué tenemos esos sentimientos y emociones, y trabajar para superarlos.

Reflexión:

¿Por qué crees que se menciona la relación de la mujer con sus hijos y su esposo, y la relación del hombre con su trabajo? ¿Qué dice eso sobre nuestros pecados recurrentes?

Oración:

Señor, ayuda a que en nuestro matrimonio evitemos el cinismo desesperado o el romanticismo ingenuo. Amén.

A la mujer le dijo: «Multiplicaré tus dolores en el parto, y darás a luz a tus hijos con dolor. Desearás a tu marido, y él te dominará». Al hombre le dijo: «Por cuanto le hiciste caso a tu mujer, y comiste del árbol del que te prohibí comer, ¡maldita será la tierra por tu culpa! Con penosos trabajos comerás de ella todos los días de tu vida. Te ganarás el pan con el sudor de tu frente, hasta que vuelvas a la misma tierra de la cual fuiste sacado. Porque polvo eres, y al polvo volverás» (Gén. 3:16-17,19).

DÍA 36

«Por eso dejará el hombre a su padre y a su madre, y se unirá a su esposa, y los dos llegarán a ser un solo cuerpo». Esto es un misterio profundo; yo me refiero a Cristo y a la iglesia
(Ef. 5:31-32).

RECONCILIACIÓN

En el matrimonio, Dios nos da una señal poderosa de nuestra salvación. El sacrificio amoroso de Cristo, y nuestra rendición a Él, reconcilia a Dios y a la humanidad, llevando a dos personas enajenadas y diferentes a un pacto de unidad. El matrimonio refleja el evangelio cuando, mediante la entrega mutua, se superan los aspectos difíciles del pecado y se produce una unión muy diferente: hombre y mujer. El sexo, entonces, no es un mero deseo físico. En el matrimonio, es un signo de nuestra unión con Cristo e incluso puede llamarse participación con Dios en Su plan de restauración del mundo. «Él nos hizo conocer el misterio de su voluntad conforme al buen propósito que de antemano estableció en Cristo, para llevarlo a cabo cuando se cumpliera el tiempo, esto es, reunir en él todas las cosas, tanto las del cielo como las de la tierra» (Ef. 1:9-10).

Reflexión:

Cuando experimentas dificultades en tu matrimonio, ¿qué haces para solucionarlo? ¿Cómo puedes mejorar la manera de hacerlo?

Oración:

Padre, ayúdanos a ver que cuando estamos distantes y enajenados, no hay otra manera de solucionarlo sino mediante la misma y humilde entrega que tu Hijo hizo para reconciliarse con nosotros. Amén.

EXCLUSIVIDAD

DÍA 37

Por eso dejará el hombre a su padre y a su madre, y se unirá a su esposa, y los dos llegarán a ser un solo cuerpo. Esto es un misterio profundo; yo me refiero a Cristo y a la iglesia
(Ef. 5:31-32).

No hay forma de conocer a Cristo sin un compromiso exclusivo de por vida con Él. Cristo literalmente renunció a todo para reconciliarse y unirse a nosotros. Y no hay forma de conocer a Cristo a menos que Él sea nuestro único Salvador y Señor. Los primeros dos de los Diez Mandamientos aclaran ese punto. Esto significa, obviamente, que debemos ser sexualmente fieles a nuestro cónyuge. Pero además, significa que ningún matrimonio puede funcionar si nuestras carreras, o incluso nuestros hijos, compiten con nuestro cónyuge por el primer lugar en nuestros corazones. Solo a través del compromiso exclusivo de por vida con Cristo, podemos tener una relación con Él. Lo mismo sucede con nuestro cónyuge.

Reflexión:

Pídele a tu cónyuge que te diga honestamente qué cosas compiten con él o ella por el primer lugar en tu vida.

Oración:

Señor Jesús, gracias por considerar la igualdad con el Padre como algo de lo que estabas dispuesto a separarte para ganarnos (Fil. 2:4-11). Deja que nuestra relación entre nosotros muestre el mismo amor exclusivo. Amén.

DÍA 38

Por eso dejará el hombre a su padre y a su madre, y se unirá a su esposa, y los dos llegarán a ser un solo cuerpo. Esto es un misterio profundo; yo me refiero a Cristo y a la iglesia
(Ef. 5:31-32).

TRANSFORMACIÓN

La salvación en Cristo nos transforma. Nadie puede entrar en una relación íntima con el Señor y Salvador del mundo y permanecer como es. Somos salvos por la fe, no por nuestros esfuerzos morales, sin embargo, «así también la fe por sí sola, si no tiene obras, está muerta» (Sant. 2:17). Podemos decir que tenemos fe, pero si no cambiamos, demostramos que la fe es solo una ilusión. Del mismo modo, si nos casamos con alguien y luego nos negamos a hacer cambios importantes para satisfacer mejor sus necesidades, entonces podemos decir que los amamos, pero no lo hacemos. En un buen matrimonio sabemos que el otro nos ama a pesar de nuestros defectos, pero eso debería motivarnos a cambiar para amarlos mejor. La conexión entre Efesios 5 y Génesis nos muestra esto: el evangelio explica el matrimonio y el matrimonio explica el evangelio.

Reflexión:

Piensa en más formas en que el matrimonio nos enseña sobre nuestra relación con Cristo, y viceversa.

Oración:

(Cada uno puede orar) Señor, confieso que tampoco he cambiado mi carácter lo suficiente como respuesta a tu amor o al amor y la necesidad de mi cónyuge. Fortalece mi deseo y dame el poder para hacerlo. Amén.

VIVIENDO JUNTOS

En la antigua Roma, se esperaba que los esposos tuvieran relaciones sexuales con otras mujeres, mientras que a las esposas se les prohibía hacerlo. El cristianismo terminó con ese doble estándar. Algunos han argumentado que la popularidad contemporánea de la convivencia también privilegia a los hombres. Las mujeres generalmente desean más dejar de lado su independencia y casarse que los hombres, por lo que cualquier sociedad que diga que vivir juntos sin matrimonio es socialmente aceptable está inclinando la cultura hacia los intereses masculinos sobre los femeninos.[1] Pone a los hombres en un lugar de verdadero poder cada vez que una pareja convive en lugar de casarse. La mujer no se atreve a insistir demasiado en que tomen decisiones mutuamente, y él es libre de compararla constantemente con otras posibles parejas. ¿Puede ser, nuevamente, que la ética sexual cristiana beneficie más a las mujeres?

Reflexión:

¿Crees que la convivencia es mejor para los hombres que para las mujeres?

Oración:

Oremos para que, por el bien de la sociedad y de los niños, se fortalezca la institución del matrimonio en nuestra cultura.

DÍA 39

La mayoría de los hombres entrevistados se manifestaron completamente decididos a que su posible relación con una mujer no coartara en absoluto su libertad. En las conclusiones finales del estudio, se señalaba que «La alternativa de la cohabitación le proporciona al hombre las ventajas sexuales y domésticas de una pareja, pero sin tener que renunciar por ello [...] a seguir a la expectativa de una compañera mejor» (pág. 33).

[1] «Who's More Interested in Marrying---Men or Women?» [«¿Quién es el más interesado en el matrimonio, hombres o mujeres?»], RelationshipsinAmerica.com, n.d., http://relationshipsinamerica.com/marriage-and-divorce/whos-more-interested-in-marrying-men-or-women.

DÍA 40

[Tradicionalmente] se admitía [...] que el matrimonio «civilizaba» a los hombres. De hecho, los hombres se habían visto siempre a sí mismos como más independientes y menos dispuestos y capaces que las mujeres para mantener una relación que requiriera mutua comunicación y apoyo, y trabajar en equipo. Uno de los propósitos tradicionales del matrimonio era, sin duda, «cambiar» al hombre y que fuera una «escuela» en la que se aprendiera una nueva forma de relacionarse en mutua dependencia (pág. 33).

DIFERENCIAS DE GÉNERO

Es injusto hablar de hombres que necesitan ser «civilizados» por las mujeres, pero las diferencias de género son reales. Las mujeres constantemente se ven a sí mismas como más agradables, amigables y sensibles a los sentimientos, mientras que los hombres se ven a sí mismos como más asertivos y abiertos a nuevas ideas. Estas diferencias persisten a través de los tiempos y las culturas.[1] ¿Qué significa eso? Significa que los hombres y las mujeres se necesitan mutuamente. Cada una de estas fortalezas viene con debilidades adjuntas. Si bien, la Biblia no define estas diferencias, las cuales pueden tomar diferentes formas en diferentes culturas, su insistencia en la diversidad de género en el matrimonio las asume. Por lo tanto, especialmente en el matrimonio, los hombres y las mujeres deben escucharse y comunicarse mutuamente para cambiar y atender el llamado del otro.

Reflexión:

El matrimonio requiere una interdependencia íntima y algunos argumentan que las mujeres, en general, se casan con mayores habilidades en esa área. ¿Estás de acuerdo?

Oración:

Ora para que las diferencias de género en tu matrimonio sean una base para el crecimiento y no para el conflicto.

[1] Christian Jarrett, «Do Men and Women Really Have Different Personalities» [«¿Es verdad que los hombres y mujeres tienen diferentes personalidades?»], BBC.com, 12 de octubre, 2016, http://www.bbc.com/future/story/20161011-do-men-and-women-really-have-different-personalities.

AUTOCONTROL MASCULINO

DÍA 41

Dado que, según todos los informes, los hombres tienden naturalmente a ser más agresivos, no es sorprendente que muchos luchen con el control tanto de su ira como de sus deseos sexuales. El matrimonio no solo exige ambos tipos de autodisciplina en los hombres, sino que también los ayuda a lograrlos. Los hombres que crecieron en familias integrales tienen menos probabilidades de engañar a su cónyuge en sus propios matrimonios.[1] Tradicionalmente, este tipo de autocontrol se consideraba la esencia misma de la masculinidad. Los llamados líderes del hogar, que ni siquiera pueden dominarse a sí mismos, llevan a un desastre. Y una esposa no podrá confiar en un hombre ni respetarlo, si él no puede someter sus impulsos a sus promesas y compromisos. Los «hombres de verdad» son lo suficientemente fuertes para controlarse.

Reflexión:

¿De qué maneras has visto aumentar el amor y el respeto de una esposa por su esposo con su crecimiento en el autocontrol?

Oración:

Si eres un hombre, piensa en las áreas de tu vida que requieren autocontrol y ora por ellas. Si eres mujer, ora para que el hombre de tu vida crezca en autocontrol.

[Un erudito] sostiene que, muy al contrario, donde el hombre se hacía verdaderamente masculino era en el matrimonio: «En la mayor parte de la historia de occidente, la característica primaria más valorada de la hombría era el propio control [...]. Un hombre que se permitía comer, beber y tener relaciones sexuales sin medida ni control había fracasado al no saber "dominarse", siendo por ello considerado incapaz de gobernar su casa y, menos aún, su actuación en la esfera de lo público [...] [E]l control de las pasiones, y no su satisfacción a cualquier precio, era lo que daba la auténtica medida y valía de un hombre» (pág. 34).

[1] Wendy Wang, «Who Cheats More? The Demographics of Infidelity in America» [«¿Quién engaña más? La demografía de la infidelidad en América»], Institute for Family Studies, 10 de enero, 2018, https://ifstudies.org/blog/who-cheats-more-the-demographics-of-cheating-in-america.

DÍA 42

Si lo que se espera de la pareja es que no demande demasiado de nosotros, lo que en realidad estaremos buscando es alguien […] que no exija «excesiva atención» y que no nos cargue con sus posibles problemas […]. Lo que se desea en definitiva es una pareja ideal, que sea una persona feliz, sana, interesante y satisfecha con su vida. En ningún otro período de la historia se ha dado una sociedad tan exigente a la hora de buscar pareja (pág. 35).

¿TERMINANDO LA ESCUELA?

Un artículo reciente explica «Cómo los Millennials están redefiniendo el matrimonio».[1] Tradicionalmente, dice el escritor, la gente estaba dispuesta a tomar votos matrimoniales antes «y tratar de resolverlo después». Eso significaba descubrir las fortalezas y debilidades, los objetivos y la misión en la vida, pero juntos, durante el matrimonio, no individualmente antes de casarse. Hoy en día, los adultos jóvenes esperan más tiempo para casarse, de modo que por sí solos puedan descubrir quién quieren ser, sin la imposición en sus vidas como la de un cónyuge. Luego quieren un cónyuge que también esté completamente formado (económica, psicológica y socialmente) y que simplemente afirme la identidad y la trayectoria que ya han establecido. Esta «asociación de productos terminados» no crea nada parecido a un vínculo. Y no hace falta decir que no es realista. Continuarás cambiando después del matrimonio.

Reflexión:

Algunos han dicho que el matrimonio de hoy es como «terminar la escuela», mientras que en el pasado era más parecido a ir a la escuela secundaria y la universidad. ¿Estás de acuerdo? ¿Cómo ha ayudado tu cónyuge a dar forma a la persona que eres hoy en día?

Oración:

Pídele a Dios que te ayude a ti y a tu generación a no temer al matrimonio, sino a entregarse a sus cónyuges con confianza y amor.

[1] Hermanson, «How Millennials Are Redefining Marriage», The Gottman Institute.

¿POR QUÉ NO POSPONER EL MATRIMONIO?

DÍA 43

Un psicólogo dice que posponer el matrimonio en la vida, hasta tener una identidad establecida y saber quién eres, es el camino más sabio.[1] Ciertamente, dos personas pueden ser demasiado jóvenes para casarse, pero eso se debe a que carecen del carácter necesario para ceder mutuamente sus deseos egoístas por el bien del otro. Eso requiere humildad, gracia, autocontrol y seguridad interior. Pero esperar a «encontrarse» antes del matrimonio supone que el autoconocimiento es principalmente un proceso solitario para descubrir los deseos más profundos. No lo es. Cuando observamos dentro de nuestros corazones, veremos deseos internos que se contradicen entre sí. Necesitamos compañía íntima para discernir lo malo, de lo bueno y de lo mejor. No hay mejor lugar para eso que el matrimonio.

Reflexión:

Jesús dijo que debemos «perdernos» al servicio de Él para «encontrar» nuestro verdadero ser. Esa es la forma principal de encontrar tu verdadera identidad: en Cristo. ¿Hay una analogía para el matrimonio? ¿Podemos encontrarnos mientras servimos a nuestro cónyuge?

Oración:

Pídele a Dios que te enseñe más sobre tus fortalezas y debilidades, tus dones y tu llamado, a través de tu matrimonio.

Las pasadas formas de contemplar el matrimonio se consideran, hoy día, demasiado tradicionales y hasta opresivas, y se ve en la novedosa concepción del «Matrimonio enfocado en mí» toda una liberación. Pero lo cierto es que ha sido esta nueva actitud respecto a lo que puede (y debe) encontrarse en la vida marital lo que ha generado un declive muy notable en la celebración de matrimonios y un opresivo sentimiento de desesperanza respecto a sus posibilidades de éxito. La realidad práctica evidencia que para que triunfe un matrimonio, en el que prima el «yo» por encima de todo, la pareja tiene que ser completamente madura y centrada, feliz en su individualidad, sin necesidades emocionales demandantes y sin defectos de carácter que haya que pulir o incluso erradicar. El problema entonces es que, a la vista de semejantes premisas, ¡no va a haber prácticamente nadie que cumpla con todos esos requisitos! Esta nueva concepción del matrimonio como vehículo de realización personal lleva a esperar demasiado de la experiencia marital, paradójicamente sin esperar obtener todo lo que sí debiera (pág. 36-37).

---

[1] Hermanson, «How Millennials Are Redefining Marriage», en especial «Millennials have a strong sense of identity» [«Los Millennials tienen un fuerte sentido de identidad»].

DÍA 44

[N]o entienden el matrimonio como la unión de dos personas con sus respectivos fallos y defectos, que se plantean estar juntas para crear un espacio común de amor, de estabilidad y de consuelo; un «puerto seguro en un mundo que a veces es hostil», como bien señala Christopher Lasch. [En vez de eso, buscan a alguien que los acepte como son, complemente sus habilidades y satisfaga sus deseos sexuales y emocionales . . .] Un matrimonio que se basa no en la negación del propio yo, sino en una autorrealización, exigiría una pareja que apenas necesitara atención personal y que satisficiera todas las necesidades propias sin esperar nada a cambio. Dicho de forma sencilla, hay quien espera demasiado de su pareja (pág. 38).

CÓMO AYUDAN LOS VOTOS

El matrimonio en el pasado se trataba tanto del deber como del deseo. Se reconoció que cuando las personas con defectos (simplemente, no hay ningún otro tipo) se casaban, habría momentos difíciles en los que las partes querrían darse por vencidas. Para eso estaban los votos matrimoniales: eran «pactos de Ulises». En la mitología griega, Ulises sabía que cuando su barco se acercara a la isla de las Sirenas, su canción lo llevaría a ser incapaz de pensar razonablemente. Así que se ató al mástil y les dijo a sus hombres (los cuales debían usar cera en los oídos) que ignoraran sus desvaríos hasta que pasaran la isla y recuperara el sentido. Los votos matrimoniales a menudo tienen el mismo propósito en tiempos de conflicto en el matrimonio. Son formas de vincularte con el matrimonio para que permanezcas en él durante los momentos que tu pensamiento está confundido.

Reflexión:

¿De qué manera es útil esta historia de Ulises como metáfora de los votos matrimoniales? ¿De qué maneras este ejemplo no aplica a los matrimonios? ¿Recuerdas tus votos matrimoniales?

Oración:

Pídele a Dios que te ayude a «recuperar tus sentidos» rápidamente después de momentos de ira, autocompasión y desánimo que pueden presionar tu matrimonio.

LIBERTAD

DÍA 45

Muchos se quejan de que el vínculo legal del matrimonio crea el «requisito de mantener una relación para toda la vida», pero hoy en día muchos «no quieren ceder ante ese tipo de presiones» y quieren vivir juntos sin una licencia de matrimonio que comprometa su libertad. Ven su relación como «propia», no de la sociedad, basada en «amor y compromiso, y no en necesidad de validación externa».[1] Pero los votos legales no fueron hechos para «validar» el amor sino para profundizarlo y fortalecerlo. Y no hay nada más liberador que saber que hay alguien que ha prometido solemnemente estar allí para ti en las buenas y en las malas.

Reflexión:

¿Cómo choca la idea moderna de libertad con los ideales del matrimonio?

Oración:

En la «Colecta por la paz» en el Libro de Oración Común, *se dice que el servicio al Dios es la «libertad perfecta». Pídele a Dios que te ayude a experimentar la «libertad de servicio» en tu matrimonio.*

[E]l sueño del emparejamiento perfecto se ve superado sin lugar a dudas por el de aquellos que no quieren saber nada del tema, aunque no quieran admitirlo. La cuestión de fondo es que la gente de nuestro tiempo aprecia, por encima de todo, su libertad, su autonomía y el poder hacer realidad las distintas metas que se hayan propuesto en la vida; y las personas más reflexivas saben muy bien que llevar adelante una relación amorosa implica renunciar a todo ello […]. Es duro, por eso, tener que admitir ante el mundo, y ante uno mismo, que no quieres contraer matrimonio por toda esa serie de razones. [Así que encuentras defectos en cualquier posible pareja], solución infalible para conjurar todo riesgo (págs. 38-39).

[1] Hermanson, «How Millennials Are Redefining Marriage», en especial «Millennials question the institution of marriage» [«Los Millennials cuestionan la institución del matrimonio»].

DÍA 46

[En especial para los hombres,] en una sociedad en la que es omnipresente la pornografía, se producen unas expectativas nada realistas respecto a la imagen y comportamiento de una hipotética pareja ideal. Influidos por las imágenes que pueden verse en los principales medios de comunicación, en anuncios y en desfiles de ropa interior sexy, los hombres están posponiendo el casarse con su novia con la esperanza de que aparezca en el horizonte la combinación perfecta de «compañera ideal/muñeca despampanante» (págs. 35-36).

IMAGEN VERSUS PERSONAJE

En 1858, cuando Lincoln y Douglas contendían por el Senado de los Estados Unidos, los periódicos nacionales publicaron páginas y páginas de sus argumentos.[1] Sin embargo, si alguno de ellos hubiera caminado por la calle principal de alguna ciudad de los Estados Unidos, no habrían sido reconocidos. Las fotografías existían, pero no pudieron ser difundidas. Lo que importaba públicamente no era su apariencia sino sus ideas. Hoy hemos cambiado de una cultura basada en texto a una cultura basada en imágenes, una en la que las miradas y las impresiones son lo más importante. Entre otras cosas, esto significa que la pornografía florece como nunca. Pero también significa que las personas mayores y las personas con sobrepeso, especialmente las mujeres, pueden fácilmente odiarse a sí mismas. La belleza está sobrevaluada y esto ejerce presión sobre los matrimonios y quienes buscan un matrimonio. La Biblia pone énfasis en otro sentido, en las creencias y el carácter del cónyuge o posible cónyuge.

Reflexión:

¿Cómo es que la sobre evaluación de la belleza distorsiona el juicio de quienes buscan casarse? ¿Cómo daña los matrimonios existentes?

Oración:

Medita en 1 Pedro 3:4: «Que su belleza sea más bien la incorruptible, la que procede de lo íntimo del corazón y consiste en un espíritu suave y apacible. Esta sí que tiene mucho valor delante de Dios».

[1] Neil Postman, «Thy Typographical Mind» [«Tu tipología de la mente»] en Amusing Ourselves to Death: Public Discourse in the Age of Show Business [Asombrándonos hasta la muerte: El discurso público en la era del negocio del espectáculo], Anniversary edition (New York: Penguin Books, 2005), 44-48.

CEMENTO HÚMEDO, O NO

DÍA 47

Las mujeres se han visto igualmente afectadas por esos vientos de cambio. Hombres y mujeres sin distinción buscan actualmente en el matrimonio la «consecución de los más íntimos anhelos, y ello tanto en el plano de lo físico como igualmente en lo emocional y espiritual». Esta *actitud da lugar a un idealismo extremo que, a su vez, se transforma en profundo pesimismo cuando se desespera por encontrar a la pareja que cumpla todos esos requisitos. Esa es la razón de que cada vez sea mayor el número de los que posponen el casarse, descartando todo posible candidato o candidata que no sea «suficientemente completo»* (pág. 36).

«Las mujeres tienen más opciones que nunca. Eligen concentrarse en sus carreras por un período de tiempo más largo y utilizan la preservación de óvulos y otras tecnologías para "ganar tiempo"», dice una psicóloga.[1] Ella continúa diciendo que las mujeres ahora buscan una pareja que no intente cambiarlas, sino que afirme lo que ya son. De hecho, es cierto que a medida que envejecemos, establecemos más nuestra forma de ser [...] menos como «cemento húmedo». Pero cuando llegamos a vernos a través de los ojos de nuestro cónyuge, reconocemos que somos mejores, y peores, de lo que pensábamos. Somos liberados de la negación y la ceguera. En un buen matrimonio, queremos ser diferentes. ¿Por qué posponer el matrimonio hasta que sea más difícil cambiarlo?

Reflexión:

Haz una lista de algunas formas en las que resulta contraproducente posponer el matrimonio «en general» hasta sentir que estamos listos para ello.

Oración:

Ayuda a tu cónyuge a verse mejor a sí mismo a través de tu matrimonio. Pídele a Dios que te guarde de ser demasiado o muy poco crítico, y que hagas todo por amor.

[1] Hermanson, «How Millennials Are Redefining Marriage».

DÍA 48

C. S. Lewis [escribió]: «Deposita tu afecto en cualquier cosa posible, y no te quepa la menor duda de que acabarás con el corazón destrozado. Para asegurarte de que no sea así, no se lo entregues a nadie, ni siquiera a tu mascota. Rodéalo de aficiones y pequeños caprichos; evita todo tipo de compromiso; guárdalo bajo llave en el cofre de tu egoísmo. Pero no olvides que ahí (sin luz, ni aire, ni movimiento) sufrirá un cambio. Ciertamente, no se romperá; de hecho, será inquebrantable, pero también impenetrable e irrecuperable. La alternativa a la tragedia, o al riesgo de que ocurra, será la condenación[1] (pág. 39).

[1] C. S. Lewis, *The Four Loves* [Los cuatro amores], (New York: Harcourt, 1960), 123

EL COFRE DEL EGOÍSMO

La cita de Lewis nos muestra los dilemas que presenta el amor. Si amamos a alguien, estamos seguros de que seremos decepcionados e incluso heridos. Esto asusta a los adultos jóvenes de hoy y los hace desconfiar del matrimonio. Sin embargo, la alternativa tiene los mismos riesgos. Lo opuesto al amor no es el odio, sino el miedo (1 Jn. 4:18), porque el amor se abre a sí mismo. El amor es comprometerse con el bien de otra persona, y eso lo hace vulnerable. La única forma de protegerse del dolor en las relaciones es retirarse de ellas. Pero ese tipo de autoprotección será un ataúd para tu capacidad de amar; endurecerá tu corazón y te volverá solitario. Tal situación incluso puede ocurrir dentro del matrimonio, pero debe evitarse a toda costa.

Reflexión:

¿Has visto la declaración de Lewis en la vida real? ¿Cómo es vivir una tragedia, mejor que no vivirla?

Oración:

Medita en 1 Juan 4:18: «sino que el amor perfecto echa fuera el temor. El que teme espera el castigo, así que no ha sido perfeccionado en el amor». Pídele a Dios de Su perfecto amor para que disminuya tu miedo y ansiedad en las relaciones.

NADIE NACE CON TALENTO PARA EL MATRIMONIO

Las ilustraciones que comparan el béisbol o escribir un libro de ficción con el matrimonio son un poco exageradas. Esos tipos de casos requieren práctica y trabajo duro, pero también suponen talento natural. Algunas personas son simplemente mejores atletas o escritores que el resto de nosotros. Eso no sucede con el matrimonio. Nadie está simplemente «dotado» para el matrimonio de la misma manera que algunos atletas tienen impresionantes habilidades naturales. La dificultad del matrimonio se debe a nuestro carácter y especialmente a nuestro egoísmo. Ninguna cantidad de «química» natural lo erradicará. Podemos ocultar nuestro egoísmo de los demás e incluso, hasta cierto punto, de nosotros mismos. Pero en el matrimonio, tanto tú como tu cónyuge, pueden verlo claramente. Se necesita un gran esfuerzo para superar nuestra falta de talento natural para el matrimonio.

Reflexión:

¿Puedes pensar en algún momento en el que estabas culpando a tu cónyuge por un conflicto, cuando realmente era tu egoísmo?

Oración:

Pídele a Dios que te haga honesto sobre tu propio egoísmo. Pídele que te salve de la autojustificación.

DÍA 49

[U]na y otra vez he oído [a la gente] decir: «El amor no debería ser algo tan difícil; debería manifestarse de forma natural y espontánea». A lo que yo siempre respondo: «¿Por qué crees que debería ser así? ¿Crees que un jugador que aspire a marcar para su equipo puede decir "No debería ser tan duro y difícil"? ¿Podría alguien que aspire a escribir una gran novela decir "No debería ser tan difícil crear unos personajes creíbles dentro de una trama interesante"?». La respuesta más lógica sería entonces: «Pero es que mi vida no es ni un partido ni una novela. Se trata del amor. El amor debería ser algo completamente natural entre dos personas, si es que son verdaderamente compatibles» (pág. 40).

DÍA 50

Stanley Hauerwas [escribió]: «No hay nada hay tan destructivo en un matrimonio como la ética de una autorrealización que da por sentado que el matrimonio y la familia son instituciones para fomento del desarrollo personal y necesarias para hacernos felices y personas "completas". Vivimos convencidos de que existe esa persona ideal con la que casarnos y que, si nos esforzamos por buscarla, acabaremos encontrándola. Pero ese enfoque no tiene en cuenta un factor crucial en todo matrimonio: que siempre vamos a casarnos con una persona que no es ideal»[1] (pág. 40-41).

[1] Hauerwas, «Sex and Politics: Bertrand Russell and 'Human Sexuality» [«Sexo y política: Bertrand Russell y la sexualidad humana»], Christian Century, 19 de abril, 1978, 417--22.

NOS CASAMOS CON UN PECADOR

Stanley Hauerwas dice que «siempre nos casamos con la persona equivocada» para llamar tu atención. No quiere decir que no existan dos personas tan incompatibles en temperamento, cultura, edad o de alguna otra manera que no deberían casarse. Él está tratando de disipar el mito de que, si eliges a la persona adecuada, el matrimonio estará libre de conflictos. Si la Biblia dice que todos los seres humanos son pecadores, entonces no hay dos pecadores que sean naturalmente compatibles. «No hay necesidad de falsedades», dice uno de los personajes de Jean-Paul Sartre cuando llegan al infierno. «El infierno son los demás».[1] Los pecadores siempre se alterarán unos a otros y culparán a la otra persona.

Reflexión:

¿Cuál es tu definición de pecado? Piensa en las formas en que el pecado complica y perjudica todas las relaciones.

Oración:

Pídele a Dios la sabiduría para ver esos conflictos con tu cónyuge que provienen de diferencias genuinas de temperamento y que deben ser aceptados, y aquellos que surgen de defectos en tu carácter, que no deberían serlo.

[1] «...Todos esos ojos fijos en mí. Devorándome ¿Qué? ¿Solo dos de ustedes? Pensé que había más; muchos más. Entonces esto es el infierno. Nunca lo hubiera creído. ¿Recuerdas todo lo que nos dijeron sobre las cámaras de tórtura, el fuego y el azufre, la "magma ardiente"? ¡Cuentos de viejas! No hay necesidad de atizadores al rojo vivo. ¡El infierno son los demás!», de Jean-Paul Sartre, *No Exit and Three Other Plays* [Sin salida y tres obras más], (New York: Vintage, 1989), 45.

NOS CASAMOS CON ALGUIEN DE DOBLE CARA

DÍA 51

Aquí tenemos una segunda razón por la que «nunca nos casamos con la persona correcta». La primera razón es el pecado, y la segunda es el cambio. Muchos aconsejan que nos quedemos en el matrimonio hasta que «sepamos quiénes somos», pero incluso eso está en constante cambio. El matrimonio mismo nos cambia drásticamente, sacando lo mejor y lo peor de nosotros. El envejecimiento de los cuerpos, bebés y niños, el trabajo y la carrera, todo esto hace que cambiemos quiénes somos, y eso significa recalibrar la relación matrimonial. Lo que necesitamos, entonces, no es la pareja perfecta que nunca cambia (no existe tal persona), sino sabiduría, la capacidad de arrepentirse y un compromiso permanente a los votos matrimoniales.

Reflexión:

¿Cómo has cambiado en tu matrimonio? ¿Cómo has manejado los cambios?

Oración:

Pídele a Dios que los ayude a ambos a aceptar los cambios inevitables de ambos, incluso mientras Él los ayuda a permanecer inmutablemente comprometidos el uno con el otro.

[Hauerwas continúa explicando qué quiere decir con casarse siempre con la persona equivocada]. «Creemos que conocemos a la persona con la que nos casamos, pero no es así en absoluto. Y aunque sin duda es posible que acertemos y que nos casemos con la persona adecuada, deja que pase un tiempo y verás cómo cambia. El matrimonio [siendo, como es, algo tremendo] conlleva un cambio ineludible una vez iniciada la convivencia. El principal problema es entonces [...] aprender a amar y a ocuparte de esa persona desconocida con la que convives[1] (pág. 41).

[1] Hauerwas, *A Community of Character* [«Una comunidad de carácter»]. (Notre Dame, IN: University of Notre Dame Press, 1981), 172.

DÍA 52

Como es lógico y comprensible, habrá siempre muy buenas razones para no casarse con alguien mucho mayor, o mucho más joven, o con alguien con quien no se compartan ideales […,] de hecho hay personas con las que nunca, nunca va a ser aconsejable casarse. Pero la incompatibilidad será siempre un factor presente […]. En el transcurso de los años, se deberá aprender a amar de nuevo a una persona que ya no es la misma con la que te casaste, porque habrá cambiado en la medida de lo que es lógico y natural […]. Ese es un viaje que podrá conducirnos a una unión más fuerte, más real y mucho más gozosa; desde luego, no porque nuestra pareja sea absolutamente ideal y perfectamente compatible con nosotros (pág. 41-42).

NOS CASAMOS CON UNA VÍCTIMA

Hay varias formas en las que tu cónyuge puede convertirse en un extraño. Una forma es esta: las pruebas y las presiones pueden provocar debilidades en el carácter, al igual que una prueba de esfuerzo en el consultorio del médico puede revelar irregularidades en la función cardíaca. Nadie puede vivir una vida sin sufrimiento. A tu cónyuge le sucederán cosas malas, y es muy decepcionante verlo menos maduro, fuerte o sabio de lo que pensabas que era. Pero en ese momento deberías usar el evangelio para recordar que Dios ve tu interior, ve todo tipo de fallas que tú mismo no verás hasta dentro de años, pero Él te ama de todos modos. Entonces, ama a tu cónyuge como Dios en Cristo te ama a ti.

Reflexión:

¿Cuáles son algunas otras formas en las que tu cónyuge puede «sentirse como un extraño?» Cuando eso ha sucedido, ¿cómo lo has manejado?

Oración:

Pídele a Dios que te capacite con un sentido de la realidad de Su amor para amar a tu cónyuge a pesar de sus defectos.

NOS CASAMOS CON UNA PERSONA EGOÍSTA (PT 1)

DÍA 53

Quizás la más grande barrera para un matrimonio feliz es el egocentrismo de ambos cónyuges. Pero no se puede hacer nada al respecto si los involucrados niegan la realidad o la gravedad del problema. Jonathan Edwards enumera varias características de personas egocéntricas. Son dogmáticos y siempre están seguros de cada punto de sus creencias. Siempre buscan culpables, son propensos a la autocompasión y nunca están satisfechos. Necesitan muchos elogios y se ofenden fácilmente. Tienden a hablar mucho sobre sí mismos y son malos oyentes. Los cristianos deben examinarse a sí mismos (2 Cor. 13:5), no para flagelarnos, sino para, en primer lugar, profundizar nuestro agradecimiento por la paciencia y la gracia de Dios y, en segundo lugar, tomar medidas concretas para llegar a ser más como Cristo, nuestro ejemplo a seguir.

Reflexión:

Hay cuatro características de egocentrismo enumeradas anteriormente. Evalúa honestamente el grado en que se aplican a ti. ¿Qué puedes hacer al respecto?

Oración:

Pídele a Dios que reemplace tus esfuerzos para robar el amor y la aceptación de los demás por un enfoque centrado en Cristo y un descanso en Su amor.

[L]a primera razón de por qué no hay posible pareja compatible [es que] el matrimonio va a cambiarnos, lo queramos o no. Y hay otra razón más. El pecado es una realidad inevitable, que va a suponer, entre otras cosas, estar centrado en uno mismo, viviendo en cierta medida incurvatus in se. *Denis de Rougemont señala en uno de sus escritos: «¿Qué razón hay para que unas personas neuróticas, egoístas e inmaduras se vuelvan de repente seres angelicales por haberse enamorado…?»*[1] (pág. 44).

[1] Denis de Rougemont, *Love in the Western World* [El amor en el mundo occidental], (New York: Harper and Row, 1956), 300, citado en Diogenes Allen, Love: Christian Romance, Marriage, Friendship [Amor: Romance cristiano, matrimonio, amistad], (Eugene, OR: Wipf and Stock, 2006), 96.

DÍA 54

Y esa es la razón de que un matrimonio de éxito sea algo más difícil y más duro de conseguir que una proeza atlética o un mérito artístico. El talento natural sin cultivar no te permite jugar al béisbol como profesional, ni escribir grandes novelas sin someterte primero a una disciplina muy severa y a un esfuerzo continuado. ¿Qué puede hacernos pensar que va a ser fácil vivir en armonía y felizmente con otro ser humano a la vista de nuestra naturaleza caída? De hecho, mucha gente que ha logrado triunfar en el deporte y en el arte, ha fracaso estrepitosamente en su matrimonio (pág. 44).

NOS CASAMOS CON UNA PERSONA EGOÍSTA (PT 2)

En la devoción diaria de ayer, leímos que, en el corazón de nuestra naturaleza humana, está el egocentrismo, un problema que socava la felicidad de nuestro matrimonio. Aquí hay varias características de Jonathan Edwards sobre personas egocéntricas. Son caprichosos, siempre insisten en su propia forma de pensar. Son poco generosos con elogios y aliento, y tienden a ser despectivos. Son lentos para admitir cuando están equivocados, y el arrepentimiento siempre es traumático, nunca un alivio. Finalmente, o disfrutan demasiado la confrontación o se niegan a enfrentarla. (Ambos son resultados de pensar más en los propios intereses que en el bien del otro). Cuanto más egocéntrico eres, menos consciente eres de ello; cuanto menos egocéntrico eres, más lo sientes en ti mismo.

Reflexión:

Una vez más, hay cuatro características de egocentrismo enumeradas anteriormente. Evalúa honestamente el grado en que se aplican a ti. ¿Qué puedes hacer al respecto?

Oración:

Pídele a Dios que te hable, no solo sobre tu pecado, para verte más claramente, sino también sobre Su amor por ti, para que puedas arrepentirte y cambiar.

EL MATRIMONIO NO SUSTITUYE A DIOS

Tanto Ernest Becker como San Agustín, argumentaron que, si el amor supremo y la esperanza de nuestras vidas no se basan en un Dios real, sino en algo más, entonces eso se elevará a una forma de pseudo-dios. Entonces, a medida que Dios se aleja de nuestras vidas, ejercemos mucha más presión sobre el sexo, el romance y el matrimonio para que sean experiencias trascendentes y satisfactorias. No es de sorprender, que la gente moderna piense que no es razonable esperar que los solteros se abstengan de tener relaciones sexuales si no están casados. No es de extrañar que las personas pospongan el matrimonio mientras buscan al alma gemela absolutamente perfecta. El sexo y el romance ahora están llamados a brindar una experiencia trascendente para la que nunca fueron creados. El matrimonio nunca tuvo la intención de satisfacernos como la comunión con Dios lo hace, ni es capaz de hacerlo.

Reflexión:

¿Cuáles son algunos de los efectos negativos de esta idolatría del matrimonio para los solteros? ¿Y para personas casadas? ¿En tu vida específicamente?

Oración:

Admite a Dios que Su amor por ti es demasiado abstracto y Su comunión contigo es demasiado débil, y esto te hace buscar otras cosas para ser feliz, incluso en tu matrimonio.

DÍA 55

Ernest Becker creía que la cultura moderna había producido un deseo al que llamó «romance apocalíptico». En un momento, esperábamos que el matrimonio y la familia brindaran amor, apoyo y seguridad. Pero para tener sentido en la vida, esperanza para el futuro, brújula moral e identidad propia, buscamos a Dios y la vida eterna. Hoy, sin embargo, nuestra cultura nos ha enseñado que nadie puede estar seguro de esas cosas, ni siquiera si existen. Por lo tanto, argumentó Becker, algo tiene que llenar el vacío, y a menudo ese algo es amor romántico. Esperamos que el sexo y el romance nos den lo que solíamos obtener de la fe en Dios.
(pág. 44-45).

DÍA 56

«Nuestra pareja se convierte en un ideal divino en el cual realizarnos en esta vida. Las necesidades espirituales y morales se centran ahora en una persona [...]. Dicho de forma resumida, el objeto del amor es Dios [...]. El ser humano intentó alcanzar un «tú» cuando murió la visión del mundo de la gran comunidad religiosa supervisada por Dios [...]. En definitiva, ¿qué es lo que esperamos al poner a nuestra pareja a la altura de Dios? Pues, ¡nada menos que redención!»[1] (pág. 45).

EL MATRIMONIO NO SUSTITUYE LA REDENCIÓN

Sin Dios en nuestras vidas, convertiremos algo más en una fuente de redención, y uno de los candidatos más habituales para ese tipo de «sustituto de dios» es la pareja romántica o el cónyuge. Cuando Becker usa la palabra «redención», ¿está exagerando? No lo creemos. Todos compartimos la sensación de que no hemos vivido como deberíamos; que no somos las personas que deberíamos ser. Podemos esperar que nuestra pareja nos asegure, a nosotros y al mundo, que realmente somos dignos de amor. Esto no solo ejerce una enorme presión sobre nuestro cónyuge para que siempre nos afirme, sino que también pone demasiado poder en sus manos para definir nuestro propio ser. Eso solo le pertenece a Dios.

Reflexión:

Piensa en otras formas en las que, en nuestra cultura, podríamos ser propensos a buscar en nuestra pareja un tipo de «redención». ¿Crees que las mujeres y los hombres buscan eso de manera diferente?

Oración:

Medita en Juan 19:30, donde antes de morir, Jesús dijo: «Todo se ha cumplido». Agradece a Dios por una redención completa y consumada en Cristo, y pídele ayuda para descansar en ello y no buscar más la salvación en otra persona o cosa.

[1] Ernest Becker, *The Denial of Death* [La negación de la muerte], (New York: Free Press, 1973), 160, 167.

¿DIFÍCIL O FÁCIL?

DÍA 57

La abuela de Tim, que nació a comienzos del siglo XIX, me dijo que el matrimonio había sido más gratificante de lo que su familia y amigos le habían dicho. Hoy, a medida que Dios se ha alejado de la cultura, ha aumentado la presión sobre el matrimonio para ser una empresa totalmente gratificante y de superación personal. Ahora, las parejas se desilusionan porque el matrimonio es más difícil de lo que esperaban. Tanto las culturas antiguas como las modernas están equivocadas. El matrimonio es como nuestro caminar con Dios. A menudo es confuso y difícil, pero las recompensas superan infinitamente los costos.

Reflexión:

¿Sería justo decir que hubo un incidente o un momento en que «terminó la luna de miel» de tu matrimonio? Si es así, ¿qué fue?, ¿acabó siendo un medio de crecimiento? ¿o no?

Oración:

Pídele a Dios que te ayude a descansar y esperar en Él para que puedas evitar la ingenuidad o el cinismo en cada área de tu vida.

El desencanto, a manera de abrupto «fin de la luna de miel», es algo tan común hoy día como lo fue también en el pasado [...]. Pero la profundidad del desengaño que está al orden del día en nuestra sociedad sí que es algo nuevo, al igual que lo es la velocidad con que se deshacen los matrimonios. En la actualidad, algo ha intensificado esa experiencia volviéndola tóxica. Se trata de la quimérica ilusión de poder encontrar nuestra alma gemela y ver entonces cómo se resuelven todos nuestros problemas. Pero eso convierte a la persona objeto de nuestro amor en una especie de dios, y no hay ser humano alguno capaz de estar a la altura de semejante exigencia (pág. 46).

DÍA 58

LA PARADOJA

Hay pocos argumentos serios y rigurosos que demuestren que la sociedad actual puede prescindir de la institución del matrimonio. Incluso los que critican la monogamia tienen que admitir que, al menos en el plano pragmático, no podemos vivir sin él; certeza que viene respaldada por los distintos estudios y análisis realizados al respecto […]. De hecho, son cada vez mayores los indicios que apuntan a que el matrimonio (el tradicional y monógamo) es fuente de grandes beneficios para la población adulta, dentro de un amplio espectro social, y más aún para los niños y para la sociedad en general (pág. 47-48).

Como hemos visto, los adultos jóvenes de hoy se casan mucho más tarde y con mucha menos frecuencia. Dos tercios de los estadounidenses en sus 20, dicen que la sociedad estaría igual si las personas no dieran prioridad a casarse y tener hijos como lo hacen. Este es un marcado cambio en la actitud a comparación de la generación anterior. También contradice todos los estudios empíricos que muestran que el matrimonio tradicional tiene enormes beneficios para adultos y niños.[1] Entonces, ¿por qué los adultos más jóvenes tienen una visión del matrimonio que va en contra de la ciencia y la tradición? La respuesta, probablemente tiene que ver con la incongruencia que hemos estado explorando, a saber, debido al vacío en nuestras vidas creado por el declive en la religión. Las personas necesitan demasiado el matrimonio y, por lo tanto, le temen al mismo tiempo.

Reflexión:

Si muchos puntos de vista sobre el matrimonio están equivocados, ¿podríamos verlos cambiar?

Oración:

No ores por ti, sino por nuestra sociedad. Pídele a Dios que cambie los corazones para que las personas no se pierdan de la riqueza y las alegrías que trae el matrimonio debido a temores infundados.

---

[1] Wang y Parker, «Record Share of Americans Have Never Married», Pew Research Center.

AGRIDULCE

DÍA 59

Hay algo indudablemente agridulce sobre el matrimonio. Sabemos intuitivamente que el matrimonio tiene la capacidad de satisfacernos, profundizarnos y enriquecernos de una manera que ninguna otra relación humana puede hacerlo. La Biblia explica esta poderosa sensibilidad al decirnos que es un diseño divino, instituida directamente por Dios para reflejar Su propio carácter y amor salvador. Y sin embargo, incluso quienes se encuentran en los matrimonios más felices, pueden ver el pasado y encontrar una larga serie de oportunidades perdidas y aspiraciones frustradas por amar a su cónyuge. Pero aquí está el extraordinario consuelo. La eternidad finalmente terminará con lo agridulce, porque «el cielo es un mundo de amor», en el que nuestra capacidad de amar, mermada y deficiente aquí en la tierra, sanará por completo.[1] Descansa en esa esperanza.

Reflexión:

¿Cómo puede ayudarte el conocimiento de nuestro futuro —un futuro de amor perfecto—en tu matrimonio? ¿Cómo puede mitigar el remordimiento de nunca tener un matrimonio idóneo? ¿Cómo puede hacer esto que tengas menos miedo al fracaso en tu matrimonio?

Oración:

Pídele a Dios que use la esperanza cristiana del futuro en tu corazón, para alentarte cuando cometas errores en tu matrimonio y animarte a seguir intentándolo.

Hay un profundo deseo de comprometerse a fondo en el matrimonio. Adán lo hizo patente al reconocer en Eva a la compañera idónea, siendo esa vida compartida un tesoro inconmensurable. Y así es como debería ser. El problema no radica en el matrimonio en sí. Según Génesis 1 y 2, fuimos hechos para vivir unidos en matrimonio. Aunque en Génesis 3 se nos advierte que esa unión, al igual que tantos otros aspectos de la vida, ha sido quebrantada por el pecado (pág. 48).

[1] Véase Jonathan Edwards, «Sermon Fifteen: Heaven Is a World of Love» [Sermón quince: El cielo es un mundo de amor] en The Works of Jonathan Edwards [Las obras de Jonathan Edwards],WJE Online, Jonathan Edwards Center, Yale University, http://edwards.yale.edu/archive?path=aHR0cDovL2Vkd2FyZHMueWFsZS5lZHUvY2dpLWJpbi9uZXdwaGlsby9nZXRvYmplY3QucGw/Yy43OjQ6MTUud2plbw==.

DÍA 60

No tengas otros dioses además de mí [...]. No cometas adulterio (Ex. 20:3,14).

UN PECADO CONTRA DIOS

La Biblia dice que cometer adulterio contra tu cónyuge también es adulterio espiritual: infidelidad a Dios (Sal. 51:4). Thomas Watson escribió que el adulterio deshonra a las tres personas de la Trinidad, porque es ingratitud hacia el Padre, que te dio todo lo que tienes, desprecia la obra del Hijo, que murió para salvarte del pecado, y contamina el templo del Espíritu Santo, tu cuerpo (1 Cor. 6:19).[1] ¿Por qué meditar esta semana en algo tan triste y desagradable? Primero, comprender las razones detrás de la maldad del adulterio revelará mucho sobre Dios y nuestros corazones. En segundo lugar, hay matrimonios que han sido restaurados después del adulterio, pero un poco de prevención vale más que una tonelada de tratamiento.

Reflexión:

A pesar de lo difícil que es este tema, reflexiona sobre formas en que puede protegerte contra el adulterio.

Oración:

Señor, la Biblia está llena de ruegos para ayudarnos a «mantener nuestro camino puro». Ahora hago la misma oración. Muéstrame cómo debo pensar y comportarme para ser fiel a mi cónyuge. Amén.

[1] Thomas Watson, *A Body of Divinity* [Un cuerpo de divinidad] (reimpreso, Passmore and Alabaster,1890; Ada, MI: Baker Books, 1979), 334.

UN PECADO DE INJUSTICIA

DÍA 61

Así dice el Señor:
«Los delitos de Israel
han llegado a su colmo;
por tanto, no revocaré
su castigo: Venden
al justo por monedas,
y al necesitado, por
un par de sandalias.
Pisotean la cabeza de
los desvalidos como
si fuera el polvo de la
tierra, y pervierten el
camino de los pobres.
Padre e hijo se acuestan
con la misma mujer,
profanando así mi santo
nombre»
(Amós 2:6-7).

Las personas progresistas y liberales ven las normas sexuales de forma laxa y piensan que no deben imponerse rígidamente a nadie, con una preocupación genuina por la justicia racial y económica. Por otro lado, las personas tradicionales y conservadoras son estrictas e incluso puritanos con respecto a la moral sexual, y a menudo se preocupan poco y no hablan mucho sobre los pobres. La visión moral de la Biblia no encaja con tales categorías reduccionistas. Dios pone en el mismo nivel menospreciar a los pobres y el sexo fuera del matrimonio (ver Amós 2:7). ¿Por qué? Ambos «profanan mi santo nombre». Ambos ofenden y entristecen a Dios, porque Él es justo y puro, y nos llama a ser como Él (Lev. 11:44; 1 Ped. 1:16). También son dos formas de injusticia o explotación, como veremos más adelante.

Reflexión:

¿Por qué crees que hoy en día las escuelas de pensamiento y los partidos políticos eligen preocuparse por la moral social, o la moral sexual personal, pero no por ambas?

Oración:

Señor, deja que nuestro sentido moral y conciencia sean moldeados, no por la opinión popular o las tendencias culturales que son tan cambiantes, sino por tu Palabra, bajo la influencia de tu Espíritu. Amén.

DÍA 62

Te librará de la mujer ajena, de la extraña de palabras seductoras. Ciertamente su casa conduce a la muerte; sus sendas llevan al reino de las sombras. El que se enreda con ella no vuelve jamás, ni alcanza los senderos de la vida (Prov. 2:16,18-19).

ADULTERIO Y MUERTE

Este pasaje dice que el adulterio puede comenzar con «palabras seductoras». En hebreo significa discurso halagador. En otras palabras, antes de cometer adulterio, primero complacemos nuestro ego al tener la atención de una persona atractiva. Pero el adúltero «se desvía hacia el territorio (de la muerte) y se encuentra entre sus ciudadanos antes de abandonar esta tierra».[1] La muerte es un estado de desintegración irreversible, y el adulterio puede conducir, no solo al desmoronamiento de tu matrimonio, sino a la alienación de los hijos, amigos y familia; a la condenación de tu alegría, paz y cualquier autoestima; y a menudo enormes conflictos legales y personales. Ninguno de estos resultados es algo a lo que debas de aspirar. Juntos, de hecho, conducen a la desintegración.

Reflexión:

Reflexiona sobre otras cosas malas que pueden suceder cuando te rindes y escuchas a las «palabras seductoras».

Oración:

Señor, hay muchas maneras en las que podemos desviarnos al territorio de la muerte, incluso cuándo aún estamos vivos, y los caminos hacia ese lugar siempre comienzan con la desobediencia y la desconfianza en ti. Mantennos en los caminos de la vida. Amén.

[1] Derek Kidner, Proverbs: An Introduction and Commentary, vol. 17, {Proverbios: Introducción y comentario, vol. 17}, Tyndale Old Testament Commentaries (Downers Grove, IL: InterVarsity Press, 1964), 51.

EL ADULTERIO Y EL CORAZÓN VACÍO

DÍA 63

El versículo 25 nos dice que no debes «abrigar en tu corazón deseos por [...] belleza». Lujuria es anhelar, como un estómago vacío anhela comida para satisfacer su hambre. La lujuria es imaginar que la belleza de alguien reforzará tu autoestima. Si nuestro ego es como un estómago vacío, no podremos resistirnos, estaremos «cautivados». Y, sin embargo, este texto bíblico enseña que podemos controlar lo que sucede en nuestro corazón. Recuerda que la lujuria desea tomar, mientras que el amor quiere dar. Recuerda que la lujuria es algo que estás haciendo para ti mismo, para tu satisfacción. El amor, sin embargo, es un deseo de servir a alguien más. Si estás tentado a cometer adulterio, hay algún tipo de vacío que solo Dios puede llenar. El simple autocontrol por sí solo no será suficiente.

El mandamiento es una lámpara, la enseñanza es una luz y la disciplina es el camino a la vida. Te protegerán de la mujer malvada, de la mujer ajena y de su lengua seductora. No abrigues en tu corazón deseos por su belleza, ni te dejes cautivar por sus ojos (Prov. 6:23-25).

Reflexión:

A luz de esto, ¿cuál es el atractivo de la pornografía? ¿Cómo se puede resistir?

Oración:

Señor, «Nos has hecho para ti y nuestros corazones están inquietos hasta que encuentren su descanso en ti» (Agustín, Confesiones 1:1). Permítenos descansar en tu amor para no codiciar la belleza de nada más. Amén.

DÍA 64

Pero al que comete adulterio le faltan sesos; el que así actúa se destruye a sí mismo. No sacará más que golpes y vergüenzas, y no podrá borrar su oprobio (Prov. 6:32-33).

UN PECADO CONTRA UNO MISMO

Tanto David (Sal. 51:4) como José (ver día 94) dicen que el pecado de adulterio es principalmente contra Dios, quien lo prohíbe. Y ciertamente es una injusticia, incluso violencia, contra tu cónyuge si estás casado (ver día 133). Sin embargo, este texto señala que también estás pecando contra ti mismo. El sexo debe ser una forma de entregarse totalmente a alguien, una señal de compromiso. Si tienes relaciones sexuales con tu cónyuge y con otra persona, estás abusando de tu capacidad de comprometerte. Las personas que mienten y rompen sus promesas, destruyen su capacidad de confiar en los demás y de que confíen en ellos. El resultado es la soledad, así como una indeleble sensación de vergüenza. Cuando violamos la ley de nuestro Creador, también violamos nuestra naturaleza según lo diseñado por Dios.

Reflexión:

Se ha dicho que cuanto más mientes, más desconfías de lo que otros dicen. ¿Por qué será así? También se dice que, a quienes mienten, tienden a mentirles. ¿Estás de acuerdo?

Oración:

Señor, ayúdanos a recordar que cuando violamos tus leyes también pecamos contra nosotros mismos, cuando violamos tu Palabra, también nos violamos a nosotros mismos. Ayúdanos a recordar que el pecado es, antes que nada, una ofensa y un dolor para tu santo y buen corazón. Pero también es necio. Amén.

ADULTERIO E IGUALDAD

DÍA 65

Si un hombre es sorprendido durmiendo con la esposa de otro, los dos morirán, tanto el hombre que se acostó con ella como la mujer. Así extirparás el mal que haya en medio de Israel (Deut. 22:22).

Para los oídos modernos esto suena terriblemente duro, y debemos tener en cuenta que en el Nuevo Testamento la inmoralidad sexual se encuentra con exhortación moral y disciplina, no con castigos civiles (1 Cor. 5:1 y ss.) Pero este texto revela mucho. En el Antiguo Testamento, el robo nunca fue castigado con la muerte sino con la restitución. Entonces, está claro que, a diferencia de otras culturas antiguas, los esposos no eran dueños de sus esposas, como propiedad. No solo eso, no vemos un doble estándar: tanto el hombre como la mujer son castigados igualmente por adulterio. En este texto aparentemente «regresivo», vemos que Dios revela una manera de entender el matrimonio en la que los hombres y las mujeres son iguales y están solemnemente obligados, por igual, a cumplir sus promesas.

Reflexión:

Piensa en en algunas formas en las que, en nuestros días, existen dobles estándares para esposos y esposas. ¿Afectan tu matrimonio? ¿Qué se puede hacer al respecto?

Oración:

Señor, mantennos alejados de la tendencia natural de nuestros corazones a manipularnos o usarnos unos a otros para nuestros propios fines. Renueva nuestras mentes (Rom. 12:2) para tratarnos con el más profundo respeto y amor mutuo. Amén.

DÍA 66

Ustedes han oído que se dijo: «No cometas adulterio». Pero yo les digo que cualquiera que mira a una mujer y la codicia ya ha cometido adulterio con ella en el corazón
(Mat. 5:27-28).

ADULTERIO Y FIDELIDAD

A menudo, los esposos que se desvían sexualmente son perdonados o tratados de manera mucho más indulgente que si lo hacen las esposas. El trasfondo de este doble estándar es la creencia en el «derecho del esposo a tener la posesión sexual exclusiva de su esposa».[1] El Antiguo Testamento destruye ese punto de vista, y ahora Jesús le da conclusión. Él dice que el esposo que se permite desear sexo con cualquier otra mujer ya ha roto el voto con su esposa y ha cometido adulterio «en su corazón». Hablándole a una cultura que veía el adulterio como un robo de la propiedad de un hombre, Jesús insistió en que, al contrario, el adulterio era una alta traición, una falta de fidelidad al cónyuge y a Dios.

Reflexión:

En la antigüedad, el adulterio era visto como un robo. Hoy, a menudo no se considera tan importante. ¿Por qué? ¿Qué creencias forman las opiniones populares sobre el adulterio en la actualidad?

Oración:

Señor, haz lo que sea necesario para mantenernos fieles, cumpliendo todas nuestras promesas a ti y a los demás. Amén.

[1] Leon Morris, *The Gospel According to Matthew* [El Evangelio según Mateo], The Pillar New Testament Commentary (Grand Rapids, MI: Eerdmans Publishing Co., 1992), 117.

EL CORAZÓN DE UN BUEN MATRIMONIO

DÍA 67

Los sentimientos a favor y en contra que muchas personas tienen sobre el matrimonio son comprensibles. El anhelo de la unión por amor es poderoso; también lo es el miedo a ser lastimado en el núcleo más vulnerable. La solución a nuestro doble sentido es el arrepentimiento mutuo. Martin Lutero escribió: «Toda la vida es arrepentimiento». No quiso decir que debíamos adoptar una postura de odio, sino que, conociendo el recibimiento del Padre por la expiación de Cristo por nuestros pecados, podemos arrepentirnos libremente, continuamente y alegremente, ante Dios y los demás. El arrepentimiento es el corazón de la vida y, especialmente, del matrimonio. Si dos personas pueden y están dispuestas a arrepentirse, pueden entregarse mutuamente en matrimonio sin temor.

Reflexión:

¿Confías en que tu cónyuge te aceptará libremente cuando te arrepientas? ¿Permites a tu cónyuge arrepentirse con seguridad? Discutan sus respuestas.

Oración:

El arrepentimiento requiere, tanto de la humildad que proviene de saber que eres un pecador, como de la confianza que proviene de la seguridad del amor incondicional de Dios. Pídele a Dios que fortalezca ambos requisitos en ti, para que puedas arrepentirte alegre y fácilmente.

Hay un profundo deseo de comprometerse a fondo en el matrimonio. Adán lo hizo patente al reconocer en Eva a la compañera idónea, siendo esa vida compartida un tesoro inconmensurable. Y así es como debería ser. El problema no radica en el matrimonio en sí. Según Génesis 1 y 2 fuimos hechos para vivir unidos en matrimonio. Aunque en Génesis 3 se nos advierte que esa unión, al igual que tantos otros aspectos de la vida, ha sido quebrantada por el pecado (pág. 48).

DÍA 68

Si nuestra forma de concebir el matrimonio es demasiado romántica e idealista, estaremos subestimando la influencia que el pecado tiene en nuestras vidas. Pero si se es demasiado cínico y pesimista, estaremos perdiendo de vista su auténtico origen y sentido. Y si hacemos un todo de ambas vertientes, algo muy frecuente en la sociedad actual, nos quedaremos con una visión distorsionada. Sea como fuera, lo realmente cierto es que el problema no es la institución, sino nosotros (pág. 48).

NINGÚN MATRIMONIO ES UNA ISLA

Los cristianos trabajan duro para no adoptar «el espíritu de la era», que siempre está en desacuerdo con el Espíritu Santo de Dios. Las formas más evidentes de inmoralidad y explotación son bastante fáciles de evitar. Pero las distorsiones más sutiles del mundo se filtran a través de anuncios, programas de autoayuda, películas, televisión, revistas, programas de entrevistas y de muchas otras formas. Vivir esta visión de cómo es la buena vida, sin restricciones y siguiendo nuestros sentimientos sobre todas las cosas, afectará cada parte de nuestra vida y, sobre todo, nuestro matrimonio. El antídoto es «vivir en comunidad».[1] Esto significa leer las Escrituras y orar regularmente, tanto individualmente como en pareja. Significa responsabilidad y discernimiento a través de la amistad. Se necesita un pueblo cristiano para proteger un matrimonio cristiano.

Reflexión:

¿Puedes pensar en formas en que las creencias culturales que son contrarios a la enseñanza de la Biblia pueden haber afectado tu pensamiento sobre el matrimonio? ¿Quién, dentro de la comunidad cristiana, podría ayudarte con eso?

Oración:

Pídele a Dios que te muestre las razones por las cuales no tienes una comunión más fuerte con otros creyentes cristianos, ya sea por trabajo, miedo, orgullo u otra cosa. Luego pídele a Dios que te ayude a deshacerte de ellas.

[1] Ver especialmente Dietrich Bonhoeffer, Unsurpassed Life Together [La sorprendente vida de vivir en comunidad], (New York: Harper & Row, 1954).

EL MATRIMONIO TIENE DIMENSIONES

DÍA 69

El matrimonio no es una mera institución humana inventada para la conveniencia social y política. Es un medio para la gracia de Dios que abastece nuestra necesidad («no es bueno estar solo») y al mismo tiempo, revela el gran amor de Dios por Su pueblo. Como en todos los misterios, hay capas y capas por descubrir dentro del matrimonio. Tiene poderes únicos que ninguna otra condición o relación tiene, cura tus heridas más profundas y transforma tu carácter. Cuando estamos en conflicto con nuestro cónyuge y estamos tentados a rendirnos, olvidamos que, a pesar de nuestras debilidades (¡las tuyas!), el matrimonio tiene sus propios poderes. Dale tiempo para hacer su trabajo.

Reflexión:

¿Alguna vez (me ha pasado a mi) has estado tan enojado que solo querías salir y terminar el matrimonio? ¿Qué te detuvo? ¿Fuiste consciente del mal que te impulsaba a hacer o decir algo horrible? ¿Cómo puedes protegerte contra futuros ataques?

Oración:

Dale gracias a Dios por Su regalo de matrimonio excepcionalmente rico para la raza humana y para ti. Pídele también la paciencia suficiente para que pueda hacer todo su trabajo perfecto en ti.

[E]l apóstol Pablo califica el matrimonio como un «misterio profundo» [...]. El término griego que Pablo está usando ahí es mysterion, *con un rango léxico que incluye la noción de «secreto». En la Biblia, este término no se aplica a un conocimiento esotérico, del que solo participan los iniciados, sino a un hecho verdaderamente prodigioso y a algo que se sale fuera de lo normal, una verdad no buscada que Dios da a conocer a través de su Espíritu. En otros textos, Pablo utiliza este mismo término en referencia a otras revelaciones relativas al propósito de la obra de salvación de Dios, según lo encontramos en el evangelio. Pero, de forma más concreta y sorprendente, en Efesios 5 Pablo aplica este término al matrimonio* (págs. 48-49).

DÍA 70

Ahora bien, ¿en qué consiste ese secreto relativo al matrimonio? Y ahí es donde Pablo traza un paralelismo tan sorprendente como cautivador, «digo esto respecto de Cristo y de la iglesia», en clara referencia a su enunciado en el v. 25: «Esposos, amen a sus esposas, así como Cristo amó a la iglesia y se entregó por ella [...]». En esencia, pues, ese «secreto» no tiene tan solo que ver con el matrimonio como tal. Se trata de que los maridos han de hacer por sus esposas lo que Jesús hizo para establecer un vínculo con nosotros (pág. 49).

LIBERANDO EL MATRIMONIO DE LA CULTURA

El matrimonio es mucho más que una relación sexual con beneficios legales. La Biblia dice que es un lugar donde tenemos un anticipo de la unión completa que algún día tendremos con Cristo como Su novia. Este es, de hecho, un misterio profundo. En el mundo romano, las relaciones sexuales estaban determinadas por el orden social (en el cual los hombres gobernaban a las mujeres y los ricos explotaban a los pobres).[1] Hoy en día, el sexo también está hecho para servir a la agenda de la cultura moderna, basada en el mercado de la autorrealización individual a través de las relaciones sobre una base de costo-beneficio. La revolución sexual cristiana trataba de conectar el sexo, no con el orden social, sino con la redención y comunión con Dios. El matrimonio se convierte entonces, en una señal y en una participación de la entrega incondicional de Cristo.

Reflexión:

Parejas casadas: ¿de qué manera su matrimonio revela la gloria futura?

Oración:

Piensa en las formas en que el matrimonio te está preparando para el cielo y la gloria futura. Luego agradece y alaba a Dios por ello.

[1] Véase Kyle Harper, *From Shame to Sin: The Christian Transformation of Sexual Morality in Late Antiquity* [De la vergüenza al pecado: La transformación cristiana de la moral sexual en la antigüedad tardía], (Cambridge, MA: Harvard Univeristy Press, 2016). La ética sexual en el mundo romano dictaba que las esposas debían ser vírgenes cuando se casaban y solo podían tener relaciones sexuales con sus esposos, mientras que se esperaba que los hombres antes y después del matrimonio tuvieran relaciones sexuales con prostitutas, sirvientes y cualquier persona debajo de ellas en el orden social.

LA VERDADERA MASCULINIDAD

DÍA 71

Un escritor dijo que la esencia de la masculinidad era una protección sacrificial que permite que la vida crezca y prospere. Para empezar, los hombres deben sacrificar su preciada independencia para convertirse en esposos. Luego deben sacrificar gran parte de su orgullo para respetar a sus esposas, escucharlas y servirlas. Debido a que gran parte de esto va en contra de las tendencias y patrones masculinos, se requiere la fuerza para ser débil. Cristo se sacrifica para ganar a Su novia, la Iglesia, la segunda Eva de Adán,[1] que lleva su fruto al mundo. Para salvar y proteger a Su novia, Jesús no escatimó esfuerzos ni costos. Debería ser el modelo y el héroe que todos los maridos deben imitar.

Reflexión:

Esposos, ¿de qué manera se preocupan por ver crecer a su esposa en Cristo? Esposas, ¿aprecian y aprovechan el sacrificio de su esposo para ser una mejor novia de Cristo y una mejor esposa?

Oración:

Recuerda que Jesús no era débil (lo vemos al arrojar las mesas de los comerciantes en el templo, Juan 2:13-19), pero fue el siervo más gentil de todos (Mat. 11:28-29). Si tú eres el esposo, ora para tener el mismo espíritu. Ora para que Dios forme más esposos cristianos en tu iglesia y en tu comunidad.

[Jesús] fue a la cruz por propia voluntad, pagó la culpa de nuestras transgresiones y pecados, y quitó nuestra culpa y condena para que podamos estar unidos a Él (Rom. 6:5) y participar por ello de Su misma naturaleza (2 Ped. 1:4). Cristo renunció a Su gloria y poder, haciéndose siervo por nosotros. Antepuso nuestros intereses a los suyos (Rom. 15:1-3). Su sacrificio hizo posible la unión que ahora podemos tener con Él. Ahí radica la clave de cómo ha de entenderse y vivirse el matrimonio [...] (págs. 49-50).

[1] Esta idea de ver a la Iglesia como la «segunda Eva» y a Cristo como el «segundo Adán» viene de Eowyn Jones Stoddard, en correspondencia.

DÍA 72

LA TRINIDAD Y EL MATRIMONIO

El funcionamiento de la Trinidad siempre nos asombrará y será un misterio ante el cual nos arrodillamos en adoración. En la Biblia, solo obtenemos algunas visiones del Hijo, enviado a la tierra en obediencia al Padre, del Padre, amando y glorificando al Hijo, y del Espíritu, iluminando la obra de ambos al orquestar nuestra salvación. (Estudia Juan 16–17 para una descripción detallada de esto en la Escritura). Sin embargo, incluso en esos pocos destellos, vemos en el corazón de la Deidad el deseo de exaltar al otro, alabar, honrar y trabajar en tan perfecta armonía y deleite que la palabra «danza» no es suficiente para dicha descripción.[1]

Reflexión:

Si exaltar al otro, para alabarlo y honrarlo está en el centro de la Deidad, ¿hasta qué punto tu matrimonio refleja eso hoy en día?

Oración:

Primero piensa en varias formas específicas en las que podrías exaltar y mostrar a tu cónyuge más honor y respeto. Luego ora para que Dios te dé el enfoque y la capacidad de llevarlas a cabo.

[1] C. S. Lewis, *Mere Christianity* [Mero Cristianismo], (New York: Harper Collins, 2001), 174–76.

En Filipenses 2, Pablo dice que el Hijo de Dios no se aferró a Su condición de ser igual al Padre, sino que Su grandeza se hizo patente en Su disposición de servir al Padre. Sufrió la cruz, pero el Padre le levantó de entre los muertos. «Eso nos muestra cómo es Dios […]. El Padre, el Hijo y el Espíritu Santo no se utilizan mutuamente con vista a fines propios […]. No hay pugna por una unidad en la diversidad, ni una diversidad en la unidad. Las tres personas son una y la unidad está integrada por una trinidad»[1] (pág. 50).

[1] La frase de «El significado del matrimonio» es de Robert Letham, *The Holy Trinity: In Scripture, History, Theology, and Worship* [La Santa Trinidad: En la Escritura, en la historia, en la teología y en la adoración], (Phillipsburg, NJ: Presbyterian and Reformed, 2004), 456

REPARANDO EL MUNDO

DÍA 73

Todo lo que Dios ha creado y logrado en la historia, lo ha hecho para lograr un solo objetivo: la redención y santificación de Su pueblo. Al asumir el papel de líder, siervo o ayudante, los esposos y las esposas se ven atrapados en la gran danza que está restaurando el universo (ver el devocional de ayer).[1] Los requisitos del matrimonio nos hacen más sinceros, como Jesús, cuya naturaleza misma fue renunciar al poder y asumir el privilegio de servir a los demás. Así, el matrimonio funciona en dos niveles.[2] El matrimonio nos convierte en el tipo de personas que sirven a los demás y pueden reparar el mundo. Pero también nos enseña a amar y servir a nuestros cónyuges. Eso puede transformarnos en algo hermoso: «radiante» y «sin mancha» (Ef. 5:27).

Reflexión:

Haz una lista de los aspectos del matrimonio que revelan algo sobre la relación de Dios con Su pueblo. Intenta tener al menos diez ejemplos. Hay muchos más.

Oración:

Da gracias a Dios porque, en Su amor por nosotros, no nos deja como somos, sino que encuentra formas de despertarnos y movernos para hacer los cambios que necesitamos hacer por nuestro bien y por el bien de todos los que nos rodean.

[Pablo] establece el nexo de unión entre el matrimonio en Génesis 2 y la realidad de la unión de Cristo con Su iglesia. En acertadas palabras de un experto en teología: «Pablo se dio cuenta de que al instituir Dios el primer matrimonio de la historia de la humanidad, ya tenía a Cristo y a Su iglesia en mente. De hecho, es uno de los grandes propósitos de Dios en Su proyecto de unión entre el sacrificio de Cristo y Su pueblo redimido» [...]. Ese es el verdadero secreto, que el evangelio de Jesús y la institución del matrimonio están mutuamente relacionados. Al crear Dios a la pareja, ya tenía en mente la obra salvadora de Cristo (págs. 50-51).

[1] Para una muestra, véase la escena de la coronación en la novela de C.S. Lewis, *Perelandra* (Nueva York: The Macmillan Company, 1965), 195-222.

[2] Véase Filipenses 2: 6: «El cual, siendo en forma de Dios, no estimó el ser igual a Dios como cosa a que aferrarse». Si decimos: «Por ser un hombre amable, le prestó el dinero», la primera cláusula es la causa de la acción de la segunda cláusula. Entonces aquí, la Biblia indica que Jesús renunció a Su poder y se convirtió en un siervo porque era Su naturaleza hacerlo como Dios.

DÍA 74

Si Dios tenía el evangelio de la salvación en Jesús en mente cuando estableció el matrimonio, entonces el matrimonio sólo «funciona» al grado en que se aproxima al patrón del amor de Dios, que se da a sí mismo en Cristo. Lo que Pablo está diciendo no solo da respuesta a las objeciones de que el matrimonio es opresivo y restrictivo, sino que responde al sentir de que las demandas del matrimonio son abrumadoras. Hay tanto que hacer, que no sabemos siquiera por dónde empezar. Y es justamente ahí cuando Pablo nos dice: «Empiecen por lo básico pero fundamental, amando a su esposa como Dios nos ha amado en Jesús, y todo lo demás vendrá por añadidura» [...] [E] l evangelio de Jesús y la institución del matrimonio están mutuamente relacionados (págs. 50-51).

LA LIBERTAD QUE DA LA OBEDIENCIA

Visto a través de los ojos de lo que se debe y lo que no se debe hacer, las obligaciones del matrimonio pueden parecer opresivas. Pero verlo como la alegría de obedecerlo a Él, en lugar de una lista de reglas, es liberador. Cuando nos enamoramos por primera vez, nos esmeramos por encontrar maneras de complacer al otro. Cambiamos nuestro comportamiento y renunciamos a cosas, todo por dar placer a la persona que amamos. No vemos tales cambios como «sacrificios», aunque lo son. Ahora piensa en Jesús y en todo lo que ha hecho por nosotros. Cambia tu vida primero por Él y luego por tu cónyuge. El sacrificio y la sumisión nos permiten participar en una danza cósmica que late con alegría. Todos los poderes del cielo se regocijan al ver a una pareja casada siguiendo los pasos de Jesús.

Reflexión:

¿Cuáles son los cambios que debes hacer por el bien de tu matrimonio y que no estás dispuesto a hacer? ¿Cómo pueden los conceptos del devocional de hoy ayudarte a hacerlos?

Oración:

Medita en Hebreos 12:2, cómo Jesús soportó el dolor de la cruz por nosotros «por el gozo que le esperaba», el gozo de agradar a Su Padre y salvarnos. Pídele a Dios que te ayude a servir a tu cónyuge al alegrarte en la salvación de Cristo.

DÍA 75

TRABAJANDO PARA DIOS

Como dijimos ayer, la obediencia puede ser una alegría cuando fijamos nuestros corazones en cuánto amamos a nuestro Salvador y a nuestro cónyuge. Sin embargo, en este mundo, la obediencia a las reglas del servicio, el arrepentimiento y el perdón sigue siendo difícil y muy costosa. Entonces, cuando hagan sacrificios difíciles el uno por el otro, recuerden siempre que son ofrendas principalmente a Dios (Rom. 12:1-2). Si estás renunciando a algo por tu cónyuge cuando realmente no lo deseas, mira más allá del ser humano falible ante ti y ve a Dios. Es posible que tu cónyuge en sí mismo no merezca lo que le estás dando, pero Dios lo merece todo.

Reflexión:

Haz una lista de los cambios recientes que has tenido que hacer por el bien de tu matrimonio y tu cónyuge. Evalúa honestamente si te molestas o no. ¿Cómo puede ayudarte el concepto de este devocional con eso?

Oración:

Medita en Romanos 12:1-2 sobre lo que significa hacer de toda tu vida un sacrificio vivo para Dios en honor a quién es y en agradecimiento por lo que ha hecho. Pídele a Dios que te ayude a ver los sacrificios que has hecho por tu familia como sacrificios para Él.

Deberíamos oponernos con toda razón a la elección binaria a que nos abocan tanto la concepción tradicional del matrimonio como su variante moderna. ¿Es realmente el propósito del matrimonio negar los intereses personales en aras del bien familiar, o se trata en cambio de procurar que imperen nuestros intereses para realizarnos personalmente? El cristianismo no nos demanda elegir entre la realización personal y el sacrificio de todo otro posible interés; sino, muy por el contrario, una plena realización en generosa entrega mutua (pág. 51).

DÍA 76

Subordinarnos a él, sin embargo, es completamente seguro, por cuanto Jesús estuvo dispuesto a ir al infierno y regresar por amor a nosotros. Esa gloriosa verdad anula todo posible miedo a que la entrega en amor conlleve pérdida del yo personal (pág. 51).

IDENTIDAD Y MATRIMONIO

Efesios 5:21-22 habla de que las esposas se sometan a sus esposos y también los cónyuges uno al otro. Trataremos esto más adelante, pero queda claro que el matrimonio significa la pérdida de la libertad por amor. La gente moderna considera esto como un demérito, incluso la pérdida de la identidad. Sin embargo, la sumisión al plan de Dios no hirió a Jesús, la segunda persona de la Trinidad, sino que lo llevó a ser exaltado muy por encima de cualquier otro nombre. Jesús llamó a sus discípulos a «perderse» para encontrar su verdadero ser (Mat. 10:39), y lo hicieron. Entonces, la sumisión y el servicio en el matrimonio son la entrada a una relación de amor profunda, comprometida y que dice la verdad. Y experimentamos eso como libertad.

Reflexión:

Hombres, ¿han experimentado una mayor cercanía con Jesús cuando su liderazgo los llama a sacrificarse? Mujeres, ¿han experimentado una mayor cercanía con Jesús cuando, conociendo su plena igualdad, la dejan a un lado para servir?

Oración:

Medita en Hebreos 12:2, cómo Jesús soportó el dolor de la cruz por nosotros «por el gozo que le esperaba», el gozo de agradar a Su Padre y salvarnos. Pídele a Dios que te ayude a servir a tu cónyuge al alegrarte en la salvación de Cristo.

LA SOBERANÍA DE DIOS

DÍA 77

Es ampliamente conocido que los adultos más jóvenes en la sociedad occidental son muy ambivalentes sobre el matrimonio y que están optando por no casarse y tener hijos, más que cualquier generación anterior.[1] Los solteros deberían de hecho acercarse a la alta vocación del matrimonio con asombro, pero también sin temor. Jesús conoce y gobierna tu futuro, soltero o casado, y no te pasará nada que no haga que te acerque a Él si le ofreces tu confianza. Las personas casadas pueden conectarse con Él de forma idéntica: Jesús gobierna tu vida, e incluso un matrimonio que no es perfecto, ofrecido a Él, trabajará hacia la santidad en la vida que Dios quiere. Él está trabajando todas las cosas para bien (Rom. 8:32). Tus tiempos están en Su mano (Sal. 31:15).

La experiencia del matrimonio pondrá de relieve la belleza y la profundidad del evangelio, fomentando con ello una plena confianza por parte nuestra. Pero eso no es todo. La mejor y más amplia comprensión del evangelio nos ayudará a experimentar en mayor profundidad la relación de pareja según vayan pasando los años (pág. 52).

Reflexión:

¿Qué áreas de tu vida necesitan ser ofrecidas a Dios? Puedes descubrirlas encontrando dónde viven tus miedos. Explora en oración a qué le temes y ofrécelo a Dios.

Oración:

Pídele a Dios que le recuerde a tu corazón tres cosas: que no tienes el control en tu vida, solo Él está en control; que te ama mucho más de lo que te amas a ti mismo; y que Él es infinitamente más sabio que tú con respecto a saber qué es lo mejor.

---

[1] Hay muchos artículos y estudios que podemos citar. Aquí hay un ejemplo: «Millennials in Adulthood: Detached from Institutions, Networked with Friends» [«Millennials en la edad adulta: Separados de las instituciones, conectados en la red con amigos»], Pew Research Center, 7 de marzo, 2014, https://www.pewsocialtrends.org/2014/03/07/millennials-in-adulthood/

DÍA 78

El matrimonio es a la vez doloroso y maravilloso por ser reflejo del evangelio, relación en la que se aúnan de forma singular ambas cualidades. El evangelio revela una verdad sorprendente: somos pecadores en una medida que no nos atrevemos a reconocer, y al mismo tiempo somos amados y aceptados por Jesús como jamás pudimos imaginar. Esa es la única relación que podrá obrar un auténtico cambio en nosotros (pág. 52).

RECONCILIACIÓN

Nuestra naturaleza defectuosa y pecaminosa nos aleja de Dios. Ningún esfuerzo podría reparar el daño, calmar la ira, sanar el quebrantamiento y liberar las cadenas de nuestra esclavitud elegida por nosotros mismos. Dios no eligió entre justicia y amor, sino que demostró su asombroso amor por nosotros al asumir el castigo que nos pertenecía. Una vez que descansamos en esto por la fe en Cristo, nuestras relaciones cambian, especialmente el matrimonio. La nueva seguridad que tenemos en Él nos permite dar un amor análogo: trabajar sobre nuestros defectos y pecados y, a pesar de ello, perdonarnos. Cada incidente de confrontación, arrepentimiento y perdón es doloroso, pero conduce a una sabiduría, amor y (eventualmente) alegría más profundos el uno por el otro.

Reflexión:

Cuando te hacen daño en una relación, ¿cómo respondes? ¿Esperas a que la otra parte haga el primer movimiento? ¿O tomas los pasos necesarios para reparar la relación? ¿Cómo hace el evangelio de la gracia de Dios que sea más fácil hacerlo?

Oración:

Pídele a Dios que te dé un corazón que otorgue perdón y que te enseñe la habilidad de perdonar.

LAS HERIDAS DE UN AMIGO

DÍA 79

Dado que la relación de Dios con la Iglesia debe ser nuestro modelo para el matrimonio, decir la verdad en el amor sería nuestro objetivo, incluso si no se nos ordenara hacerlo en Efesios 4:15. Las duras declaraciones, por sinceras que sean, nunca cambian a nadie. La aprobación sentimental, o peor aún, temerosa, de todo lo que hace tu cónyuge es una forma sutil de crueldad. No es amor ver las fallas de alguien, ver cómo lo lastiman a él y a quienes lo rodean y sin embargo, no decir nada. Por lo menos, un matrimonio debería ser tan bueno como una buena amistad, donde «el hierro se afila con el hierro» (Prov. 27:17); «más confiable es el amigo que hiere que el enemigo que besa» (Prov. 27:6).

Reflexión:

Parejas, ¿se atreven, con amor, a ayudar a sus seres queridos incluso si saben que la verdad dolerá? ¿Qué medidas toman para que su comunicación sea lo más suave posible sin comprometer la verdad?

Oración:

Medita qué lado de Efesios 4:15 te resulta más difícil temperamentalmente: ¿la veracidad o la gracia? Luego pídele a Dios que te fortalezca donde estés débil.

El amor que no va acompañado de la verdad es mero sentimentalismo; nos reafirma y nos da aliento, pero sin hacernos reconocer nuestras faltas. La verdad sin amor es inclemente; proporciona información que no estamos en disposición de poder escuchar. El amor para salvación de Dios en Cristo se caracteriza tanto por una verdad radical respecto a quiénes somos, y por un compromiso de fidelidad igualmente radical. La misericordia que nos brinda nos hace ver la realidad del estado en que nos encontramos, y nos insta al arrepentimiento; convicción y arrepentimiento que nos mueven a aferrarnos a esa gracia y misericordia divinas (pág. 52).

DÍA 80

El evangelio puede llenar nuestros corazones con el amor de Dios, algo que nos ayuda a superar crisis de pareja en las que nuestra esposa o esposo no nos ama como debería, con la ventaja añadida de poder ver los defectos de nuestra pareja en su auténtica dimensión, comentarlos y, aun así, amar y aceptar a nuestra pareja. Y cuando, por el poder del evangelio, nuestra pareja experimenta esa misma verdad en amor, se produce convicción, motivación y cambio. Esto le permite a nuestra pareja mostrarnos el mismo tipo de amor transformador cuando llegue el momento (pág. 52-53).

EL AMOR DE DIOS Y EL NUESTRO

Si tus ingresos aumentan dramáticamente, tus donaciones a la caridad pueden (y deberían) aumentar dramáticamente. De la misma manera, cada cónyuge debe estar lleno y desbordando de un amor que viene de fuera del matrimonio: el amor de Dios, vertido en nuestras vidas a través del sacrificio de Cristo (Rom. 5:3-4). Solo entonces podremos tratarnos apropiadamente el uno al otro, diciendo la verdad con amor, cuando nuestro cónyuge nos lastime o se lastime con un comportamiento pecaminoso. Podemos amar porque se nos de un suministro interminable de amor divino. Por más importante que sea tu cónyuge para ti, él o ella no es la única o última fuente de tu amor, importancia y seguridad. Esto nos permite no entrar en pánico cuando algo «no está bien» en nuestro matrimonio.

Reflexión:

¿Entras en pánico o te enojas cuando tu cónyuge está deprimido, lastimado o incluso enfermo? ¿Es porque esperas que la otra persona sea tu roca y tu redentor, en lugar de Cristo? ¿Qué puedes hacer para cambiar esto?

Oración:

Medita en Romanos 5:3-4, sobre cómo la paciencia y el crecimiento del carácter resultan cuando experimentamos el amor de Dios derramado en nuestros corazones. Pídele a Dios que envíe su Espíritu para efectuar esto en tu vida.

SEÑOR Y SIERVO

DÍA 81

El matrimonio no está destinado a ser una relación transaccional, donde solo doy y me mantengo involucrado si obtengo un buen resultado de mi inversión. Más bien, cuando cada parte de un matrimonio se somete al papel al que ha sido llamado, lo hace por reverencia a Cristo, no por la exigencia de otro ser humano. Los esposos que aceptan su papel de liderazgo de servicio cuando prefieren permanecer pasivos, y las esposas que se someten a sus roles como ayuda idónea cuando prefieren ser más asertivas deben hacerlo para la gloria de Cristo. Y al final, cada rol se asume por el deseo de imitar a Jesús, quien era tanto el Señor como el siervo del pacto, mientras amamos y fortalecemos a nuestro cónyuge.

«Sométanse unos a otros, por reverencia a Cristo» (Ef. 5:21). [Pablo declara que todo lo que va a decir sobre el matrimonio asume que] ambas partes están por igual llenas del Espíritu de Dios. Hay que aprender, pues, primero a servir a los demás, ayudados por el Espíritu, para poder hacer frente así con éxito a los retos y dificultades del matrimonio (pág. 55-56).

Reflexión:

Hombres, ¿son pasivos en su papel en el matrimonio y en el hogar? ¿Frustra esto a tu esposa? ¿Le has preguntado a ella? Mujeres, ¿están frustradas en su papel en el matrimonio y el hogar? ¿Qué te frustra? ¿Se lo ofreces a Dios como una forma de glorificarlo, o las fuerzas culturales te impusieron ese papel? ¿Has hablado con tu esposo sobre lo que te frustra?

Oración:

Medita en Filipenses 2:7 y pídale a Dios que te ayude a «tomar la naturaleza de siervo» para tu cónyuge como lo Cristo hizo por ti.

DÍA 82

[E]n última instancia, el amor de Cristo es el supremo fundamento para un matrimonio de plenitud. Algunos de los que se vuelven a Cristo encuentran que Su amor llega como una ola que inunda en un instante el duro suelo de sus corazones. Otros, encuentran que Su amor llega de manera gentil y gradual, como llovizna o neblina. En cualquier caso, el corazón se vuelve como tierra regada por el amor de Cristo, que hace posible que todas las formas de amor humano crezcan (pág. 269).

EL PENSAMIENTO DINÁMICO

George Herbert, en su poema Amor (III), representa a un hombre cansado que viene a una posada.[1] El mesonero de la posada es el Amor y el hombre siente que debido a su «culpa y pecado» debería partir con «vergüenza». Pero el Amor dice: «¿Y no lo sabes [...] quién cargó con la culpa?» «Amor» es, por supuesto, el mismo Jesús. Y silenciando la culpa en la cruz, lo invita nuevamente. «"Debes sentarte", dice el Amor, "y probar mi carne". Así que me senté y comí». La filósofa Simone Weil era atea, pero al meditar en este poema, el amor de Jesús se hizo tan real que ella escribió: «Cristo vino y se apoderó de mí».[2] Así es como funciona. Meditamos, oramos y leemos sobre el amor de Cristo hasta que el Espíritu crea algún pasaje, texto o pensamiento dinámicamente poderoso. Cuando conocemos Su amor, el amor por los demás puede crecer poderosamente.

Reflexión:

Una cosa es leer la Biblia o las guías devocionales rápidamente. Otra cosa es meditar profunda y reflexivamente sobre las muchas promesas del evangelio en la Biblia. ¿Cómo puedes tener más tiempo para hacer esto?

Oración:

Medita en el Salmo 1, sobre la importancia de meditar «día y noche». Pídele a Dios que use tu conocimiento y experiencia sobre Él a través de la disciplina en la Palabra y la oración.

[1] «Love (III)» [«Amor (III)»], en Helen Wilcox, ed., *The English Poems of George Herbert* [Los poemas en inglés de George Herbert], (Cambridge, UK: Cambridge University Press, 2007), 661.

[2] Simone Weil, *Waiting for God* [Esperar a Dios], (New York: Harper, 2009), 27.

LA BIBLIA Y EL MATRIMONIO

DÍA 83

¿Cómo hace el Espíritu Santo que Jesús sea real para nosotros? ¿Esperamos y escuchamos una voz? No. La revelación extraordinaria cesó con los apóstoles; la guía extraordinaria es rara. ¿Cómo podemos conocer el amor de Dios por experiencia? (Rom. 5:3-4). El Espíritu Santo hace esto de una manera muy ordinaria, incluso común. Lo hace iluminando las Escrituras mientras oramos y las estudiamos. (Ver Sal. 119).[1] Si necesitamos el amor de Jesús en nuestros corazones para amar correctamente a nuestro cónyuge (ver días 80 y 85), y si necesitamos la Escritura para conocer ese amor, entonces la Biblia se vuelve un punto central en un matrimonio cristiano. Léela de forma individual, conjunta, regular, atenta y en oración.

Reflexión:

¿Cómo puedes hacer que la Biblia juegue un papel más importante en tu vida? ¿En tu matrimonio? Hagan lluvia de ideas de las diferentes maneras.

Oración:

Medita en el Salmo 119:43-48 y 130-135 sobre los profundos efectos que la Biblia puede tener en la vida de cada uno. Luego pídele al Señor que traiga esas cosas (libertad, coraje, confianza, sabiduría, discernimiento y un sentido de la presencia de Dios) a tu vida.

La tarea del Espíritu Santo es, por consiguiente, desvelar el significado de la persona y obra de Jesús a los creyentes, de manera que su gloria, en toda su inconmensurable importancia y bondad, se haga patente en la mente y en el corazón […]. El ministerio del Espíritu Santo consiste, por tanto, en transmitir las verdades de Jesús y hacer que las entendamos con la mente y las vivamos con el corazón, adquiriendo, por último, tal carta de naturaleza, que sean en verdad de consuelo y de poder, y que nos transformen en lo más profundo de nuestro ser (pág. 56).

[1] Para ver el poder de las Escrituras como un medio de transformación de la vida y de comunión con Dios, lee nuestro libro sobre el Salmo 119 en Timothy y Kathy Keller, *Los Cantos de Jesús: Un año de devocinales diarios en los Salmos* (Poiema Publicaciones; octubre de 2016).

DÍA 84

GRATITUD RADICAL

«... Canten y alaben al Señor con el corazón, dando siempre gracias a Dios el Padre por todo, en el nombre de nuestro Señor Jesucristo» (Ef. 5:19-20). Y por ser el objeto de ese cántico, no las circunstancias favorables de la vida (que pueden cambiar), sino la verdad y la gracia de Jesús (que son inmutables y para siempre), van a persistir aun en medio de la adversidad (pág. 57).

En el libro de Ann Voskamp, *Un millar de obsequios*, ella cuenta la transformación que ocurrió en su vida cuando comenzó a llevar un registro de los regalos recibidos cada día y a dar gracias deliberadamente por cada uno. Esto tiene el efecto saludable de permitirnos centrarnos en la bondad de Dios en lugar de nuestras circunstancias decepcionantes. Mi propia lista, comenzada hace años, comenzó de manera muy simple con «Estoy agradecido por el agua limpia que les di a mis hijos». Esto es algo que muchos padres en el mundo no tienen. La razón por la que yo lo tenía se debía en gran parte al lugar donde nací y crecí, todas estas cosas son regalos de Dios. Comenzar a ver cosas que daba por sentado como cosas por las que estar agradecido, hizo que inyectara un nuevo chip en mi vida diaria.

Reflexión:

¿Tienes una lista de las cosas por las que estás agradecido con tu cónyuge? Si no, ¿por qué no comenzar hoy?

Oración:

Haz tu propia lista de cosas comunes y que das por sentado en tu vida y por las cuales puedes estar agradecido con Dios. Agradécele por ello.

IDENTIDAD EN CRISTO

DÍA 85

Todos tienen que vivir para algo; todos basan su significado e importancia en algo. Si es tu carrera, le prestarás muy poca atención a tu cónyuge y a tu familia. Pero si se trata de tu cónyuge, es posible que él o ella necesiten que siempre les afirmes esto. Si tu significado en la vida descansa en el amor de otra persona, la aplastarás. Ningún ser humano puede soportar todo el peso de las expectativas pecaminosas de otra persona. Más bien, con nuestra identidad encontrada en Cristo, podemos dar y recibir amor y apoyo de la plenitud que tenemos como hijos de Dios, los herederos de la gracia.

Reflexión:

¿Se ha convertido tu cónyuge en un ídolo en tu vida, en alguien en quien buscas toda tu felicidad? ¿Esto ha resultado en un matrimonio más feliz, o uno en el que te molesta cualquier problema que tu esposo o esposa puedan tener, porque evita que se concentren exclusivamente en ti? ¿Cómo puedes comenzar a arrepentirte de esto?

Oración:

Hacer descansar escansar nuestra identidad en Cristo y su amor más que en cualquier otra cosa es una lucha interminable. Pídele a Dios la paciencia y la sabiduría necesarias para el progreso continuo.

[E]l cuadro que ahí se traza sobre el matrimonio no es el de dos personas necesitadas, inseguras respecto a su propia valía y propósito, tratando de encontrar la razón de su existencia en la otra persona. Pues, si ese es el caso, el vacío personal, unido al ajeno, generaría un vacío aún mayor y más destructivo. Esa es la razón de que Pablo dé por sentado que cada cónyuge tiene previamente asumidas las grandes cuestiones de la vida, esto es, por qué fuimos creados por Dios y quiénes somos en Cristo (pág. 57).

DÍA 86

Nadie vive en continuo gozo. Y la felicidad no es algo automático y constante. Si fuera así, Pablo no habría incluido en el versículo 18 un imperativo, exhortando a sus lectores a, literalmente, «ser llenos del Espíritu», como algo necesario en su renovación de forma permanente. Aun así, con frecuencia, suele darse el caso que, en el plano de lo espiritual, tratamos de avanzar con el depósito vacío. Pero lo sabio y prudente es hacer primero aprovisionamiento de «fluido» en el depósito que ha sido puesto a nuestra disposición (pág. 48).

PROVOCACIÓN ESPIRITUAL

Así como no fue bueno para Adán estar solo, así es imposible crecer espiritualmente solo. Necesitamos que otros nos exhorten, provoquen y nos saquen de la complacencia espiritual (Heb. 3:13; 10:24-25). Ayudarnos unos a otros a encontrar la renovación en el Espíritu Santo, puede ser el acto de amor más importante que hacemos uno por el otro en el matrimonio. Esto rara vez se logra regañando (sermoneando constantemente) o arrastrando (obligando a tu cónyuge que no te quiere acompañar a cada evento de la iglesia). Acabo de recibir una carta esta semana de una mujer de 87 años que vio a su esposo convertirse en cristiano unos años antes de morir, después de orar en silencio por él durante décadas. Otros cónyuges han sido ayudados a crecer espiritualmente mediante conversaciones más insistentes (pero aún amables). Lo único incorrecto es ser pasivo.

Reflexión:

Maridos y esposas: cuando se ven luchando, ¿su reacción es de compasión… o irritación? ¿Oran el uno por el otro, o riñen y argumentan?

Oración:

Medita en 1 Samuel 12:23, en donde se dice que no orar puede ser un pecado. Pídele a tu cónyuge tres cosas que necesitas y por las cuales podría orar a Dios. Luego hazlo al menos una vez a la semana.

EL OBJETIVO CORRECTO

DÍA 87

El hecho de que algo sea imposible no nos impide quererlo. Esperar que nuestro cónyuge satisfaga todas nuestras necesidades (si nos mantenemos distantes de Dios) es imposible e inútil. Es muy fácil expresar nuestra fe en Dios, pero funcionalmente confiar en nuestro cónyuge para hacernos felices. C. S. Lewis resumió un principio básico de la vida cristiana: «Apunta al cielo y tendrás la tierra por añadidura. Apunta a la tierra y no tendrás ninguna de las dos cosas». La felicidad es un subproducto inevitable de la santidad, pero complacer a Dios (no a ti mismo) debe ser el objetivo principal. Podemos aplicar esto al matrimonio. Si apuntamos a Dios, a ser fieles a Él sobre todas las cosas, estaremos satisfechos en nuestro matrimonio; si nuestro objetivo es encontrar nuestra felicidad solo en nuestro matrimonio, no lo conseguiremos.

Reflexión:

Funcionalmente (siendo honestos con nosotros mismo), ¿dónde buscas satisfacer tu necesidad de significado, propósito y felicidad, en Dios o en alguna relación humana (especialmente con tu cónyuge o un hijo)? ¿Qué puedes cambiar para confiar más en Dios?

Oración:

Medita en Mateo 5:6, donde Jesús dice que experimentaremos bendición si tenemos hambre de justicia en lugar de solo buscar ser bendecidos. Ahora pídele a Dios que te ayude a hacer eso.

Tras probar muchas otras cosas, los cristianos hemos aprendido por fin que el adorar a Dios con todo el corazón, en la plena seguridad de Su amor en virtud de la obra de Cristo, es lo que llena el depósito de nuestra alma para vivir la realidad presente. Eso es lo que activa nuestros circuitos. Si no entendemos eso y obramos en consecuencia, careceremos del recurso necesario para un matrimonio perseverante y gozoso. Pero, si lo que esperamos es recibir esa energía de nuestra pareja, que es algo que tan solo viene de Dios, estaremos esperando lo imposible (págs. 57-58).

DÍA 88

En [Efesios, en] los versículos 22-24, Pablo dice, en clara controversia, que la mujer ha de someterse al marido, añadiendo de inmediato que los maridos han de amar a sus esposas de la manera como Cristo amó a la iglesia, entregando su vida por ella (v. 25), que es, en comparación, una petición de mayor renuncia a los propios intereses que lo que se les pide a las mujeres [...]. [Ambos cónyuges están llamados a un] sacrificio personal en aras de un mutuo beneficio. Tanto da que seamos el marido o seamos la esposa. No podemos vivir para satisfacer nuestros propios intereses, sino para el otro (pág. 58).

FORMA QUE DA LIBERTAD

Si observamos los bailarines, las parejas deben tener una coreografía que apoye y honre al otro. Si vemos a los cantantes, la armonía es mejor que todos cantando solo la melodía. Si dar vida es el objetivo principal del matrimonio (ya sea al engendrar hijos, el crecimiento de los cónyuges hacia la santidad o el cuidado de otros portadores de la imagen de Dios), entonces la diversidad de roles es una necesidad fundamental. Las culturas y los temperamentos difieren y, en consecuencia, la Biblia prescribe pocos detalles sobre lo que el esposo y la esposa en un matrimonio pueden o no pueden hacer. Nos da libertad para determinar cuáles son esos roles en un matrimonio en particular, sin embargo, existen.

Reflexión:

Marido, ¿trabajas para descubrir y fomentar todo el potencial creativo de tu esposa? ¿Ella sobresale en formas que nunca esperabas? ¿Cómo la has ayudado a desarrollar sus dones? Esposa, ¿eres pasiva y haces poco para desarrollar y usar los dones y talentos que Dios te dio? ¿O estás tratando de hacer todo a la vez, en lugar de enfocarte en las formas en que Dios quiere que contribuyas a tu matrimonio, a tu iglesia y al mundo?

Oración:

Pídele a Dios que, en primer lugar, les muestre a ambos sus respectivas fortalezas y debilidades, y segundo, cómo pueden aprovechar las fortalezas y protegerse de las debilidades en los roles que adoptan dentro de su matrimonio.

DIFERENTES REGALOS

DÍA 89

El tratado en el que Pablo explica cómo los dones se complementan unos a otros en el Cuerpo (1 Cor. 12:12-30), es crucial para las parejas casadas. Un matrimonio es una versión pequeña del cuerpo de Cristo. Pablo argumenta primero que cada persona tiene un don diferente: no somos intercambiables. También argumenta que algunos dones y habilidades que «parecen ser más débiles, son indispensables» (1 Cor. 12:22). Por lo tanto, dentro del cuerpo de Cristo, el mundo piensa que «al menos honorable lo tratamos con honor especial» (v. 23). Todo esto se aplica al matrimonio. Muchos se irritan ante la idea de que una esposa siga el liderazgo de su esposo. Pero cuando vemos que Cristo mismo era completamente divino, pero se sometió a Su Padre, los términos «igualdad», «liderazgo» y «sumisión» adquieren un significado más allá de toda nuestra imaginación.

Reflexión:

Parejas casadas, ¿honran el papel al que su cónyuge ha sido llamado? ¿Muestras tu creencia de que ambos son iguales en Cristo (Gál. 3:28) a pesar de que se les han asignado diferentes tareas en el Cuerpo?

Oración:

Da gracias al Señor por Su disposición a perder Su gloria y convertirse en un siervo. Pídele que te ayude en tu corazón a resistir las enseñanzas del mundo (Rom. 12:2) de que renunciar al poder y servir es siempre denigrante.

[Los cristianos] debemos tener en cuenta los intereses ajenos por encima de los nuestros [...]. Pablo usa ahí el tajante término douloi *en la realización de ese servicio (Gál. 5:13), indicativo de verdadera servidumbre; por cuanto Cristo se humilló a sí mismo, haciéndose siervo para satisfacer nuestras necesidades al precio de Su propia vida [...] [E]l siervo antepone las necesidades ajenas a las suyas propias. Y así es como han de vivir los creyentes. Y si el comportamiento entre creyentes ha de ser de esta manera, mayor razón hay todavía para que igualmente ocurra entre maridos y mujeres* (pág. 59).

DÍA 90

[A]unque Pablo dice que el marido es la «cabeza» de su mujer, sea cual sea su sentido, no se puede obviar el hecho de que es al mismo tiempo su hermano en la fe y siervo suyo, según Gálatas 5:13. Los maridos y las esposas deben servirse mutuamente, y renunciar a sí mismos para mutuo beneficio de la pareja. Eso es algo que no anula el ejercicio de la autoridad dentro de las relaciones humanas, sino que, las transforma radicalmente (pág. 60).

LA TRANSFORMACIÓN DE LA AUTORIDAD

Los primeros cristianos asombraron al mundo al dar la bienvenida a personas de todas las razas, clases sociales, géneros y etnias. En el libro de Filemón, Pablo le dijo a un creyente que ahora tenía que tratar a su siervo como un hermano en Cristo, a pesar de que su tiempo de servicio aún no había terminado. Esto era algo radical en esa cultura jerárquica altamente estratificada. Los historiadores han notado cómo este principio del evangelio socava la poderosa institución de la esclavitud en el mundo occidental. El Nuevo Testamento no elimina la autoridad dentro de las instituciones y relaciones humanas. Por ejemplo, las iglesias todavía tienen ancianos, pero no de manera dominante (1 Ped. 5:3). La autoridad ejercida con fines egoístas es lo opuesto al amor. Pero la autoridad amorosa transforma la maldición que cayó sobre las relaciones y el matrimonio al entrar el pecado en el mundo.

Reflexión:

Hombres y mujeres, casados o solteros, ¿cómo se sirven unos a otros como hermanos y hermanas? Si tu servicio requiere hablar claramente de la verdad en amor, ¿lo haces con un motivo amoroso?

Oración:

Prácticamente todos ejercemos cierta autoridad sobre los demás de diferentes maneras. Pídele a Dios que te permita hacerlo con amor y humildad.

DAÑAR

DÍA 91

Puede alguien echarse brasas en el pecho sin quemarse la ropa? ¿Puede alguien caminar sobre las brasas sin quemarse los pies? Pues tampoco quien se acuesta con la mujer ajena puede tocarla y quedar impune (Prov. 6:27-29).

Hemos visto que el adulterio perjudica a Dios, al cónyuge y a ti mismo. Aquí está la razón de por qué el daño es tan extenso. El fuego en la chimenea dio vida a través del calor y la cocción de los alimentos. Pero el fuego en el regazo fue la muerte. ¿Por qué? La chimenea está diseñada para el fuego, pero el regazo y la ropa no. Por lo tanto, el sexo está diseñado para el matrimonio, esa es su chimenea, pero fuera del matrimonio consume y rompe las cosas. Dios diseñó el sexo para el matrimonio y, fuera de él, vas contra el diseño del universo. El fuego en el regazo no necesita ser castigado, es su propio castigo. La última oración es literalmente cierta. Incluso el adulterio que no es notorio por otros atrapará y hace daño.[1]

Reflexión:

Piensa en otras cosas que son su propio castigo. ¿Haces alguna de estas cosas en tu matrimonio?

Oración:

Señor, recuérdame que, cuando tengo la tentación de hacer algo malo, no hay escapatoria de las consecuencias, que nadie se sale con la suya. Pero te agradezco por tu gracia. Amén.

[1] Lee el devocional del 11 de junio en Timothy y Kathy Keller, *Sabiduría de Dios para navegar por la vida: Un año de devocionales diarios en Proverbios* (Poiema Publicaciones; octubre de 2019).

DÍA 92

Por esto Potifar dejó todo a cargo de José, y tan solo se preocupaba por lo que tenía que comer. José tenía muy buen físico y era muy atractivo. Después de algún tiempo, la esposa de su patrón empezó a echarle el ojo y le propuso: «Acuéstate conmigo». Y por más que ella lo acosaba día tras día para que se acostara con ella y le hiciera compañía, José se mantuvo firme en su rechazo. Un día, en un momento en que todo el personal de servicio se encontraba ausente, José entró en la casa para cumplir con sus responsabilidades. Entonces la mujer de Potifar lo agarró del manto y le rogó: «¡Acuéstate conmigo!» Pero José, dejando el manto en manos de ella, salió corriendo de la casa (Gén. 39:6-7,10-12).

RESISTENCIA A LA TENTACIÓN

La historia de José nos da una idea de lo que enseña la Biblia sobre cómo resistir el adulterio. La esposa de su amo trata de seducirlo, llegando a él «día tras día» antes de que ella lo tomara por sorpresa (v.12). La tentación normalmente es progresiva. Rara vez comienza con alguien que se apodera de nosotros. Comienza con actitudes de autocompasión o resentimiento que nos hablan, diciendo: «Merezco esto; mi vida está llena de estrés». A veces, tu conciencia se adormece a través de fantasías secretas, ideas románticas o el uso de la pornografía, para que eventualmente puedas tolerar pecados más grandes y deshonestidades, sin que esto te alarme. El tentador puede trabajar en nosotros durante años, suavizándonos, antes de que realmente seamos presa fácil.

Reflexión:

¿Hay alguna manera en que te hayas «ablandado» por un pecado sexual más grande? ¿Cómo puedes protegerte contra la tentación progresiva?

Oración:

Señor, como Job, quiero hacer un pacto «con mis ojos» (Job 31:1) para no mirar con nostalgia a nadie más que a mi cónyuge, y a ti. Amén.

CHARLA AUTO JUSTIFICANTE

DÍA 93

José es un sirviente en la casa de Potifar y la esposa de su amo quiere tener sexo con él. José elige una forma de pensar sobre la propuesta de la mujer que hace que sea más fácil rechazarla. Ella lo llama «acuéstate conmigo», pero él lo llama «algo malvado». Otros podrían haber visto su historial de servicio y su libertad dentro de la casa como una orden de indulgencia, pero él lo convierte en un motivo de gratitud y autocontrol (v. 9). Lo que te tienta, entonces, no son las circunstancias en sí, sino las cosas que te dices sobre las circunstancias.

Reflexión:

¿Cómo has confirmado en tu experiencia esta manera de resistir la tentación como lo hizo José? ¿Qué puedes aprender personalmente de su forma de actuar?

Oración:

Señor Jesús, resististe la tentación en el jardín de Getsemaní, cumpliendo tu promesa y siendo fiel a nosotros. Ahora fortaléceme para cumplir todas mis promesas, y especialmente mi promesa a mi cónyuge. Amén.

Por esto Potifar dejó todo a cargo de José, y tan solo se preocupaba por lo que tenía que comer. José tenía muy buen físico y era muy atractivo. Después de algún tiempo, la esposa de su patrón empezó a echarle el ojo y le propuso: «Acuéstate conmigo». Pero José no quiso saber nada, sino que le contestó: «Mire, señora: mi patrón ya no tiene que preocuparse de nada en la casa, porque todo me lo ha confiado a mí. En esta casa no hay nadie más importante que yo. Mi patrón no me ha negado nada, excepto meterme con usted, que es su esposa. ¿Cómo podría yo cometer tal maldad y pecar así contra Dios?» (Gén. 39:6-9).

DÍA 94

... ¿Cómo podría yo cometer tal maldad y pecar así contra Dios?» (Gén. 39:9).

CENTRADO EN DIOS

José finalmente dice que este pecado sería «contra Dios» (v. 9). No pensaba en el pecado como solo violar la ley de Dios sino también deshonrarlo. Si hubiera pensado: «Bueno, si hago esto, me podrían atrapar», nunca habría resistido. En cambio, dijo: «Esto estaría pisoteando la gloria y el corazón de mi Señor». Esa era una forma completamente diferente de pensar. El pecado siempre se presentará en tu mente bajo un disfraz. Tendrás que desenmascararlo por lo que es. José arraigó su lealtad en su amor y deuda con Dios. Eso lo ancló lo suficientemente fuerte para sobrevivir a esta gran tentación.

Reflexión:

¿Cómo has confirmado en tu experiencia esta manera de resisitir la tentación como lo hizo José? ¿Qué puedes aprender personalmente de esta manera de actuar?

Oración:

Señor, el pecado no quiere que admitamos que es como una puñalada en tu corazón. Ayúdame a verlo tal como es cuando estoy siendo tentado, para poder resistirlo por tu bien. Amén.

CONTROLA EL MEDIO AMBIENTE

DÍA 95

Hemos visto cómo José controla sus pensamientos para vencer la tentación. Pero cuando la esposa de su amo intentó acosarlo y seducirlo, se nos dice que «se negó [...] incluso a hacerle compañía» (v. 10). Como ella hablaba con él todos los días, significaba que no podía evitarla por completo, pero trataba de evitar estar a solas con ella. Así que José no confió simplemente en su autocontrol interno. Evitó propiciar los momentos que sabía que podrían ser tentadores. Esto es simplemente ser humilde y realista. Trabajar para cambiar el entorno externo es tan necesario como trabajar para desenmascarar el pecado y cambiar el pensamiento interno. Debemos hacer las dos cosas.

Reflexión:

¿Cómo has confirmado en tu experiencia esta manera de resisitir la tentación como lo hizo José? ¿Qué puedes aprender personalmente de esta manera de actuar?

Oración:

Señor, cuán fácil es para mí tomar la tentación a la ligera, y decir: «Puedo manejar esto». Pero sin ti, no puedo hacer nada. Ayúdame a reconocer mi necesidad y depender completamente de ti. Amén.

Y por más que ella lo acosaba día tras día para que se acostara con ella y le hiciera compañía, José se mantuvo firme en su rechazo. Un día, en un momento en que todo el personal de servicio se encontraba ausente, José entró en la casa para cumplir con sus responsabilidades. Entonces la mujer de Potifar lo agarró del manto y le rogó: «¡Acuéstate conmigo!» Pero José, dejando el manto en manos de ella, salió corriendo de la casa

(Gén. 39:10-12).

DÍA 96

Un día, en un momento en que todo el personal de servicio se encontraba ausente, José entró en la casa para cumplir con sus responsabilidades. Entonces la mujer de Potifar lo agarró del manto y le rogó: «¡Acuéstate conmigo!» Pero José, dejando el manto en manos de ella, salió corriendo de la casa
(Gén. 39:11-12).

HUYE DE LA TENTACIÓN

A veces la tentación viene con un poderoso ataque frontal. Cuando eso le sucedió a José, él huyó (ver 2 Tim. 2:22; 2 Ped 1:4). Él no se queda y trata de razonar con la tentación. Él, al contrario de Eva, no considera cuán agradable se ve la fruta (Gén. 3:6). Martin Lutero supuestamente dijo: «No puedes evitar que las aves vuelen sobre tu cabeza, pero puedes evitar que hagan nidos en ella». En otras palabras, no puedes evitar que se presente una tentación, pero tú puedes negarte a dialogar con ella. No pienses: «¿Debo hacer esto o no? ¿Cuáles son los pros y los contras?» No. En las famosas palabras de Doctor Who: «¡Corre!».

Reflexión:

¿Cómo has confirmado en tu experiencia esta manera de resisitir la tentación como lo hizo José? ¿Qué puedes aprender personalmente de esta manera de actuar?

Oración:

Señor, somos salvos por gracia y tú nos amas a pesar de nuestro pecado, pero eso no significa que nuestro pecado no te aflija profundamente. Ayúdame a no tener nada que ver con él. Amén.

TOMA RESPONSABILIDAD

DÍA 97

Cuídense, hermanos, de que ninguno de ustedes tenga un corazón pecaminoso e incrédulo que los haga apartarse del Dios vivo. Más bien, mientras dure ese «hoy», anímense unos a otros cada día, para que ninguno de ustedes se endurezca por el engaño del pecado
(Heb. 3:12-13).

Una de las principales formas de protegerse contra la tentación sexual es a través de la comunidad cristiana. Hay tres formas en que esto se puede hacer. Primero, cultiva con cierto propósito un pequeño número de relaciones cristianas que sean lo suficientemente profundas como para poder hablar con facilidad sobre asuntos personales. Necesitamos responsabilizarnos mutuamente en nuestras relaciones, nuestro uso del dinero y el tiempo, nuestra sexualidad, etc. Segundo, comprométete a estar en un grupo pequeño que discuta y profundice en puntos prácticos la vida cristiana. Tercero, asiste regularmente a la iglesia, incluso si esta no es totalmente de tu agrado. Cada una de estas prácticas agrega un nivel de responsabilidad que las demás no.

Reflexión:

¿Ya tienes este tipo de relaciones? Si es así, ¡sé agradecido! Si no las tienes, ¿tienes algún candidato? ¿Qué puedes hacer para seguir adelante?

Oración:

Señor, te pido ánimo y fortaleza, pero a menudo respondes a esta oración a través de otros creyentes. Ayúdame a fortalecer mis relaciones y amistades para que pueda crecer en gracia y semejanza a Cristo. Amén.

DÍA 98

Pasar un día juntos, como pareja, puede suponer quién decide qué se hace, y quién cede de su gusto y voluntad. Y eso cada cinco minutos. En semejante situación, tres son las alternativas: se puede servir al otro con alegría, se puede hacer con resentimiento, o se puede insistir egoístamente en que impere la propia voluntad. La primera alternativa es la única que puede permitir que la relación de pareja perdure y prospere. Pero ¡cuán difícil y duro puede ser llegar a conseguirlo!
(pág. 60)

MI VIDA POR LA TUYA

Como dijo Lutero, estamos «doblados hacia nosotros mismos»; estamos absortos en nosotros mismos, egoístas, obsesionados con nuestras propias necesidades y deseos. Todos los días te enfrentas a situaciones en las que puedes responder con la motivación del maligno («tu vida para servir a la mía») o del cielo («mi vida para servir a la tuya»). Cada vez que eliges, formas tu alma, en una pequeña, pero muy significativa manera, ya sea hacia afuera o hacia adentro. Cualquier paso lejos de la auto absorción conlleva una forma de sufrimiento, una muerte personal en favor del otro. Hecho habitualmente, puede transformar una vida, un matrimonio, una amistad y una cultura.

Reflexión:

¿Alguna vez has hecho un esfuerzo por alejarte de tus propios deseos para darle prioridad a los del otro? Con el tiempo, ¿se equilibra esto en tu matrimonio, o alguno de ustedes (¡o ambos!) siente que siempre es uno el quien hace el sacrificio? Discute esto honestamente con tu cónyuge.

Oración:

Medita en Filipenses 2:5-11, especialmente en el versículo 5, «la actitud de ustedes debe ser como la de Cristo Jesús». Luego pídeselo a Dios.

ORGULLO

DÍA 99

Una vez, mientras estábamos de vacaciones, Kathy me animó a ir con nuestro amigo David a visitar una librería teológica, dejándola sola con nuestros tres enérgicos hijos durante varias horas. Sabía que era un sacrificio que ella estaba dispuesta a asumir, pero me negué con la excusa de que no quería «dejarla sola». Con el tiempo me di cuenta de que me gustaba estar en la posición de hacer la mayor cantidad de sacrificios. Mi orgullo me había impedido recibir el regalo y también la privó de la alegría de dármelo. ¿Cómo podemos desenredar nuestros motivos egoístas incluso por amabilidad? El arrepentimiento es la clave de cada parte de nuestra vida, y en ninguna otra parte más que en el matrimonio. El arrepentimiento gozoso, incluso acompañado de un risueño «allá voy de nuevo» es la marca de un matrimonio maduro y sabio.

No quería que me sirvieran. No quería estar en una posición en la que tuviera que pedir algo y recibirlo como regalo [...]. Quería servir, sí, porque eso me hizo sentir en control. Entonces siempre tendría el poder moral. Pero ese tipo de «servicio» no es servicio en absoluto, solo manipulación. Pero al no darle a Kathy la oportunidad de servirme, había fallado en servirla. Y la razón debajo de todo ello era mi orgullo (pág. 53).

Reflexión:

Considera las formas en que los motivos egoístas pueden estar detrás de un comportamiento desinteresado. ¿Puedes pensar en algunos ejemplos dentro de tu matrimonio?

Oración:

Medita en el Salmo 139:23-24. Luego pídele a Dios que te ayude a conocer mejor tu propio corazón, por tu bien y el de tu cónyuge.

DÍA 100

Mi renuncia a dejar que Kathy me sirviera era, en el fondo, una negativa por parte mía a vivir bajo la gracia. Yo quería conseguir todo por propio mérito [...]. Estaba, sin embargo, dispuesto a hacer favores a los demás, para poder sentirme magnánimo. Pero no quería, en modo alguno, que nadie me sirviera. Mi corazón seguía operando a ese nivel, aun tras haber aceptado con la mente el mensaje básico del evangelio, que por la fe en Cristo vivimos en gracia reconciliados con Dios (pág. 61).

OLOR ESPIRITUAL

Vivir una vida basada en el conocimiento de que somos justificados por la fe en Cristo, y no en nuestras propias obras, requiere un esfuerzo constante. He oído decir que el problema de un sacrificio vivo (Rom. 12:1-2) es que ¡sigue levantándose del altar! Debemos sacrificar diariamente nuestro orgullo, nuestra necesidad de demostrar nuestra valía, nuestro deseo de encontrar nuestra identidad en algo que no sea Cristo. Un matrimonio es un vehículo perfecto para exponer tus pecados, porque tus defectos causan fricción entre tu cónyuge y tú. Eso te obliga a concentrarte en ellos, aunque prefieras ignorarlos. En lugar de quejarte en silencio por los conflictos, da gracias por ellos porque pueden ser como sales de olor espirituales. Arrepiéntete y resuelve cambiar tan a menudo como algo se presente.

Reflexión:

Parejas casadas, cada uno debe hacer una lista de las cinco formas principales en que su corazón pecaminoso trabaja para vencer la gracia que Cristo derramó en su vida. Pídele ayuda gentil y amorosa a tu cónyuge para reconocer y erradicar estos patrones. Esto requerirá coraje y humildad.

Oración:

Medita en los amigos que se «afilan» entre sí en Proverbios 27:17. Luego, pídele a Dios que te dé lo que sea necesario para que los enfrentamientos con tu cónyuge te afirmen espiritualmente en lugar de desanimarte o amargarte.

PASADO, PRESENTE Y FUTURO

DÍA 101

La salvación por gracia es instantánea. Somos justificados y perdonados en el momento en que traspasamos nuestra confianza, de nuestras propias obras, a Jesús, para obtener nuestra posición ante Dios. Pero vivir en constante recordatorio de esa salvación es el trabajo de toda una vida. Hemos sido salvados de la pena del pecado; estamos siendo salvados del poder del pecado; y en el cielo seremos salvos de la presencia del pecado. Mientras tanto, elije un cónyuge con el que estés dispuesto a enfrentar el poder continuo del pecado en tu vida, post-salvación y pre-glorificación. Una cara bonita o un potencial de altos ingresos no será de ninguna ayuda para enfrentar el pecado que mora en tu propio corazón. Elige a alguien que pueda ver en quién estás destinado a convertirte, y que te ame lo suficiente como para ser parte del proceso de llevarte allí.

Reflexión:

Una cosa es querer que tu cónyuge cambie para complacerte. Otra cosa es ayudarlo a cambiar para agradar a Dios. ¿Cómo se ayudan mutuamente a confrontar y superar los hábitos pecaminosos y las tentaciones en su vida?

Oración:

Pídele a Dios que te dé discernimiento espiritual y ojos para ver en qué quiere que se convierta tu cónyuge. Luego pídele al Señor la sabiduría y la gracia para ayudarlo a progresar.

El mensaje cristiano […] debería llevarnos a ser humildes y, al mismo tiempo, a elevar nuestro ánimo […]. Pero el evangelio también nos habla de un amor sin igual y de una afirmación personal que sobrepasa todo lo imaginable. No necesitamos esforzarnos para poder ser personas de valía por propio mérito. Y significa también que no tiene que preocuparnos el vernos privados de algún privilegio y comodidad, o de elogios o compensaciones. Tampoco es necesario llevar la cuenta de salidas y entradas, de pagos y de débitos. Podemos dar gratuitamente y asimismo recibir de gracia (págs. 61-62).

DÍA 102

El principal obstáculo en la consecución de un corazón dispuesto a servir en el matrimonio es [...] el egocentrismo que anida en el corazón humano. El egocentrismo es una lacra que puede causar la ruina y es siempre un enemigo en la sombra en todo matrimonio. Cuando hace su aparición, tiene que ponérsele a raya de inmediato (pág. 62).

MORIR A UNO MISMO

Dijimos anteriormente que cada paso lejos de la auto absorción y el egocentrismo en nuestros matrimonios es un tipo de sufrimiento; una muerte a ti mismo, si quieres así decirlo. Se nos dice que nuestra vieja naturaleza debe ser crucificada (Gál. 5:24), una muerte lenta y dolorosa. Vivir en Cristo es morir a nuestros propios deseos pecaminosos. El sacrificio no es una palabra que nuestra cultura valore mucho, pero es la clave de todo crecimiento, tanto personal, como en un matrimonio. A veces se siente como si cuanto más tiempo estuvieras casado, más abrasivo es el uno con el otro. Esto es simplemente el desgaste del frágil caparazón del enamoramiento y el afloramiento de irritaciones por problemas aún no resueltos. Finalmente, ¡el verdadero trabajo puede comenzar!

Reflexión:

¿Qué problemas recurrentes han surgido en tu matrimonio a lo largo de los años, cosas que provocan argumentos y que se confronten uno al otro? ¿Cómo se pueden abordar esos problemas con el evangelio?

Oración:

Medita en Filipenses 4:5: «Que su gentileza sea evidente para todos. El Señor está cerca». Luego pídele al Señor que te haga más gentil y amable en tu discurso con tu cónyuge, y especialmente cuando no estás de acuerdo en algún punto.

¡NO HAY CONDENA!

DÍA 103

Romanos 8 entra en detalle sobre el doloroso proceso de someter nuestra hostilidad de toda la vida al señorío de Dios sobre nuestras vidas. Un proceso tan doloroso siempre debe hacerse en el contexto del primer versículo del capítulo: ahora no hay condena para aquellos en Cristo Jesús. Saber que nuestros pecados no se enfrentarán con condenación, sino con la ayuda del Espíritu Santo, nos da el valor para enfrentar el mal en nuestro corazón. En el matrimonio, los esposos cristianos deben darse mutuamente algo similar. Debemos saber que nuestros pecados y fracasos serán recibidos con simpatía, perdón y ayuda. Esto también nos da la libertad de ser honestos y el valor de enfrentar los cambios que debemos hacer.

Reflexión:

¿Qué tan bueno eres para ofrecer a tu cónyuge una crítica en un contexto de «no condenación»?

Oración:

Medita en Romanos 8:1 y responde a la pregunta: «¿Cómo sería diferente si creyera esto más profundamente?» Luego pídele a Dios que haga realidad esas cosas en tu vida.

En las entrevistas a parejas divorciadas realizadas por Dana Adam Shapiro, se aprecia que esas son muchas de las razones que llevan a la desintegración marital. [...] cada cónyuge [...] reacciona ante el egocentrismo ajeno activando el propio. ¿Por qué es así? El egocentrismo, por su propia esencia, hace que no lo reconozcamos personalmente; en cambio, nos mostramos hipersensibles ante su presencia en los demás [...]. La resultante es siempre una espiral descendente hacia la autocompasión, la irritabilidad y la desesperanza, pudiendo quedar afectada la relación hasta el punto incluso de disolverse (pág. 63).

DÍA 104

[E]l evangelio, incorporado a nuestra vida por la acción del Espíritu, puede llevarnos felizmente a ser humildes, con una plenitud interna que nos libera para ser generosos con los demás, incluso en momentos y situaciones que no nos dan la alegría y satisfacción que esperábamos. Sin la ayuda del Espíritu, sin llenar el alma de la gloria y el amor del Señor, esa sumisión ante los intereses ajenos es virtualmente imposible […] sin [sentir] resentimiento (pág. 63).

HACER FLORECER EL MATRIMONIO

No debemos pensar en las diferencias maritales como «suma cero», donde uno de los dos siempre pierde. Cuando se le preguntó a la escritora Judith Viorst el secreto de permanecer casada durante casi 60 años, ella respondió: «El matrimonio es como una tercera cosa. Si tenemos una pelea, si hacemos compromisos, no es por la otra persona, es por el matrimonio. Es diferente a perder. Esto era una tercera cosa que atesoramos y cuidamos muy bien».[1] Muchos se casan por su propio crecimiento personal, y si se dan cuenta de que se tienen que sacrificar por las necesidades del otro, están listos para rendirse. El objetivo de un matrimonio cristiano es, en cambio, ver florecer el matrimonio mismo, para que un vínculo matrimonial saludable honre a Dios y les sirva a ambos.

Reflexión:

Discutir entre ustedes pensando en su matrimonio como una «tercera cosa» puede facilitar los sacrificios y compromisos.

Oración:

Pídele a Dios que te ayude a evitar el resentimiento por los compromisos que has tenido que hacer en tu matrimonio. Pídele que te ayude a regocijarte en el matrimonio y en las fortalezas de tu cónyuge.

[1] Judith Viorst, citado en «How to Stay Happily Married» [«¿Cómo permanecer felizmente casado»], Penelope Green, The New York Times, 4 de mayo, 2019, https://www.nytimes.com/2019/05/04/style/judith-viorst-poems.html.

ECONOMÍA DEL AMOR

DÍA 105

Este pensamiento fue mi primera introducción (de Kathy) a la mente de Tim Keller. Escribió un artículo llamado Love Economics [Economía del amor] para un periódico cristiano estudiantil mientras aún estaba en la universidad. No hace falta decir que me impresionó. Aunque no estaba hablando específicamente sobre el matrimonio en el artículo, sino sobre las relaciones en general, este principio nos ha ayudado a comprender cada etapa de nuestra relación (comenzando como conocidos, progresando hacia la amistad, luego el matrimonio). Fue el primer escalón fundamental sobre el que se construyeron todos nuestros días juntos: Dios nos llena primero; luego le damos al otro, en lugar de buscar lo que solo Dios puede dar en un pobre humano, necesitado y pecador. Solo podemos entregarnos libremente al otro si «nuestra copa está rebosando» (Sal. 23:5, RVR1960).

Reflexión:

¿Cómo te ayuda este principio a entender dónde se encuentra tu relación hoy?

Oración:

Medita en 1 Juan 4:19-20, sobre la relación entre recibir el amor de Dios y dar amor a los demás. Pasa un tiempo arrepintiéndote por no amar como Él te amó.

Para poder ser generosos, hay que disponer de fondos en el banco. [...] si la única fuente de amor y de significado es tu pareja, cuando te falle no solo será causa de dolor, sino un verdadero cataclismo emocional. Pero si verdaderamente has experimentado algo de la obra del Espíritu en tu vida, tendrás suficientes reservas de afecto para poder obrar con generosidad, incluso en el caso de no recibir suficiente cariño y aprecio en un momento dado (págs. 63-64).

DÍA 106

La profunda felicidad que puede vivirse en el matrimonio tiene gran parte de su fundamento en la renuncia generosa al propio yo con la ayuda del Espíritu. La verdadera felicidad se descubre en la prioridad que damos a las necesidades de nuestra pareja, prioridad que es respuesta voluntaria ante lo que Jesús ha hecho por nosotros (pág. 64).

EN EL OTRO EXTREMO

La promesa es la resurrección, pero esta se encuentra del otro lado de la crucifixión. En el Salmo 34:19-20 parece como si Dios estuviera haciendo una promesa general de que nada malo le sucederá a uno de sus hijos: «Muchas son las angustias del justo, pero el Señor lo librará de todas ellas; le protegerá todos los huesos, y ni uno solo le quebrarán». Los apóstoles interpretaron correctamente el versículo 20 aplicándolo a Jesús, ya que sus huesos no se rompieron durante la crucifixión. Pero nota que la liberación prometida por Dios estaba al otro lado de la muerte y el sacrificio, y no antes. Cada sacrificio de nuestra auto absorción es una pequeña crucifixión; la vida y la restauración se prometen como resultado, no como un rescate de tener que hacer el sacrificio.

Reflexión:

Esposos y esposas, ¿cuál fue el último sacrificio que hicieron el uno por el otro? ¿Sabía él o ella que estabas haciendo un sacrificio? ¿Fue porque hiciste mostraste cuánto te costó hacerlo o porque silenciosamente mataste un deseo egoísta propio?

Oración:

Pídele a Dios la paciencia para esperar el amor, la libertad y la felicidad más profundos que solo se encuentran en el lado opuesto de la entrega, el autocontrol y la resistencia.

LA FELICIDAD NACE DEL SACRIFICIO

DÍA 107

En los años transcurridos desde que escribimos *El significado del matrimonio*, las personas solo se han vuelto más reacias a la idea de sacrificar sus intereses y deseos por el bien de otro. Pero ahí radica la gran paradoja de nuestra sociedad. Queremos la felicidad y la liberación que provienen de las relaciones de amor seguras, pero para obtenerlas, debemos renunciar a una gran parte de la autonomía individual. Eso, sin embargo, es lo que no queremos hacer. Hemos creado una cultura en la que, por así decirlo, «la comida en sí misma resulta ser lo que no se puede comer y el hogar el lugar donde no se puede vivir [...]. Entonces, no hay rescate posible: se ha jugado la última carta». La única alternativa es confiar en lo que dice la Biblia, y saber, que debes perderte al servicio de Dios y de los demás para encontrarte (Mat. 10:39).

Reflexión:

¿Pueden tus amigos y vecinos ver una diferencia en la forma que ustedes se tratan? ¿O tu matrimonio se parece al a aquellos donde cada quien vive para sí mismo?

Oración:

Medita en Romanos 12:10 y Proverbios 11:25 sobre los «beneficios» del servicio desinteresado. Luego pídanle a Dios que los ayude a alcanzar estos beneficios en su matrimonio.

Habrá entonces quien pregunte: «Si pongo la felicidad de mi pareja por delante de mis necesidades, ¿qué gano yo con ello?». La respuesta es clara: felicidad. Eso es lo que ganamos. Una felicidad derivada de servir a las personas en vez de usarlas, lo que nunca te hará sentir mal. Es el gozo que resulta de servir a otra persona con un coste por nuestra parte. En la sociedad actual, con la mentalidad predominante del «Matrimonio enfocado en mí», no encaja bien esta propuesta de anteponer las necesidades ajenas a las propias por encontrarla opresiva (pág. 64).

DÍA 108

Jesús [...] dice: «Porque el que quiera salvar su vida, la perderá; pero el que pierda su vida por mí causa, la encontrará» (Mat. 16:25). La esencia de su mensaje es, pues: «Si buscas tu felicidad antes que buscarme a mí, no conseguirás nada de ello; en cambio, si buscas primero servirme a mí por encima de tu felicidad, obtendrás ambas cosas». El apóstol Pablo aplica este principio al matrimonio (pág. 65).

ALEGRÍAS SÓLIDAS Y TESOROS DURADEROS

La razón por la cual los cristianos están tan fuera de sintonía con el mundo es porque tenemos un Salvador que dio Su vida por nosotros y nos llamó a tomar nuestra cruz, no una suegra malhumorada o un suegro dominante; sino nuestro propio egoísmo, y seguirlo hasta la muerte y el sacrificio. Esta es la buena noticia del evangelio. ¡Que no tenemos que ganarnos el amor y la aceptación de Dios, sino que Jesús, en esta vida y muerte, ganó la recompensa y nos la heredó! Seguir a tal Salvador con alegría y gratitud significa que las victorias insignificantes, los placeres menores y la felicidad transitoria de este mundo se muestran como las telarañas que realmente son.

Aunque el mundo se burle o compadezca
Me gloriaré en Su nombre:
Perderse es el placer de los mundanos,
Jactándose en fiestas y placeres;
Gozo sin igual y eternas riquezas
Solo los hijos de Sion conocen.[1]

Reflexión:

¿Conoces las alegrías sólidas y el tesoro duradero de ser un hijo de Dios? ¿Cómo se puede observar en tu matrimonio?

Oración:

Pídele al Señor que te recuerde, tanto en tu matrimonio como en todo lo que haces, que «Solo una vida, pronto pasará; solo lo que ha sido hecho para Cristo durará».[2]

[1] John Newton «Glorious Things of Thee Are Spoken» [«De ti se dicen cosas gloriosas»], (1779).
2 C. T. Studd (1860-1931), «Only One Life» [«Solo una vida»], dominio público.

SERVIR Y DAR

DÍA 109

Los seres humanos fueron creados a imagen de Dios. Eso significa que compartimos algunas de las mismas características que Dios mismo muestra: santidad, entrega, generosidad, compasión, justicia, perdón. Abandonar esas partes de nuestra naturaleza es odiarnos a nosotros mismos, estar desconectado del el universo, estar separados de todo lo que da vida. Desear que nos sirvan en lugar de servir nos separa de nuestro salvador, quien explícitamente dijo a sus seguidores que «el Hijo del hombre no vino para que le sirvan, sino para servir y para dar su vida en rescate por muchos» (Mat.20:28).

Reflexión:

¿Estás asombrado y atónito por la generosidad de Dios revelada en la persona y obra de Jesús? ¿Alguna vez tu cónyuge se ve sorprendido por tu generosidad y sacrificio por su bienestar y felicidad?

Oración:

Pídele al Señor que te impida llevar la cuenta de lo que te debe tu cónyuge, o incluso lo que le debes. Pídele que le dé a cada uno de ustedes su propio espíritu de generosidad.

Si buscamos servir a los demás por encima de nuestra propia felicidad, descubriremos una nueva manera de ser felices, mucho más real y profunda. Son muchas las parejas que han descubierto esta insospechada realidad. ¿Por qué es esto así? Por la sencilla razón de que el matrimonio ha sido «instituido por Dios». Un Dios para el que el amor en entrega de sí mismo es atributo esencial y reflejo de Su naturaleza, de forma muy particular en lo que revela la obra de Cristo (pág. 65).

DÍA 110

El vocablo «someterse» [uno al otro significa] perder mucho control sobre tu horario [. . .] ¿Por qué? [Porque] cuando se entra a formar parte [. . .] de un todo, hay que estar dispuesto a renunciar a una parte de nuestra independencia [. . .]. Pablo dice que esta buena disposición a no imponer los derechos que nos asistan por el bien común no es algo instintivo que nos salga de forma natural. De hecho, es justamente lo opuesto a lo natural. Pero ese es el fundamento sobre el que se edifica el matrimonio que resiste. A primera vista, puede parecer opresivo. Pero así es como puede darse un buen funcionamiento en el matrimonio (págs. 65-66).

INTERDEPENDENCIA

Cuanto más invierte nuestra cultura en las relaciones por Internet, más difícil será para las personas aprender las habilidades necesarias para mantener las relaciones cara a cara. Uno puede eliminar la amistad o la representación de una persona digitalmente sin tener que explicar, disculparse o incluso reconocer el problema que condujo a la disolución de la relación. Esto hará que el matrimonio sea aún más difícil, ya que la rendición de la autonomía de uno es casi la definición de matrimonio. El más básico de los votos matrimoniales es amar «en las buenas, en las malas, en la riqueza, en la pobreza, en la enfermedad y en la salud, para amar y apreciar, hasta que la muerte nos separe, de acuerdo con la santa ordenanza de Dios; y por eso me comprometo contigo». Con esas palabras intercambias tu independencia por interdependencia, que se opone directamente a nuestro egoísmo natural.

Reflexión:

¿Hubo alguna relación que te preparó para la rendición mutua de independencia que requiere el matrimonio? (¿Compañeros de habitación, hermanos, padres, amigos?) ¿Qué tan bien te está yendo al consultar uno con otro antes de tomar alguna decisión?

Oración:

Medita en el Salmo 22:25, en el que el siervo sufriente, Jesús, habla de cumplir sus votos. Gracias al Señor por ser fiel a sus votos para salvarnos. Pídele que te haga tan fiel a tus votos matrimoniales para amar a tu cónyuge.

CONTRADICCIÓN CULTURAL

DÍA 111

Este mensaje es una contradicción directa a todas las películas, la televisión, los libros de autoayuda y los mensajes de nuestra cultura. Nos dicen que el único camino hacia la realización es preocuparse por uno mismo e ignorar los deseos y las necesidades de todos los que puedan interponerse en nuestro camino. El resultado final de concentrarme en mí mismo es que, al final, siempre termino conmigo mismo: sin amor, sin amistades concretas, sin puntos de vista que desafíen a los míos. La caída en la tasa de fertilidad está directamente relacionada con esta actitud. Nuestra cultura nos dice que ninguna relación debería ser una obligación, pero por supuesto, la crianza de los hijos lo es: no podemos divorciarnos de nuestros hijos. No se puede negociar con los niños. Sus necesidades tienen prioridad sin importar cuán ocupados o estresados estemos. Si no se practica el sacrificio, los niños se sorprenderán. Así será el matrimonio.

Reflexión:

¿Crees que la frase, «Perder la vida», suena como una invitación al abuso? Cuando Jesús dice: «Nadie me quita la vida, yo la pongo voluntariamente» ¿crees que eso aclara las cosas?

Oración:

Gracias al Señor porque cuando Jesús estaba muriendo en la cruz y nos vio rechazándolo, se quedó de todos modos y nos amó. Pídele la misma fidelidad en todas tus relaciones y especialmente en el matrimonio.

La genuina satisfacción personal no se logra si no se está primeramente dispuesto a rendir un servicio desinteresado. [El mismo principio aplica en cosas de la vida diaria]. En el ámbito de las relaciones sociales, nunca vamos a causar una buena impresión en los demás hasta que no dejemos de plantearnos obsesivamente si lo estamos consiguiendo o no […]. Este es un principio que afecta a la vida en su totalidad. Al renunciar a un yo impositivo, encontramos el verdadero yo. Al perder la vida personal, la salvamos de forma definitiva […]. Nada a lo que primeramente no hayamos renunciado llegará a ser verdaderamente nuestro (pág. 66).

DÍA 112

Sucede siempre que somos los últimos en darnos cuenta de que estamos completamente centrados en nosotros mismos. Las heridas emocionales no resueltas provocan que ese egocentrismo sea aún más difícil de tratar. Si intentamos hacerle ver a la persona afectada lo que le está pasando, la reacción suele ser de escepticismo: «Vale, puede que sea así. Pero es que tú no sabes cómo es esto». Lo que han tenido que soportar les lleva a justificar su comportamiento (pág. 68).

DOLORES PASADOS Y COMPORTAMIENTO PRESENTE

La auto absorción deriva del egoísmo pecaminoso, nuestro deseo de hacer que todo el mundo gire en torno nuestro y nuestros deseos y necesidades. Pero no siempre es correcto decirles a las personas absortas en sí mismas: «¡detente!» Aquellos que han experimentado abuso físico, sexual o emocional, pueden no ser capaces de cambiar el comportamiento con un simple ejercicio de voluntad. Pueden quedar atrapados en relaciones y comportamiento malos a través de un complejo de miedos, creencias distorsionadas y culpabilidad falsa. Necesitarán amabilidad y amor pacientes, así como que les hablen con la verdad. Sin embargo, no debemos usar las heridas infligidas en el pasado como excusas para acciones irresponsables en el presente. No debemos ver el abuso en todas partes ni pretender que no existe. ¡Cómo necesitamos la sabiduría del Señor para ayudarnos mutuamente sin hacer daño! (Sant 1:5).

Reflexión:

Una víctima de abuso emocional puede no ser capaz de confrontar a su abusador sin ayuda. ¿Alguno de ustedes ha sufrido abuso? ¿Qué efectos tiene todavía esta situación en ti? ¿Qué puedes hacer ahora?

Oración:

Pídele al Señor que te muestre si te han hecho cosas en el pasado que aún te pueden estar controlando a través de la ira, el miedo o la tristeza permanentes. Pídele que te dé las herramientas de Su gracia para sanar estas heridas.

INFINITAMENTE RECIO

DÍA 113

Argumentar que las personas egocéntricas (lo cual todos somos), necesitan ser más egocéntricas como una cura para la baja autoestima parece extraño en el mejor de los casos. La baja autoestima sigue siendo una forma de concentrarse en uno mismo, obsesionarse con los propios problemas y deficiencias. Si estás siendo maltratado, debes evitarlo (ver el devocional de ayer), pero eso por sí solo no es la cura. Tampoco es que otros te digan lo bueno y talentoso que eres en esto o aquello. Solo los brazos amorosos incondicionales de Jesús, que conoce todas nuestras lágrimas y penas mejor que nosotros, serán suficientes para llenarnos con lo que necesitamos. Nos amaba tanto como para morir por nosotros; somos infinitamente preciosos para Él.

Reflexión:

¿De qué maneras transmites el amor de Cristo a tu cónyuge? Cuando él o ella están tristes, solos, lastimados o atormentados por el pasado, ¿cómo puede tu amor, unido al de Cristo, ayudar en el proceso de sanación?

Oración:

Pídele a Dios que te dé una sensación tan fuerte de ser lleno de Su amor, Su salvación, Sus bendiciones, Sus promesas de gloria futura, que nunca te sientas empobrecido o deprimido por los sacrificios cotidianos del amor matrimonial.

[Se dice que si la gente es egocéntrica] será por falta de una autoestima sana y adecuada. Por lo que [...] habrá que [...] decirle a esa persona que se trate bien a sí misma y que viva para sí y no para los demás [...]. Pero esa forma de tratar el egocentrismo da por sentado que este no es natural, [...] la reacción que cabe esperar en un caso de tratamiento injusto [...] [D]esde luego, que ninguna de las principales religiones del mundo propugne esa enseñanza, pero sí que, en cambio, es popular artículo de fe en la sociedad occidental. Pero ese enfoque no da resultado en la práctica. Toda relación matrimonial incluye un porcentaje, por mínimo que sea, de inevitable renuncia a la propia satisfacción y derecho (págs. 68-69).

DÍA 114

El enfoque cristiano es completamente distinto desde su mismo inicio. Así, por profunda y dolorosa que pueda ser la herida sufrida, no puede justificar el egocentrismo actual, aunque, evidentemente, todo maltrato fomentará y aumentará un egocentrismo de base […]. Con esto no queremos decir que las personas con heridas antiguas no necesitan un trato de especial consideración y paciencia. Pero el pasado nunca da derecho a manipular el presente a nuestro antojo (pág. 69).

UNA MULTITUD DE CAUSAS

Si bien, podemos ser dañados por personas que pecan contra nosotros, no comenzamos nuestras vidas en una condición espiritual perfecta. Salmos 14:2-3 y 58:3 nos recuerdan que somos propensos al pecado, al egoísmo y a la mentira desde que nacemos. Pero así como una infección corporal puede verse agravada por una mala alimentación, falta de sueño y estrés, la naturaleza pecaminosa se puede inflamar aún más por el trato severo, el aislamiento, la ignorancia, la pobreza y otros factores, tanto internos como externos. Los cristianos deben abordar con compasión las causas sociales de las enfermedades espirituales sin perder de vista la necesidad de un nuevo nacimiento, un nuevo corazón y el perdón ofrecido en Cristo. No podemos atribuir los problemas solo a las fuerzas sociales (el incumplimiento de la política liberal) o solo a la irresponsabilidad personal (el incumplimiento de la política conservadora).

Reflexión:

¿Qué enfermedades sociales pueden haber lesionado a quienes te rodean, incluido tu cónyuge? Mientras les compartes de Cristo como quien ama sus almas, ¿qué estás haciendo para aliviar las condiciones sociales que empeoran todo?

Oración:

Pídele a Dios sabiduría y ayuda para tratar tanto tus propios defectos y pecados como los de los demás con el equilibrio que proviene de saber que todos pecamos y que han pecado contra nosotros.

QUERIDO PECADO

DÍA 115

La novela de C. S. Lewis *El gran divorcio*, imagina un recorrido en autobús al cielo para las personas que viven en el infierno. Pueden quedarse si se arrepienten, pero todos, excepto uno, deciden regresar, la mayoría están demasiado hundidos en su egocentrismo para querer tener algo que ver con el cielo. En una escena memorable, una mujer «que comenzó con un humor gruñón» ha convertido eso en una vida de agravio que la ha reducido «a nada más que un gruñido». Si la vida continúa eternamente (y lo hace), entonces un pecado preciado o una postura de «tu vida para servirme» te hará miserable para siempre. Los actos de auto absorción, volcarse en uno mismo mismo para alimentar los resentimientos, nunca perdonar a los demás o renunciar a rencores, y tratar todas las relaciones como transacciones, consumen el alma. Lo que pudo haber comenzado pequeño, a lo largo de la eternidad, se convierte en una monstruosidad.

Reflexión:

¿Cómo desafías tu propio egocentrismo? ¿Estás preparado para alejarte de cualquier ídolo que adores, para entregarte por completo a Dios y a Su pueblo?

Oración:

Medita en el Salmo 73:16-17 y pídele a Dios que te salve de la visión borrosa, el pensamiento distorsionado y la negación que aumenta nuestro egocentrismo natural y nuestra tendencia a la auto justificación. Pídele que te ayude a ver las cosas con claridad.

Las personas con complejo de inferioridad y las que se creen superiores tienden a centrarse en sí mismas de forma insana, obsesionadas [...] por la imagen que pueden proyectar [...] y por el trato que reciben. En situaciones así, podemos ayudar a alguien a superar su complejo de inferioridad para convertirlo en uno nuevo de superioridad, [...] sin haber proporcionado herramientas y claves para vivir de forma plena y saludable. [A todas las personas] tiene que hacérseles ver que seguir morbosamente centradas en sí mismas no se justifica por esa deuda pendiente, sino que obedece a su propio carácter, aunque agravado sin duda por los abusos sufridos [...] es imperativo intervenir, o serán personas desdichadas de por vida (págs. 69-70).

DÍA 116

DEFECTUOSO PERO AMADO

[S]uceden tres cosas insólitas. En primer lugar, descubrimos hasta qué punto es egoísta esa persona que creemos maravillosa. En segundo lugar, se hace evidente que lo mismo piensa nuestra pareja respecto a nosotros. Y, en tercer lugar, y aun admitiendo tener ese defecto, consideramos que el de nuestra pareja es mucho más pronunciado y problemático que el nuestro. Esto es algo particularmente cierto si crees que ya has sufrido bastante en la vida con todas las dolorosas experiencias acumuladas (pág. 70).

Esta es la experiencia comúnmente conocida como «el fin de la luna de miel», cuando las vendas de amor caen de sus ojos y ambos notan que la persona con la que se casaron es un pecador. Y como Jesús señaló, la astilla en el ojo de esa persona siempre te parece mayor que la viga en tu propio ojo (Mat.7:3-5). Seguramente si hubiéramos encontrado a nuestra alma gemela, si hubiéramos elegido a nuestra pareja sabiamente, ¡entonces esto no estaría sucediendo! La realidad es que siempre sucede pero estamos preparados aun peor que las generaciones pasadas. Hay dos soluciones: primero, mírate a ti mismo y recuerda que a tu cónyuge le resultará difícil convivir contigo, y segundo, mira al Señor que te amó para siempre a pesar de tus defectos y pecados.

Reflexión:

¿Hay alguna «astilla» en la que te enfocas para tratar de hacer que tu cónyuge cambie? Enumera las «vigas» en tu propia vida que necesitan ser cambiadas.

Oración:

Pídele a Dios las dos cosas que necesitarás para poder perdonar y amar continuamente a tu cónyuge a pesar de tus pecados y fracasos: una visión de tu propio pecado y una vista de Su infinito amor por ti.

¿QUIÉN SE LAMENTA MÁS?

DÍA 117

Cuando Tim y yo recién nos casamos, a veces sucedía que uno de nosotros decía algo temperamental. Cuando el otro cónyuge lo señalaba, la respuesta era algo como: «He tenido un día difícil». En lugar de aceptar esta excusa, el otro respondía: «He tenido uno más difícil». Eventualmente llamamos a esto el «yo estoy más cansado que tú». El «ganador» quería el permiso para perder el control, ignorar las responsabilidades y las necesidades relacionales, mientras que el «perdedor» tenía que poner sus propias necesidades en espera para cuidar del otro. Perdimos mucho tiempo hasta que lo identificamos como un «juego» o concurso amargo. Eso nos ayudó a sobrellevarlo en las primeras etapas, burlarnos de nosotros mismos y seguir adelante (generalmente).

[Se podría decidir] que lo que se ha sufrido en el pasado cuenta más que el posible egocentrismo personal y que, si la pareja no lo considera así, asumiendo que tiene que ayudarte y disculparte en todo, la vida conjunta no va a funcionar. Pero lo más probable es que la parte contraria no lo vea de la misma forma, produciéndose por ello un distanciamiento emocional [...]. Ninguno va a cambiar al otro. A lo máximo que se puede aspirar es a un «cedo si tú también cedes» (págs. 70-71).

Reflexión:

¿Estás familiarizado con «el juego»? ¿Qué pasa si ambos deciden ser cuidadores, a pesar de sus propias necesidades? ¿Ves otros «juegos» en tu relación?

Oración:

Pídele a Dios el discernimiento y el autoconocimiento para identificar «juegos» de autojustificación en su relación matrimonial. Pídele también que te ayude a descansar en Su justificación en Cristo para que puedas dejar estos juegos.

DÍA 118

La alternativa a una relación de mero pacto es reconocer el egoísmo propio como problema fundamental en la relación de pareja y ocuparse de buscar solucionarlo con mayor ahínco e interés que el que pueda darse a idéntico defecto en el cónyuge. ¿Por qué es conveniente hacerlo así? Pues por la sencilla razón de que solo tú puedes solucionar realmente tu problema de egoísmo, y [...] eres [...] responsable de hacerlo. Como matrimonio cristiano, la pareja tiene que [dejar de] inventar excusas para nuestros actos egoístas. La Palabra revelada nos conmina a cesar en esa actitud. Y eso es lo que debemos hacer a título personal, sin escudarnos en el posible egoísmo contrario. Si ambos cónyuges dicen, respectivamente: «Voy a ocuparme de solucionar mi egocentrismo como principal problema en el matrimonio», estarán en el camino adecuado para lograr un gran matrimonio (pág. 71).

LA ÚNICA PERSONA

La verdad es que «la única persona que puede cambiar eres tú mismo», es un pensamiento esperanzador para cualquier persona casada, pero particularmente para aquellos en matrimonios difíciles. Por más que señales con el dedo, grites, avergüences o discutas, no cambiarás a la otra persona. Pero si tú, con la ayuda de Dios, comienzas a cambiar, al menos la vida se volverá llevadera; y, en el mejor de los casos, tu cónyuge también puede optar por comenzar a hacer cambios. Algunas personas necesitan cambiar en dirección a decir la verdad en amor; para otros, puede significar descansar la boca y amar con sus acciones.

Reflexión:

¿Tiendes a hablar y fastidiar a las personas como estrategia para provocar un cambio? ¿Cuál sería un mejor lugar para comenzar?

Oración:

Medita en Eclesiastés 3:7 acerca de «un tiempo para rasgar, y un tiempo para coser; un tiempo para callar, y un tiempo para hablar». Luego, pídele a Dios que te ayude a conocer la diferencia, cuándo es el momento el momento de hacer qué.

CAMBIOS

DÍA 119

Si decides hacer sacrificios en tus propios hábitos y prácticas, trata de no hacer un anuncio con gran extravagancia. ¡Solo cambia! No estás haciendo cambios para recibir aplausos de una audiencia (tu cónyuge), sino para complacer a tu salvador, Jesús, que ve y sabe, y te ayudará a cambiar.

Reflexión:

Sin discusión o debate, pídele a tu cónyuge que te ayude a hacer una lista de las cosas que le gustaría que cambiaras.

Oración:

Medita en Gálatas 1:10 y Romanos 2:29. Pídele a Dios que te ayude a buscar Su aprobación y Su aplauso para que no lo necesites de los seres humanos.

[Q]ueda todavía una tercera posibilidad: que uno de los dos opte por [trabajar en su propio egocentrismo] […]. Lo normal es que no se produzca una respuesta inmediata en la parte contraria. Sin embargo, sucede que, con el paso del tiempo, esta nueva actitud tuya, unida a un comportamiento distinto, hará mella en tu pareja […]. [L]e será incluso más fácil admitir las propias faltas, ahora que tú has dejado de señalárselas (págs. 71-72).

DÍA 120

Dios nos pide que nos neguemos a nosotros mismos y que estemos dispuestos primero a perdernos para así poder encontrarnos. Si tratamos de hacerlo sin la ayuda del Espíritu y sin creer en la realidad de la obra de Cristo a favor nuestro, el tener que renunciar a derechos y voluntades propias será cosa ardua. Pero en Cristo y en el Espíritu, será una experiencia completamente liberadora (pág. 72).

LA MOTIVACIÓN DE JESÚS

A menos que Jesús sea tu motivación y tu poder de motivación, el deseo de cambiar pronto dará paso al resentimiento, porque tu cónyuge no se da cuenta (toma tiempo demostrar que realmente has cambiado para siempre) o por que parece que no le importa. Sin embargo, en última instancia, es el amor de Cristo el que te obliga a responder con amor. Tu crecimiento en Cristo está asegurado si le perteneces. De lo contrario, los matrimonios se esfuman, desgastados por demasiadas peleas y muy poca esperanza de algún cambio. En cambio, recuerda Su promesa de que «el que comenzó tan buena obra en ustedes la irá perfeccionando hasta el día de Cristo Jesús» (Fil. 1:6).

Reflexión:

¿Es el motivo del cambio complacer a tu Salvador? ¿O es una forma de aprovechar el terreno moral en tu matrimonio para manipular a tu cónyuge?

Oración:

Medita en Filipenses 1:6 hasta que tengas una esperanza gozosa para tu futuro y el futuro de tu matrimonio. Entonces agradece por ello.

¿DE DÓNDE VINO EL MATRIMONIO?

DÍA 121

Por eso el hombre deja a su padre y a su madre, y se une a su mujer, y los dos se funden en un solo ser [...]. Lamec tuvo dos mujeres. Una de ellas se llamaba Ada, y la otra Zila (Gén. 2:24; 4:19).

Anteriormente en este libro exploramos los propósitos del matrimonio. Los cuales incluyen compañía alegre y profunda, unidad a través de la diferencia, procreación, todo a través de un pacto exclusivo que sirve como señal de la salvación de Cristo a través del sacrificio. Solo en este contexto pueden tener sentido las diversas prohibiciones de la Biblia (contra la poligamia y el adulterio, el divorcio injustificado, la homosexualidad o el sexo fuera del matrimonio). Muchos leen el Antiguo Testamento y piensan que es compatible con la poligamia. Pero Génesis comienza la historia con Dios dándoles a Adán y Eva solo el uno al otro. Los dos se vuelven uno; no hay espacio para otro. Y la primera persona en la Biblia en tomar dos esposas, Lamec, es un hombre violento (Gén. 4:23). Cada lugar en Génesis donde vemos la poligamia resulta en miseria. Y Jesús mismo dice en Mateo 19:4-8 que la intención de Dios al principio era que «dos llegarán a ser un solo cuerpo» (vv. 5-6). El mensaje de la Biblia es claro. La monogamia no es una idea occidental, es bíblica.

Reflexión:

Considera las historias de Abraham y Jacob en Génesis, y de Ana en 1 Samuel 1. ¿Cómo viola la poligamia los propósitos bíblicos del matrimonio?

Oración:

Señor, evita que entregue mi corazón a otras cosas de tal forma que puedan perjudicar mi intimidad, amistad y confianza con mi cónyuge. Amén.

EL SEÑOR COMO TESTIGO

DÍA 122

Otra cosa que ustedes hacen es inundar de lágrimas el altar del Señor; lloran y se lamentan porque él ya no presta atención a sus ofrendas ni las acepta de sus manos con agrado. Y todavía preguntan por qué. Pues porque el Señor actúa como testigo entre tú y la esposa de tu juventud, a la que traicionaste, aunque es tu compañera, la esposa de tu pacto
(Mal. 2:13-14).

Una forma de frustrar los propósitos de Dios para el matrimonio es a través del divorcio innecesario. En las naciones vecinas, el matrimonio era un contrato legal entre los dos cónyuges, presenciado por funcionarios.[1] Pero los israelitas entendieron que era un pacto con el Señor como testigo. Cada socio primero juró lealtad al Dios del pacto, y este compromiso «vertical» hizo que el compromiso horizontal entre ellos fuera aún más vinculante. Esto creó una relación matrimonial única en la antigüedad. «La palabra compañero [...] usada en masculino para hablar de un amigo cercano [...] se usa solo aquí para hablar de una esposa».[2] El pacto con Dios hizo que el vínculo conyugal fuera más íntimo, y su ruptura más grave.

Reflexión:

¿Por qué sería posible una amistad más íntima mediante un compromiso y una confianza más profunda?

Oración:

Señor, como nuestro amigo, tú entregaste tu vida por nosotros (Juan 15:13). Así que ayúdame a entregar con gusto mis intereses egoístas, comodidades y muchas de mis metas mientras trato de amar a mi cónyuge como tú me amaste. Amén.

---

[1] Joyce G. Baldwin, *Haggai, Zechariah and Malachi: An Introduction and Commentary* [El libro de Hageo, Zacarías y Malaquías: Introducción y comentario] vol. 28, *Tyndale Old Testament Commentaries* (Downers Grove, IL: InterVarsity Press, 1972), 260-61.

[2] Baldwin, Haggai, Zechariah and Malachi, 260-61.

INJUSTICIA

DÍA 123

¿Acaso no hizo el Señor un solo ser, que es cuerpo y espíritu? Y ¿por qué es uno solo? Porque busca descendencia dada por Dios. Así que cuídense ustedes en su propio espíritu, y no traicionen a la esposa de su juventud. «Yo aborrezco el divorcio —dice el Señor, Dios de Israel—, y al que cubre de violencia sus vestiduras», dice el Señor Todopoderoso (Mal. 2:15-16).

La primera razón por la cual el divorcio es tan grave es que rompe un pacto con Dios. Aquí hay dos razones más. Uno de los propósitos del matrimonio es la «descendencia piadosa», niños que crecen para conocer, servir y disfrutar al Señor. Los hijos del divorcio tienen resultados psicológicos y sociológicos negativos dos a tres veces más frecuentemente, esta es una razón para evitar el divorcio.[1] La tercera razón es que el divorcio comete injusticia contra tu pareja. El texto literalmente dice que el divorcio «cubre de violencia sus vestiduras». Romper una promesa de matrimonio es un acto de violencia contra tu cónyuge. A pesar de las excepciones (ver los días siguientes), el matrimonio estaba destinado a ser para toda la vida.[2] Debemos permanecer casados por amor a Dios, por el bien de los hijos y por el bien de tu cónyuge.

Reflexión:

Esto parece apoyar «permanecer juntos por el bien de los niños». ¿Qué tipo de «permanecer juntos» sería bueno y qué tipo sería malo?

Oración:

Señor, quiero agradecerte por ser paciente conmigo y fiel a mí, aunque siempre he sido una esposa espiritual muy imperfecta para ti. Amén.

---

[1] W. Bradford Wilcos, «The Evolution of Divorce» [«La evolución del divorcio»] en National Affairs, Primavera 2009, https://www.nationalaffairs.com/publications/detail/the-evolution-of-divorce.

[2] Pieter A. Verhoef, *The Books of Haggai and Malachi, The New International Commentary on the Old Testament* [El libro de Hageo y Malaquias, El comentario internacional del Antiguo Testamento], (Grand Rapids, MI: Eerdmans Publishing Co., 1987), 281.

DÍA 124

Algunos fariseos se le acercaron y, para ponerlo a prueba, le preguntaron:
—¿Está permitido que un hombre se divorcie de su esposa por cualquier motivo?
—¿No han leído —replicó Jesús— que en el principio el Creador «los hizo hombre y mujer», y dijo: «Por eso dejará el hombre a su padre y a su madre, y se unirá a su esposa, y los dos llegarán a ser un solo cuerpo»? Así que ya no son dos, sino uno solo. Por tanto, lo que Dios ha unido, que no lo separe el hombre. Le replicaron:
—¿Por qué, entonces, mandó Moisés que un hombre le diera a su esposa un certificado de divorcio y la despidiera?
—Moisés les permitió a ustedes divorciarse de sus esposas por lo obstinados que son —respondió Jesús—. Pero no fue así desde el principio. Les digo que, excepto en caso de inmoralidad sexual, el que se divorcia de su esposa, y se casa con otra, comete adulterio (Mat. 19:3-9).

EL PRIMER MOTIVO PARA EL DIVORCIO

La Biblia permite motivos de divorcio. Jesús dice que el matrimonio fue instituido por Dios como permanente, pero reconoció las leyes de divorcio de Moisés debido a que «la dureza de sus corazones» provocó condiciones en las que estaba justificado. La primera condición es el adulterio. Dios diseñó el sexo como un acto de pacto, como una forma de significar y fortalecer la entrega de la vida de una persona a otra. Así que tener sexo con alguien más es convertirse en «una sola carne» con ellos (comp. 1 Cor. 6:16). Eso rompe la unión de «una sola carne» con tu cónyuge, liberando a la parte que ha sido perjudicada para divorciarse y volverse a casar.[1] Una visión tan solemne del adulterio parece anticuada hoy, pero el divorcio era aún más fácil en los días de Jesús, por lo que la enseñanza era tan radical entonces como lo es ahora.

Reflexión:

¿Cómo le responderías a un amigo casado, al decirte que ha tenido una breve aventura, «pero fue solo una vez, no significó nada»?

Oración:

Señor, por favor, ayúdame a proteger mis ojos y pensamientos al recordar la naturaleza solemne del sexo y el adulterio. Amén.

[1] R. T. France, *The Gospel of Matthew, The New International Commentary on the New Testament* [El Evangelio de Mateo, El nuevo comentario internacional del Nuevo Testamento], (Grand Rapids, MI: Eerdmans Publishing Co., 2007), 721. Véase también el artículo de John Murray, «Divorce and Remarriage», disponible en https://www.the-highway.com/divorce_Murray.html.

EL SEGUNDO MOTIVO PARA EL DIVORCIO

DÍA 125

A los demás les digo yo (no es mandamiento del Señor): Si algún hermano tiene una esposa que no es creyente, y ella consiente en vivir con él, que no se divorcie de ella. Y, si una mujer tiene un esposo que no es creyente, y él consiente en vivir con ella, que no se divorcie de él. Porque el esposo no creyente ha sido santificado por la unión con su esposa, y la esposa no creyente ha sido santificada por la unión con su esposo creyente. Si así no fuera, sus hijos serían impuros, mientras que, de hecho, son santos. Sin embargo, si el cónyuge no creyente decide separarse, no se lo impidan. En tales circunstancias, el cónyuge creyente queda sin obligación; Dios nos ha llamado a vivir en paz (1 Cor. 7:12-15).

Este es el segundo de los dos motivos de divorcio que permite la Biblia. Pablo dice que, si un cristiano se encuentra casado con un no cristiano, no deben divorciarse (vv. 12-13). Pero luego pregunta: ¿qué pasa si un cónyuge insiste en abandonar el matrimonio? ¿Puede el que ha quedado divorciado volverse a casar? La respuesta es sí; son libres y «no están obligados». Históricamente, la «deserción voluntaria» ha sido vista como un segundo motivo para el divorcio.[1] Muchos han concluido que un cónyuge que se involucra en abuso físico también puede verse como que está iniciando una separación y, por lo tanto, constituye un motivo para el divorcio.[2] Cualquiera que contemple el divorcio nunca debe hacer esto a la ligera, sino que debe obtener un buen consejo de creyentes maduros que lo lleven a la reflexión.

Reflexión:

Este motivo de divorcio no es tan fácil de definir como el adulterio. Piensa en las áreas grises: comportamientos que podrían o no considerarse «irse» o «deserción». ¿Ves por qué es importante no tomar esta determinación por ti mismo?

Oración:

Señor, el divorcio nunca puede ser considerado o celebrado sin buscar sabiduría y discernimiento. Has que nuestras iglesias sean lugares donde las personas que están considerando o pasando por un divorcio obtengan sabiduría, amor y ayuda, no indiferencia o rechazo. Amén.

---

[1] Véase *Confesión de fe de Westminster*, Capitulo 24, «Sobre el matrimonio y el divorcio», que dice: «Nada sino el adulterio o la decersión obstinada que no puede ser remediada, ni por la Iglesia ni por el magistrado civil, es causa suficiente para dissolver los lazos del matrimonio», (Mat. 19:8-9; 1 Cor. 7:15; Mat. 19:6).

[2] Véase «The Westminster Divines on Divorce for Physical Abuse». Este texto examina si el abuso físico de un cónyuge puede ser considerado como una «decersión obstinada». Después de ciertos requisitos, concluye que sí puede. https://docs.google.com/viewer?url=http%3A%2F%2Fwww.pcahistory.org%2Fpca%2F2-267.doc

DÍA 126

Durante el reinado del rey Josías el Señor me dijo: «¿Has visto lo que ha hecho Israel, la infiel? Se fue a todo monte alto, y allí, bajo todo árbol frondoso, se prostituyó [...] y vio también que yo había repudiado a la apóstata Israel, y que le había dado carta de divorcio por todos los adulterios que había cometido. No obstante, su hermana, la infiel Judá, no tuvo ningún temor, sino que también ella se prostituyó (Jer. 3:6,8).

DIVORCIO Y REDENCIÓN

El matrimonio debe ser permanente, por lo que el divorcio es una decisión muy solemne. Esto podría llevar a las personas divorciadas a sentir que han sido permanentemente deshonradas. Pero en este versículo Dios tiene la audacia de llamarse a sí mismo una persona divorciada. ¡Los justos que no quieren tener nada que ver con personas divorciadas deberán evitar a Dios! Pero podrías preguntarte, ¿qué pasaría si yo fuera el culpable de mi divorcio? Nada en la Biblia indica que el divorcio sea un pecado imperdonable. Y nunca subestimes el poder redentor de Dios para trabajar en una situación complicada. A través del hijo de David y Betsabé, Salomón, Dios trae a Jesucristo al mundo, a partir de una relación que comenzó como un asunto ilícito y condujo al asesinato. Es como si Dios estuviera diciendo: «Me encanta sacar lo bueno de los casos más difíciles».

Reflexión:

Considera cuán diferente es la actitud de la Biblia hacia el divorcio de las culturas occidentales (donde el divorcio se toma a la ligera) y las culturas tradicionales (donde es una desgracia permanente). ¿Por qué la Biblia es tan equilibrada y diferente?

Oración:

Señor, te alabo porque eres Santo y misericordioso, y por lo tanto nos adviertes fuertemente contra el divorcio, pero eres gentil con quienes lo han experimentado. Amén.

UN ÚLTIMO RECURSO

DÍA 127

Dios llama al profeta Oseas para casarse con Gomer, una mujer que le es infiel (Os. 1: 2). Eventualmente, ella se convierte en esclava sexual de otro hombre, pero Dios le ordena a Oseas que no la abandone y entonces él la compra de vuelta al hombre que la posee, y la lleva a casa, buscando restaurar el matrimonio. ¿Qué nos muestra esto? Incluso en el caso del adulterio, Dios no ordena el divorcio. Significa que, incluso un matrimonio aparentemente roto más allá de los conflictos a veces puede ser restaurado. Al unir los devocionales de ayer y de hoy, la Biblia no podría dejar de tener mayor sentido. Busca con todas tus fuerzas salvar tu matrimonio, pero si no puede salvarse, no pienses que tu vida se descarriló permanentemente.

Reflexión:

Trabaja para salvar la situación con todas tus fuerzas, pero debes estar en paz si no puedes. ¿A qué otras áreas de la vida puedes aplicar este principio?

Oración:

Señor, gracias porque me amas continuamente, a pesar de que constantemente pongo mi corazón en otras cosas y las amo más que a ti. Ayúdame a ver esto por lo que es, el adulterio espiritual, y gracias por amarme a pesar de ello. Amén.

Me habló una vez más el Señor, y me dijo: «Ve y ama a esa mujer adúltera, que es amante de otro. Ámala como ama el Señor a los israelitas, aunque se hayan vuelto a dioses ajenos y se deleiten con las tortas de pasas que les ofrecen». Compré entonces a esa mujer por quince monedas de plata y una carga y media de cebada, y le dije: «Vas a vivir conmigo mucho tiempo, pero sin prostituirte. No tendrás relaciones sexuales con ningún otro hombre. ¡Ni yo te voy a tocar!» (Os. 3:1-3).

DÍA 128

Desinterés generado por el espíritu […] [es] olvidarte de ti mismo y darte cuenta de que en Cristo tus necesidades serán satisfechas […] que no ves a tu cónyuge como tu salvador […] [y] cuando hagas eso, descubrirás a veces una sensación inmediata de liberación, de despertar de un sueño inquietante. Ves cuán mezquino estabas siendo, cuán pequeño es el problema a la luz de una perspectiva más amplia. Una vez más, las personas que dejan de concentrarse en lo infelices que son encuentran que su felicidad está creciendo (pág. 73).

DOS CONCEPTOS DE FELICIDAD

La palabra griega *eudaimonia* (literalmente «buen espíritu») generalmente se traduce como «felicidad». Pero los estudiosos nos dicen que sería mejor traducirla como «floreciente» porque los antiguos concibieron la felicidad de una manera completamente diferente a la nuestra. La felicidad no era vista como hacer lo que quisieras, sino como una adaptación de tu vida a la naturaleza de la realidad, así como una trucha solo es «feliz» cuando está en el agua en lugar de estar en el aire, o un petirrojo solo es «feliz» cuando está en el aire y no bajo el agua. La «felicidad» del matrimonio solo nos llega cuando servimos. En una revisión de la película final de Marvel, *Avengers: Endgame*, uno de los guionistas dijo que la capacidad de sacrificarse por el deber es el verdadero heroísmo, no los superpoderes.[1]

Reflexión:

¿Qué superpoder te gustaría tener? ¿Qué sacrificios necesitas hacer para ser un héroe en tu matrimonio?

Oración:

Piensa en las formas en que las dificultades en tu matrimonio te han llevado a una mayor felicidad. Entonces agradece a Dios por ellas.

[1] David Itzkoff, «Avengers: Endgame: The Screenwriters Answer Every Question You Might Have» [«Avengers: Endgame: Los Guionistas responden cada pregunta que podrías imaginar»], *The New York Times*, 29 de abril, 2019, https://www.nytimes.com/2019/04/29/movies/avengers-endgame-questions-and-answers.html.

UN NUEVO COMIENZO

DÍA 129

Un niño adoptado deja atrás viejas formas de pensar y comportarse para convertirse en miembro de una nueva familia. Habiendo sido adoptados en la familia de Dios, debemos dejar nuestro viejo equipaje en la puerta de nuestro nuevo hogar en Cristo. Nuestras viejas preferencias, esperanzas, sueños, miedos y odios deben dejarse atrás. Deberíamos caminar con las manos vacías, confiando en que lo que Dios tiene para nosotros es mejor que cualquier cosa que hayamos abandonado. C. S. Lewis dijo que somos como niños jugando en nuestros charcos de lodo cuando nos han ofrecido unas vacaciones en la orilla de la playa. Nos gusta lo que conocemos y no confiamos en lo que nunca hemos visto, pero solo Dios puede ofrecernos un gozo eterno y sólido.

Reflexión:

¿Qué equipaje has arrastrado a tu matrimonio que creías que te haría feliz, pero que en realidad es una fuente de infelicidad? Ambos piensen en una respuesta y luego discutan entre ustedes.

Oración:

Medita en 2 Corintios 5:17, que en Cristo somos una nueva creación, la antigua ha fallecido. Pídele a Dios que te muestre a qué patrones antiguos de pensamiento, sentimientos y comportamiento puedes estar aferrándote, y el daño que le están haciendo a tu matrimonio.

¿Qué es lo que más te motiva y te mueve? ¿Es el deseo de éxito? ¿La búsqueda de algún logro? ¿La necesidad de demostrar tu valor ante tus padres? ¿La necesidad de respeto de tus compañeros? ¿Estás impulsado en gran medida por la ira contra alguien o algunas personas que te han perjudicado? Pablo dice que, si alguna de estas cosas son influencias de control más grandes en ti que la realidad del amor de Dios por ti, no estarás en condiciones de servir a los demás desinteresadamente (pág. 75).

DÍA 130

Ella estaba equivocada al buscar su autoestima a través del afecto masculino. Pero ahora, […] le piden que considere su carrera e independencia personal como una forma de sentirse bien consigo misma […]. Así que dijo […] «¿No estaría así tan devastada por las rupturas de mi carrera como por las románticas? No. Descansaré en la justicia de Cristo […]. Entonces podré mirar a los hombres o a la carrera laboral y decir: «Lo que me hace bella para Dios es Jesús, no estas cosas» (págs. 76-77).

CHARLAR CON UNO MISMO

Uno de los secretos del autocontrol es darse cuenta de que tus emociones no son respuestas a las situaciones, sino que son creadas por lo que tú mismo dices y crees sobre la situación. Si alguien con quien estás saliendo te abandona y te dices a ti mismo: «Debe haber algo mal en mí», tu emoción es tristeza; pero si tu diálogo interno es: «¡No tiene derecho a hacer eso!», el mismo incidente producirá enojo. Enséñate a ti mismo a hablar contigo mismo. El salmista habla a su propio corazón una y otra vez: «Alaba, alma mía, al Señor, y no olvides ninguno de sus beneficios» (Sal. 103:2).[1] Si no le hablamos a nuestros corazones, diciéndoles la verdad de Dios, nuestros corazones. Nos seguirán llamándo como vendedores telefónicos, diciéndonos que no hay esperanza. Aprende a valorar lo que Dios valora, aprende a comprender Su Palabra y ten una profunda comunión con Él en oración.

Reflexión:

¿Oran juntos? ¿Comparten ideas entre ustedes de su estudio bíblico? ¿Por qué si o por qué no?

Oración:

Medita en Marcos 1:35 y su contexto, en el que Jesús, en el apogeo de su ministerio y las intensas demandas de Su tiempo, se levanta temprano para pasar tiempo en oración. Considera cómo el Hijo de Dios no pensó que podía pasar un día sin oración. Ahora ora a Dios sobre tu vida de oración, sea cual sea su condición.

[1] Véase también Salmos 42:5-6,11; 43:5; 103:1, 22; 104:1, 35; 116:7; 146:1.

TODOS ADORAN

DÍA 131

Alexander Schmemann escribió que incluso las personas más ateas son *homo adorans*, seres adoradores.[1] Debemos adorar, centrar nuestras vidas y basar nuestro significado y valor en algo. En su famoso discurso, David Foster Wallace afirma lo mismo, diciendo «si adoras el dinero y las cosas […], si están siendo tu mayor significado en la vida, nunca tendrás suficiente». Incluye la belleza sexual, el poder y los logros artísticos e intelectuales como otros objetivos inadecuados de adoración. Nuestra cultura dice «vive tu propia verdad», pero estos dioses sustitutos «te comerán vivo». Él concluye: «El tipo de libertad realmente importante implica […] poder preocuparse por otras personas y sacrificarse por ellas una y otra vez de innumerables maneras mezquinas y poco atractivas todos los días. Esa es la verdadera libertad».[2] Correcto. Solo adorar al Dios real puede darte eso.

Reflexión:

Hemos estado diciendo que no podemos buscar en nuestro matrimonio lo que solo Dios puede dar. Pero no tendremos un buen matrimonio si cualquiera de los cónyuges está buscando algún sustituto de Dios. Hablen entre ustedes sobre qué cosas en este mundo pueden convertirse en sustitutos de Dios para ustedes.

Oración:

Medita en 1 Juan 5:21 y pídele a Dios que evite que tu corazón descanse en ídolos.

Pero cada uno de nosotros llega al matrimonio con un ser interno desordenado […]. Muchos de nosotros hemos tratado de superar las dudas sobre nosotros mismos al entregarnos a nuestras carreras laborales. Eso significa que elegiremos nuestro trabajo por encima de nuestro cónyuge y nuestra familia en detrimento de nuestro matrimonio. Otros de nosotros esperamos que el afecto y la afirmación interminables de una hermosa y brillante pareja romántica finalmente nos hagan sentir bien con nosotros mismos. Eso convierte la relación en una forma de salvación, y ninguna relación puede estar a la altura de eso (pág. 79).

[1] Alexander Schmemann, «Worship in a Secular Age» [«Adorar en una época secular»], un capítulo de For the Life of the World: Sacraments and Orthodoxy [Para la vida del mundo: sacramentos y ortodoxia], (Crestwood, NY: St. Vladimir's Press, 1970), http://jean.square7.ch/wolfcms/public/SyndesmosTexts/Text_34_Schmemann-Secular%20Age.pdf.

[2] La información se puede encontrar en https://web.ics.purdue.edu/~drkelly/DFWKenyonAddress2005.pdf

REORDENADO AMORES

DÍA 132

Solo Dios puede llenar un vacío del tamaño de Dios. Hasta que Dios tenga el lugar adecuado en mi vida, siempre me quejaré de que mi cónyuge no me ama lo suficiente, no me respeta lo suficiente, no me apoya lo suficiente. Ahora, todas estas cosas pueden ser ciertas, pero no podré decirlo con amor ni servir a mi cónyuge al hacerlo, si el amor de Dios no es una realidad en mí (pág. 80).

San Agustín definió el pecado como «amor desordenado». El pecado de la cobardía es amar tu propia seguridad más que el bien de otra persona. Mentir es amar tu reputación o ventaja sobre el bien y el derecho de los demás a la verdad. Si amo mi carrera más que a mi familia, lastimaré o incluso perderé a mi familia. Pero el problema final es que amamos cualquier cosa más que a Dios. Si amo a mi cónyuge más que a Dios, entonces espero que él o ella me brinde el tipo de amor constante, perfecto e incondicional que solo Dios puede dar. Si no amo a Dios más que a mi cónyuge, no lo amo por su bien. Lo estoy usando para satisfacer mis necesidades, lo que es principalmente por mi bien. Sólo hay una solución. Haz todo lo posible para proporcionar «acceso a sus corazones por el amor de Aquel que es más grande que el mundo».[1]

Reflexión:

Haz un autoexamen. ¿Alguno de tus amores está «fuera de orden»? Piensa en el dicho «Lo bueno es enemigo de lo mejor». ¿Hay cosas buenas que amas demasiado en comparación con otras cosas?

Oración:

Considera las formas en que el Señor es «más grande que el mundo» y pídele que convenza tu corazón, no solo tu mente, de que esto es así.

[1] Thomas Chalmers (1780--1847), «The Expulsive Power of a New Affection» [«El poder explosivo de los nuevos afectos»], https://www.monergism.com/thethreshold/sdg/Chalmers,%20Thomas%20%20The%20Exlpulsive%20Power%20of%20a%20New%20Af.pdf

UNA CLAVE PARA CAMBIAR

DÍA 133

A los cristianos se les dice que, si conocieran la gracia y el amor de Dios lo suficiente, serían liberados para perdonar, amar, cambiar y crecer. ¿Pero cómo haces eso? La respuesta es que Jesús debe «cautivar nuestra mente». Piensa en cómo sucede eso con un libro, música o una película que nos cautiva. Volvemos a él una y otra vez para disfrutarlo. Lo pensamos, lo tarareamos o lo revivimos mientras caminamos. También conseguimos que otros participen. Ver una película favorita con alguien que nunca la ha visto es descubrirla nuevamente. Ahora toma los Evangelios sobre Jesús y enamórate de Él. Las herramientas son la oración privada y en compañía, la lectura de la Biblia y la alabanza.

Reflexión:

Se específico. ¿Cómo puede Jesús cautivar tu mente para que Su amor sature tu interior? ¿Qué puedes hacer con la oración y la lectura que te ayuden?

Oración:

Pídele: «Señor Jesús, conviértete en una realidad viva y brillante».[1]

¿Cuál [...] sería el efecto, si tuviéramos que profundizar tanto en las promesas y en los llamados [de Jesús], en sus consejos y estímulos, que ellos dominaran nuestra vida interior, capturando nuestra imaginación? [...]. Cuando recibas críticas, nunca serás aplastado, porque el amor y la aceptación de Jesús por ti estarán tan profundamente presentes. Cuando hagas críticas, serás gentil y paciente, porque todo tu mundo interior estará saturado por un sentido del amor de Jesús (págs. 81-82).

[1] Esto se basa en la primera línea del himno de Charlotte Elliott (1780-1871): «Oh Jesús, hazte a mí / Una realidad viva y brillante / Más presente en la visión de la fe aguda / Que cualquier objeto terrenal visto / Más querido, más íntimamente cerca / entonces el lazo terrenal más cercano».

DÍA 134

AMORES DESORDENADOS

Es posible sentir que estás «locamente enamorado» de alguien, cuando en realidad es solo una atracción por alguien que puede satisfacer tus necesidades y abordar las inseguridades y dudas que tienes sobre ti mismo. En ese tipo de relación exigirás y controlarás, en lugar de servir y dar. La única forma de evitar sacrificar constantemente la alegría y la libertad de tu pareja por tus necesidades, es acudir al mayor amante de tu alma [...], quien se sacrificó voluntariamente en la cruz (pág. 83).

Por supuesto, ambos cónyuges deben satisfacer las necesidades del otro. Pero ¿cuáles son las señales de que estás utilizando principalmente a una persona para afirmarte y superar tus dudas sobre ti mismo en lugar de amar y servir por bien de la otra persona? Una mala señal es que no permitirás que la persona tenga días malos, se deprima, o se desanime. Necesitas que la persona esté bien para que pueda estar atenta a ti y no requiera demasiado afecto de tu parte. Otra señal es que tú te sientes demasiado devastado por las críticas de tu cónyuge o respondes con tanta hostilidad que él o ella se retractan. ¿Por qué? Porque necesitas tanto el elogio y la afirmación de tu cónyuge que no puedes soportar su crítica.

Reflexión:

¿Ves estos signos en tu relación con tu cónyuge? Si es así, ¿qué tan fuertes son?

Oración:

Pídele a Cristo que capture tu mente y corazón (lee el devocional de ayer) con Su amor sacrificial por ti.

SENTIMIENTO Y ACCIÓN

DÍA 135

Es simplista decir que el amor es una acción y no un sentimiento en lo absoluto. No deberíamos poner esas dos cosas una contra la otra. Debe haber un profundo afecto y atracción en un matrimonio para que tenga éxito. Sin embargo, los padres saben que el amor significa satisfacer las necesidades de sus hijos incluso cuando no sienten mucho afecto por (lo que parecen ser) los pequeños villanos malagradecidos. Entonces, la esencia o el fundamento del amor es el servicio comprometido al bien de alguien, te guste o no. Podría decirse que es un gran acto de amor hacer cosas por alguien cuando no te gustaría hacerlo. Y es por eso que, el voto matrimonial no es sentirse amoroso sino ser amoroso, pase lo que pase.

Reflexión:

¿Por qué algunos han dicho que el acta de matrimonio podría dañar el amor en lugar de aumentarlo? ¿Qué entendimiento del amor revela eso?

Oración:

Da gracias al Señor que, cuando estaba en la cruz y nos vio negándolo, traicionándolo, burlándonos y abandonándolo, se mantuvo firme. Dale gracias por ese amor tan grande.

[Cuando ella dijo:] «¿Por qué necesitamos un pedazo de papel para amarnos unos a otros? ¡No necesito un pedazo de papel para amarte! Solo complica las cosas» [...], estaba asumiendo que el amor es, en esencia, un tipo particular de sentimiento. Ella decía: «Siento una pasión romántica por ti, y un trozo de papel no mejora eso en absoluto, y puede estropearlo» (págs. 85-86).

DÍA 136

[Cuando] la Biblia habla de amor, principalmente lo mide no por cuánto quieres recibir, sino por cuánto estás dispuesto a dar. ¿Cuánto estás dispuesto a perder por el bien de una persona? ¿Cuánto de tu libertad estás dispuesto a abandonar? ¿Cuánto de tu precioso tiempo, emoción y recursos estás dispuesto a invertir en esta persona? Y para eso, el voto matrimonial no solo es útil, sino que incluso es una prueba (pág. 86).

DOS TIPOS DE LIBERTAD

La comprensión moderna de la libertad es así. «Debería ser libre de vivir como yo elija, siempre y cuando no dañe ni restrinja la libertad de los demás». En otras palabras, cuantas menos restricciones a nuestra independencia, más libres somos. Llamemos a esto libertad «negativa». Pero esa definición de libertad tiene una colisión frontal con los requisitos de cualquier relación de amor. Cuanto más estrecha sea la relación, más deben tomar decisiones y hacer cosas juntos, no de forma independiente. Sin embargo, cuanto más abandones tu libertad negativa, más podrás experimentar una libertad positiva, una plenitud interna de amor y satisfacción que te libera de los miedos, las dudas y la tristeza. Renuncias a una libertad más baja para ganar una mejor.

Reflexión:

Haz un inventario de ti y de tu matrimonio respondiendo las tres preguntas en la cita anterior.

Oración:

Medita en cuánto Cristo estaba dispuesto a perder para ganar una relación con nosotros. Luego pídele ayuda para devolverle ese tipo de amor a tu cónyuge.

¿SOLO UN TROZO DE PAPEL?

DÍA 137

En un *podcast*, una mujer que había leído *El significado del matrimonio* argumentó que la última línea de la cita anterior era injusta. Ella y su novio vivían juntos, no tenían intención de casarse y querían que su amor fuera completamente voluntario, no forzado por un papel legal. Aquí nuevamente vemos que la gente moderna piensa en el amor en términos emocionales, casi totalmente subjetivos. Solo te amo si te deseo y siento amor por ti en este momento. Pero tomar los votos es en realidad una forma de decir: «Te amo lo suficiente como para unirme a ti a través de los altibajos de los sentimientos y las circunstancias». Escuchar a alguien hacer tal promesa es sentirse firme y seguro en el amor de su cónyuge, y a salvo de los caprichos de los sentimientos cambiantes.

Reflexión:

¿Crees que la última línea de la cita anterior es injusta? ¿Por qué si o por qué no?

Oración:

Piensa en cómo Jesús «cerró sus opciones» para salvarnos y amarnos (Fil. 2:4 y ss.) Agradécele por ello.

En muchos casos, cuando una persona le dice a otra: «Te amo, pero no lo arruinemos casándonos», esa persona realmente quiere decir: «No te amo lo suficiente como para cerrar todas mis opciones». En otras palabras, la persona dice: «No te amo lo suficiente como para casarme contigo». Decir: «No necesito un pedazo de papel para amarte» es básicamente decir: «Mi amor por ti no ha alcanzado el nivel de matrimonio» (pág. 86).

DÍA 138

La comprensión bíblica del amor no excluye la emoción profunda. De hecho, cualquier matrimonio desprovisto de pasión y deseo emocional el uno por el otro no está cumpliendo la visión bíblica. Pero la Biblia no coloca el amor romántico en contra de la esencia del amor, que es el compromiso sacrificial por el bien del otro (pág. 86).

PLACER Y SERVICIO

En la antigüedad se hablaba de dos tipos de amor. Existía el amor de la benevolencia, que era un compromiso de servir activamente por el bien de alguien, independientemente de cómo nos sintiéramos por ellos en ese momento. Estaba el amor de «complacencia», que consistía en tener una gran alegría y placer en alguien. Cuando nos casamos, es nuestro amor de placer, lo que nos lleva a hacer una promesa solemne de servicio y amor.[1] Pero debido a que nuestros sentimientos aumentan y disminuyen, es nuestro amor de servicio que nos mantiene cerca y continuamente renueva nuestro placer y amor. Ya que Jesús nos ordena amar a nuestro prójimo (y es posible que quiera decir que siempre nos debe caer bien nuestro prójimo), el amor de la benevolencia es quizás más central en la idea bíblica del amor. Pero en el matrimonio, las acciones y los sentimientos son mutuamente interdependientes.

Reflexión:

¿Has visto esta dinámica entre los dos aspectos del amor en tu propio matrimonio?

Oración:

Gracias a Dios que Cristo no solo nos ama y nos da lo que necesitamos, sino que se deleita en nosotros (Sal. 149:4). Deja que esto profundice en tu ser.

[1] Thomas Chalmers (1780-1847), «The Expulsive Power of a New Affection», https://www.monergism.com/thethreshold/sdg/Chalmers,%20Thomas%20%20The%20Exlpulsive%20Power%20of%20a%20New%20Af.pdf

EL SEXO COMO REGALO

DÍA 139

Ayer hablamos de dos aspectos del amor: amor de servicio y amor de placer. Tanto en la crianza de los hijos como en el matrimonio, es imposible mantener una relación a largo plazo, sana y amorosa sin ambos. Son mutuamente dependientes. Es difícil para los adultos jóvenes ver que estos dos aspectos del amor son necesarios también para una relación sexual a largo plazo. Se cree que es casi hipócrita tener relaciones sexuales si no estás lleno de deseo, pero ¿por qué? ¿Por qué no puedes entregarte voluntariamente a tu cónyuge como un regalo genuino aun cuando, por diferentes razones, no tienes mucho deseo físico o emocional? Algunas veces el sexo puede ser más de un aspecto que de otro, pero ambos son actos genuinos de amor.

Reflexión:

Si tu cónyuge dijera: «No tengo deseo de tener sexo, pero quiero amarte, así que vamos a la cama», ¿te ofendería?

Oración:

Pídele a Dios que te dé un corazón de siervo en cada aspecto de tu matrimonio.

La gente moderna piensa en el amor en términos tan subjetivos que, si hay algún deber involucrado, se considera poco saludable […]. Si no vas a hacer el amor a menos que estés en un estado de ánimo romántico al igual que tu cónyuge, entonces el sexo no ocurrirá con tanta frecuencia. Esto puede amortiguar y apagar el interés de tu pareja por el sexo, lo que significa que habrá aún menos oportunidades. Si nunca tiene relaciones sexuales a menos que haya una gran pasión mutua, habrá cada vez menos momentos de pasión mutua (pág. 87).

DÍA 140

MOTIVOS PARA EL SEXO

Fuera del matrimonio, el sexo va acompañado de un deseo de impresionar o atraer a alguien. Es algo así como la emoción de la cacería. Cuando buscas atraer a alguien que no conoces, inyecta riesgo, incertidumbre y presión a la relación sexual que acelera los latidos del corazón y agita las emociones. «Si el buen sexo» se define de esta manera, entonces el matrimonio [...] sofocará ese tipo particular de emoción. Pero esto define erotismo sexual en términos que serían imposibles de mantener en cualquier caso (pág. 82).

La actividad sexual a menudo puede ser una máscara para otras cosas, como los ídolos más fundamentales. Algunas personas hacen un ídolo de la aprobación humana: sienten que «si a otros les gusto, entonces sé que soy una persona que vale la pena». Ser capaz de atraer a alguien a un enlace sexual convence a esa persona de que está aprobada. Otros se convierten en un ídolo por el poder: sienten que «si puedo controlar a los demás, sé que soy una persona que vale la pena». Para esa persona, poder atraer a alguien al sexo da una sensación de conquista, de poder. Pero observa cómo estas son dos formas de usar a la pareja sexualmente para tu propio beneficio emocional. Aquí el sexo se trata de tomar en lugar de dar.

Reflexión:

Usar a una pareja sexual para esto fuera del matrimonio es bastante normal, quizás incluso inevitable. ¿Pero puede suceder esto dentro del matrimonio?

Oración:

Pídele a Dios que te ayude a reflejar tu propio amor en tu vida sexual íntima con tu cónyuge.

SEXO Y RENDIMIENTO

DÍA 141

Transmitir amor de cualquier manera requiere habilidad. Todos hemos tratado de expresar nuestro amor en palabras y sentimos que nos hemos quedado cortos. El amor sexual no es diferente. En el sexo queremos dar placer a la otra persona y eso requiere un conocimiento tanto de su temperamento particular como de su cuerpo. Pero en nuestra cultura, el sexo ha pasado de ser una habilidad íntima a una actuación. Las parejas no esperan comenzar siendo bastante torpes, riéndose de sí mismos, y luego crecer y aprender juntos. En cambio, quieren saber si tienen inmediatamente «química sexual». El sexo tiene que ser excelente al instante, y eso es una enorme presión. Fuera de un pacto matrimonial, el sexo se convierte en un encuentro ansioso en lugar de una cuna de seguridad en nuestro momento de mayor vulnerabilidad.

[En el sexo, los objetivos son] ser vulnerables el uno al otro, darse el uno al otro el don de regocijarse con la cara descubierta el uno al otro, y conocer el gozo de darse placer el uno al otro [...]. Sí, a menudo significa hacer el amor [...] aun cuando no «estas de ánimo». Pero el sexo en un matrimonio, hecho para dar alegría en lugar de impresionar, puede cambiar tu estado de ánimo en el acto. El mejor sexo hace que desees llorar de alegría, no disfrutar del brillo de una buena actuación (pág. 88).

Reflexión:

¿Cómo la experiencia del sexo antes del matrimonio enseña hábitos que no te preparan para la experiencia dentro del convenio del matrimonio?

Oración:

Pídele a Dios que te proteja del énfasis de la cultura en el sexo como actuación y que, en cambio, esté basado en la visión bíblica del sexo como entrega de ti mismo.

DÍA 142

Es posible ver el matrimonio como una mera transacción social, una forma de cumplir con tu deber con la familia, la tribu y la sociedad. Las sociedades tradicionales dan a la familia el máximo valor en la vida, por lo que el matrimonio se convierte en una transacción que ayuda a los intereses de tu familia […]. Las sociedades occidentales contemporáneas hacen de la felicidad del individuo lo más importante, por lo que el matrimonio se convierte en una experiencia de satisfacción romántica (pág. 89).

¿IZQUIERDA O DERECHA?

Los liberales consideran que tu dinero pertenece en gran medida al estado y que la pobreza se debe estrictamente a las estructuras sociales. Los conservadores ven tu dinero como algo que te pertenece por completo, y si tú eres pobre, es tu culpa y de nadie más. La Biblia dice, en cambio, que todo tu dinero proviene de Dios y le pertenece. Este no es un punto intermedio entre las opciones mundiales de izquierda y derecha. Proverbios nos dice que la pobreza puede ser causada tanto por la injusticia y la opresión (13:23) como por la pereza y la irresponsabilidad (24:33–34). Del mismo modo, las sociedades tradicionales hacen un absoluto de los intereses de la familia sobre las necesidades individuales, y las sociedades modernas hacen que la elección individual tenga el valor más alto. Tanto las necesidades de la familia como las del individuo son consideradas significativas por la Biblia, pero ninguna de ellas es definitiva.

Reflexión:

¿De qué manera el relato bíblico aborda las preocupaciones de ambas culturas y critica a cada cultura como fundamentalmente errónea en su visión del matrimonio?

Oración:

Ora para que los cristianos en tu país estén más influenciados por la Biblia que por las opciones políticas seculares.

¿QUIÉN ERES TÚ?

DÍA 143

Las sociedades tradicionales ven el matrimonio como el cumplimiento de un deber que tienes que realizar para tu tribu y familia. El amor romántico es secundario y opcional. En cambio, la sociedad contemporánea ve el matrimonio como una elección que tú haces solo si (y siempre y cuando) te satisfaga como individuo. La idea del deber es negociable, mientras que el amor romántico es primordial. Cada enfoque está impulsado por la convicción de que la identidad y el valor de uno están arraigados en algo particular. La visión tradicional es que eres quien dice tu comunidad que eres, mientras que la visión moderna dice que eres quien dices que eres. Pero el cristianismo dice que eres quien Dios dice que eres, y tu autoestima debe estar arraigada en Su amor.

Pero la Biblia ve a Dios mismo como lo más importante, y por lo tanto nos da una visión del matrimonio que une íntimamente el sentimiento y deber, la pasión y la promesa. La idea del pacto es [...] que la esencia del matrimonio sea un compromiso de sacrificio para el bien del otro (pág. 86).

Reflexión:

¿Cómo une la visión bíblica el deber y el deseo?

Oración:

Piensa en cómo, en Jesús, se unen tanto el deber como el deseo. Él promete salvarnos por amor, y nunca señala tu deber. Pídele que una esas cosas en tu propio corazón mientras amas a los que te rodean.

DÍA 144

Las relaciones consumistas siempre han existido. Tal relación dura solo mientras el proveedor satisfaga tus necesidades a un costo aceptable para ti [...] [porque tus] necesidades individuales son más importantes que la relación [...]. También las relaciones de pacto han existido siempre [...] [en las cuales] el bien de la relación tiene prioridad sobre las necesidades inmediatas del individuo [...]. La sociedad todavía considera que la relación padre-hijo es de pacto, no una relación de consumo [transaccional] (págs. 89-90).

LA PATERNIDAD COMO MODELO

A veces puedes ver a tu hijo y encontrar que tu corazón estalla de amor, del mismo modo puedes encontrar momentos, mucho más frecuentes, en los que la crianza de los hijos es un trabajo pesado o aburrido. Al menos por el momento, nuestra cultura aún exige que amemos a nuestros hijos de esta manera, incluso cuando ha redefinido el matrimonio para que sea condicional, para que dure solo mientras sea personalmente satisfactorio. Sin embargo, en nuestra paternidad todavía pactada, se nos da una visión interna de cómo funciona ese tipo de amor. Cuando nos «atamos al mástil» (ver día 44) para satisfacer las necesidades de nuestros hijos, esto conduce a un afecto y un amor más profundos. ¿Por qué no podemos aprender a dar amor de pacto a nuestros cónyuges también?

Reflexión:

¿Puedes pensar en algún otro tipo de relación además de la paternidad que nuestra cultura no haya convertido en transaccional?

Oración:

Gracias a Dios por ser un Dios de pacto, que nos amó fielmente incluso cuando no le fuimos fieles.

COSTOS Y BENEFICIOS

DÍA 145

El corazón de una relación transaccional con el consumidor es el cálculo del costo y beneficio. La relación es completamente desechable porque se basa únicamente en las ganancias. Se mantiene solo mientras los beneficios superen el costo para cada parte. Sin embargo, la Biblia presenta el matrimonio como una relación como nuestra relación con Dios (Ef. 5:22 y ss.) Si Dios mantuviera sus relaciones sobre una base de costo-beneficio, todos estaríamos perdidos. Si llevas a cabo el matrimonio en función de los costos y beneficios, nunca tendrás éxito. Y sin embargo, dirías que, a lo largo de la vida, los beneficios del matrimonio superan los costos. Incluso un matrimonio difícil puede llevarte a los brazos de Dios, desarrollar el carácter e impartir otros bienes espirituales invaluables para ti.

Reflexión:

Haz una lista de los bienes «invaluables» a los que tu matrimonio te ha llevado o te ha dado.

Oración:

Da gracias a Dios por la lista anterior que has hecho.

[Hoy] el modelo de consumidor caracteriza cada vez más a la mayoría de las relaciones que históricamente se consideraban pactadas, incluido el matrimonio. Nos mantenemos conectados con las personas siempre que satisfagan necesidades a un costo aceptable para nosotros […]. [Cuando] la relación parece requerir más amor y afirmación de nuestra parte de lo que estamos dando, entonces «cortamos nuestras pérdidas» y abandonamos la relación. [En] «comercialización» […] las relaciones sociales se reducen a relaciones de intercambio económico, por lo que la idea misma de «pacto» está desapareciendo de nuestra cultura (pág. 90).

DÍA 146

[El pacto] del matrimonio tiene fuertes aspectos horizontales y verticales. En Malaquías 2:14, se le dice a un hombre que su cónyuge «es su pareja, la esposa de su alianza matrimonial» (comp. Ezeq. 16:8). Proverbios 2:17 describe a una esposa descarriada que «dejó a la pareja de su juventud e ignoró el pacto que hizo ante Dios». El pacto hecho entre un esposo y una esposa se hace «ante Dios» y por lo tanto [...] romper la fe con tu cónyuge es romper al mismo tiempo la fe con Dios (pág. 91).

EL PRIMER TESTIGO

En el matrimonio tradicional, los padres de los cónyuges, que representan a la sociedad, son los principales testigos. La novia es «entregada» al novio por su padre. El matrimonio moderno resiste ese simbolismo y ve a las dos partes entregándose. Pero como hemos visto (ver 2 de abril), el Señor es el testigo principal (Mal. 2:14), así como el que entrega a los cónyuges (Gén. 2:22). Por lo tanto, el matrimonio cristiano es una unión más profunda y vinculante, que no permite que tu sociedad o tu cónyuge tengan la última palabra sobre cómo eres como esposo o esposa. Eres responsable ante Dios, y Él es mucho más misericordioso que la sociedad y que tú mismo.

Reflexión:

¿Cómo cambia las cosas para ti, pensar en Dios como el juez supremo de tu matrimonio?

Oración:

Recuerda que, aunque Dios puede ver todos tus pecados y defectos, también te ama porque estás «en Cristo» (2 Cor. 5:21). Gracias por esas dos verdades.

PACTO DE DOS CAMINOS

DÍA 147

La física de la estructura del marco tipo A sirve como una metáfora de instrucción. No importa cuán resistente y fuerte sea un lado de la casa, no puede soportar ningún peso si el cimiento debajo no soporta su peso. Si se hunde en el suelo, no puede sostener el otro lado de la casa. Entonces, en un matrimonio cristiano, las partes primero hacen un pacto con Dios al declarar «Sí, acepto». Esa es la base. Luego, después de haber escuchado a la otra persona jurar solemnemente a Dios, cada persona se fortalece en su confianza puesta en la otra. Ahora pueden volverse el uno hacia el otro y literalmente ponerse en los brazos del otro. Estos dos aspectos del pacto infunden y refuerzan poderosamente la relación matrimonial.

Reflexión:

¿Crees que la mayoría de la gente entiende que el servicio matrimonial cristiano tiene dos pactos dentro? ¿Cuán consciente eres del doble aspecto de tu pacto matrimonial?

Oración:

Medita en Dios como tu «roca» y fundamento (Sal. 18:2; Mat. 7:24). Da gracias a Dios por estar ahí para apoyarte y fortalecerte siempre.

Imagina una casa con una estructura de marco tipo A. Los dos lados de la casa se juntan en la parte superior y se sostienen entre sí. Pero debajo, la base sostiene ambos lados. Entonces, el pacto con Dios, y ante Él, fortalece a la pareja para hacer un pacto entre ellos. El matrimonio es, por lo tanto, el más profundo de los convenios humanos (pág. 92).

DÍA 148

Entonces, ¿qué es un pacto? Crea un vínculo particular que está desapareciendo en nuestra sociedad. Es una relación mucho más íntima y personal que una relación comercial o legal. Sin embargo, al mismo tiempo, es mucho más duradero, vinculante e incondicional que uno basado en el mero sentimiento y el afecto. Una relación de pacto es una sorprendente mezcla de ley y amor (pág. 92).

MEZCLA DE LEY Y AMOR

Hemos estado explorando varias formas en que el pacto matrimonial cristiano difiere tanto de un contrato legal tradicional como de una relación transaccional moderna. Aquí está otra forma de verlo. Los contratos legales requieren comportamiento, pero no pueden crear amor. Las parejas que conviven intentan mantener sentimientos amorosos sin ninguna promesa de unión. Pero así como el pacto original entre Dios e Israel exigía un comportamiento y ofrecía una relación íntima («Serás mi pueblo y yo seré tu Dios», Ex. 6:7), el pacto matrimonial cristiano produce una maravillosa combinación de amor que conduce al voto, y luego el compromiso que conduce a un mayor amor. ¿Por qué puede ser así? Porque no se basa principalmente en la aprobación social o el amor romántico, sino en el amor amable y perfecto de Dios por ti.

Reflexión:

¿Cuál es tu principal inspiración y motivación para cumplir tus votos matrimoniales? (a) la aprobación de tu familia y sociedad, (b) tu deseo por el amor y la afirmación de tu cónyuge, o (c) responder al amor de Dios por ti. Todos estos motivos son buenos, pero ¿cómo puedes aumentar el último?

Oración:

Medita en la notable intimidad de la oferta de Dios de que, en Cristo, Él puede ser no solo Dios, sino «tu Dios».

PROLONGANDO EL AMOR

DÍA 149

En la Biblia, los pactos están literalmente en todas partes. Se supone que todas las relaciones de amor necesitan un fortalecimiento del pacto. ¿Por qué? Los pactos intensifican tanto la duración como la profundidad del amor. Piensa en cómo los convenios extienden la duración de las relaciones amorosas. Nuestros sentimientos aumentarán y desaparecerán por todo tipo de razones físicas y emocionales, incluso si el ser querido se comporta perfectamente. Pero por supuesto, nunca lo hacen. Cualquiera que amamos, es un pecador cuyo corazón es propenso al egocentrismo. Sin las promesas nos daríamos por vencidos en la relación. No superaríamos los inevitables parches y conflictos difíciles. Sin pactos, nuestras vidas estarían llenas de relaciones rotas.

[Ahora se entiende como] sentido común, que el amor debe ser la respuesta al deseo espontáneo, nunca una respuesta a un juramento o promesa legal. Pero la perspectiva bíblica es radicalmente diferente. El amor necesita un marco de obligación vinculante para que sea completamente lo que debería ser. Una relación de pacto no es íntima a pesar de ser legal. Es una relación que es más íntima porque es legal (pág. 93).

Reflexión:

Piensa en algunas ocasiones en que tu voto matrimonial fortaleció tu decisión de resolver los problemas que estaban teniendo.

Oración:

Medita en Hebreos 13:5-6, en la longitud infinita del amor de Dios por ti en Cristo. Agradécele por ello.

DÍA 150

Alguien que dice: «Te amo, pero no necesitamos casarnos» puede decir: «No te amo lo suficiente como para restringir mi libertad por ti». La voluntad de entrar en un pacto vinculante, lejos de sofocar el amor, es una forma de mejorarlo, incluso sobrealimentarlo. Una promesa de boda es una prueba de que tu amor está realmente al nivel del matrimonio, así como un acto radical de entrega por sí mismo (pág. 93).

PROFUNDIZANDO EL AMOR

Los pactos también intensifican el amor al profundizarlo. Nos mantienen en el matrimonio para que podamos progresar contra las cosas que «obstruyen» nuestra capacidad de amarnos bien en este mundo.[1] La primera es nuestra incapacidad para expresar nuestro amor adecuadamente. Por un lado, a menudo fallamos en darle amor a nuestro cónyuge en la forma que más lo necesita. Cuando nuestra pareja está molesta, podemos intervenir con un plan y una solución, cometiendo el error de «responder a un sentimiento con un hecho». Por otro lado, no expresamos nuestro amor de maneras que realmente transmitan su magnitud. En el cielo este problema terminará y es parte de la alegría inimaginable de ese lugar. Sin embargo, con los años podemos crecer en esta capacidad en nuestros matrimonios, si nos mantenemos unidos.

Reflexión:

Piensa en dos o tres veces que esta «obstrucción» particular en tu capacidad de amar se presentó en tu relación. ¿Cómo puedes mejorar esto?

Oración:

Gracias a Dios que siempre nos ama exactamente como lo necesitamos en cada momento.

[1] Véase Edwards, «Sermon Fifteen: Heaven Is a World of Love», parte V.

RETIRANDO FACHADAS

DÍA 151

Una segunda cosa que «obstruye» nuestro amor es que tendemos a escondernos detrás de las fachadas para garantizar que seremos amados. Tememos que no seremos amados si se revela la verdad. Los momentos de más cercanía en el matrimonio nos muestran nuestros defectos como nada más puede hacerlo. Al mismo tiempo, la seguridad de los votos matrimoniales nos permite ser abiertos sobre nuestro verdadero ser sin el temor al rechazo que tendríamos en otras situaciones. Si tu cónyuge responde con amor, puede ser la experiencia sanadora más grande posible entre dos seres humanos. Esta deshonestidad sobre nosotros mismos es otra forma en que el pacto matrimonial puede ayudarnos a profundizar el amor.

Reflexión:

Piensa en dos o tres veces que esta «obstrucción» particular en tu capacidad de amar se presentó en tu relación. ¿Cómo puedes mejorar esto?

Oración:

Da gracias a Dios por vernos tal cual somos, con todos nuestros pecados, y amarnos de todos modos.

Al salir o vivir juntos, tienes que demostrar tu valor diariamente impresionando y atrayendo. Básicamente, todavía estamos en una relación de consumo y eso significa promoción y comercialización. El vínculo legal del matrimonio, sin embargo, crea un espacio de seguridad donde podemos abrirnos y revelar nuestro verdadero ser. Podemos ser vulnerables, ya no tener que mantener fachadas […]. Podemos dejar bajar las defensas y estar completamente desnudos, tanto físicamente como de cualquier otra manera (págs. 93-94).

DÍA 152

Te librará de la mujer ajena, de la extraña de palabras seductoras que, olvidándose de su pacto con Dios, abandona al compañero de su juventud
(Prov. 2:16-17).[1]

ELEMENTOS DE AMISTAD

La palabra «compañero» utilizada en este versículo significa el más cercano de los amigos (comp. Prov. 16:28). Hablamos a menudo sobre la importancia de la amistad en un matrimonio. El libro de Proverbios, sin embargo, detalla los elementos que crean una amistad. Primero, hay intencionalidad: debemos «quedarnos cerca» y deliberadamente pasar tiempo cara a cara juntos (Prov. 18:24). Segundo, hay constancia: los amigos están ahí para ti aun cuando la marea está baja (Prov. 17:17). Tercero, transparencia: una disposición a ser vulnerable y abierto el uno con el otro (Prov. 27:5-6). Finalmente, hay sensibilidad. Un amigo no «dedica canciones al corazón afligido» (Prov. 25:20). Hay más que decir sobre cómo se desarrollan las amistades, pero estos son los fundamentos.

Reflexión:

Busca las referencias en Proverbios para comprender mejor cada uno de los cuatro elementos. ¿En cuál de estos elementos necesitas trabajar más en tu matrimonio? ¿En tus otras amistades?

Oración:

Señor, nos llamaste amigos (Juan 15:13-15) porque abriste tu corazón y tu vida a nosotros. Ahora ayúdame a ser un amigo, para mi cónyuge y para los demás, como lo has sido tú para mí. Amén.

[1] Para meditar más en el versículo de esta semana, ver Keller, *Sabiduría de Dios para navegar por la vida.*

ESTUDIANTES DE TODA LA VIDA

DÍA 153

Hijo mío, obedece el mandamiento de tu padre y no abandones la enseñanza de tu madre (Prov. 6:20).

El erudito del Antiguo Testamento, Bruce Waltke, señala que en la antigüedad la mayoría de las mujeres no tenían educación. Sin embargo, aquí tenemos una esposa que enseña a sus hijos, y en el libro de Proverbios esto significa instrucción en sabiduría. Los entrenados en sabiduría memorizaron una gran cantidad de dichos y poemas. En otras palabras, la esposa era una colega con su esposo en actividades intelectuales. Esta idea bíblica fue revolucionaria en su tiempo. Hoy, sin embargo, a pesar de que los hombres y las mujeres tienen el mismo acceso a la educación, esto con frecuencia no se traduce a que los cónyuges lean y aprendan juntos, para aguduzar su pensamiento mutuo sobre una variedad de temas. En particular, este es un llamado para que los cónyuges estudien juntos la última fuente de sabiduría: la Biblia.

Reflexión:

¿Tienen una forma sistemática de leer la Biblia juntos? Intenta esto: lee el mismo capítulo de la Biblia todos los días y anota lo que más te ayudó o te impresionó. Esa noche, compártelo a la hora de acostarse y oren juntos.

Oración:

Señor, oro para que nos transformes, de una pareja casada, en estudiantes interdependientes de tu Palabra. Señor, «enséñanos tu camino, para que podamos caminar en tu verdad», y así «une nuestros corazones para temer tu nombre» (Sal. 86:11).[1] Amén.

[1] Salmo 86:11 en la versión estándar, parafraseado a una forma popular.

DÍA 154

Es una gacela amorosa, es una cervatilla encantadora. ¡Que sus pechos te satisfagan siempre! ¡Que su amor te cautive todo el tiempo! [...] Engañoso es el encanto y pasajera la belleza; la mujer que teme al Señor es digna de alabanza (Prov. 5:19; 31:30).

VERDADERA BELLEZA

Un cónyuge no solo debe ser un amigo, sino también un amante y una pareja romántica. Por un lado, debe estar intoxicado y sexualmente atraído por las características del cuerpo de su pareja, como sus senos. Pero Proverbios 31:30 nos recuerda que la belleza física es fugaz e inexorablemente desaparece con el desgaste y la edad. Sin embargo, hay una atracción más profunda que proviene de percibir la belleza del carácter y también de años de sacrificarse el uno por el otro y caminar juntos a través de las variadas circunstancias de la vida. Cuanto más fijemos nuestra mirada en la belleza del espíritu de nuestro cónyuge, más crecerá nuestra atracción física, incluso si nuestro atractivo físico disminuye con los años.

Reflexión:

¿Has aceptado esta comprensión de la «atracción integral» o estás exclusivamente obsesionado con la figura, el peso y el físico de tu pareja para que de ello dependa tu deseo por él o ella?

Oración:

Señor, ayúdanos a ambos, no solo a mirar al otro sino a nosotros mismos, no a fijarnos en la belleza «externa» sino en «la disposición interna del corazón», que es una «belleza inagotable» (1 Ped. 3: 3-4). Amén.

IGLESIA EN MINIATURA

DÍA 155

Tiende la mano al pobre, y con ella sostiene al necesitado [...]. Cuando habla, lo hace con sabiduría; cuando instruye, lo hace con amor (Prov. 31:20,26).

El esposo y la esposa deben ser socios del ministerio. El primer versículo implica que la familia tiene un ministerio para con los pobres. Extender sus manos implica no solo una preocupación social general sino invitar a los pobres a tu hogar o brindar ayuda concreta. El segundo versículo usa un verbo hebreo para «habla», que significa hablar en público y exponer sobre un tema extenso.[1] La representación es sorprendente. Tanto el esposo como la esposa han convertido su hogar en un centro ministerial, una iglesia en miniatura, donde las personas reciben instrucciones de la Palabra y la sabiduría de Dios, y donde los vecinos reciben ayuda práctica para sus necesidades, especialmente si son pobres o impotentes.

Reflexión:

¿Son tú y tu cónyuge no solo amigos, amantes y colegas (ver el resto de esta semana), sino socios en el ministerio?

Oración:

Señor, permítenos convertir nuestra casa en una pequeña iglesia, donde las personas te encuentren, sean edificadas en ti y obtengan ayuda para sus necesidades. Danos una visión de esto y la sabiduría para saber cómo llevarlo a cabo. Amén.

[1] Bruce Waltke, *The Book of Proverbs: Chapters 15–31* [El Libro de Proverbios: Capítulos 15-31], New International Commentary on the Old Testament (Grand Rapids, MI: Eerdmans Publishing Co., 2004), 529, 532.

DÍA 156

Su esposo confía plenamente en ella y no necesita de ganancias mal habidas (Prov. 31:11).

CONFIDENTES

La Biblia condena constantemente el poner la confianza en alguien o en algo que no sea el Señor (Sal. 118:8-9), por lo que este versículo es importante. En ningún otro lugar vemos que la Biblia hable, literalmente, de confiar el corazón a alguien que no sea Dios.[1] Pero en el matrimonio, los cónyuges deben ser confidentes, ser íntimos y vulnerables entre sí, y disfrutar del más alto nivel de confianza espiritual. Tal relación cuesta trabajo lograrla. No se pueden casar dos personas imperfectas y pecaminosas sin decepcionarse, por lo que la desconfianza puede crecer fácilmente. Solo manteniendo fresca la intimidad mediante el arrepentimiento genuino y el perdón mutuo pueden, incluso los fracasos, conducir a una confianza más profunda el uno en el otro. Solo cuando le demos a nuestros cónyuges la misma gracia que Jesús nos dio, podremos confiar plenamente el uno en el otro (Ef. 4:32).

Reflexión:

Recuerden un momento en el que cada uno de ustedes defraudó al otro. ¿Usaste la gracia para reparar y profundizar la confianza?

Oración:

Señor, ayúdanos a perdonar aquellos momentos en los que nos hemos decepcionado unos a otros para no perder la confianza el uno en el otro. Danos gracia para que podamos mostrarnos gracia unos a otros, y dejar que nuestra confianza en los demás crezca y crezca. Amén.

[1] Waltke, *The Book of Proverbs*, 521.

CO-EJECUTIVOS

DÍA 157

Anda en busca de lana y de lino, y gustosa trabaja con sus manos. Es como los barcos mercantes, que traen de muy lejos su alimento. Calcula el valor de un campo y lo compra; con sus ganancias planta un viñedo.
(Prov. 31:13-14,16).

Nuevamente notamos cómo la evaluación de la Biblia al llamado de una mujer contrasta notablemente con la de las sociedades circundantes, la mayoría de las cuales veían a las esposas como meras posesiones de su esposo. La Biblia llama al esposo a ser la cabeza del hogar (Ef. 5:22-26). Sin embargo, el puesto de director no significa que los esposos deben tomar todas las decisiones administrativas, ni puede definirse como dictador, de manera que solo el esposo deba tener un ingreso. Aquí las esposas son vistas como sustentadoras y también como administradoras de activos en la economía de la familia. Lo que cada socio contribuya a la prosperidad económica del hogar, dependerá de sus dones y habilidades, respectivamente. Entonces, los cónyuges son amigos, colegas, amantes, socios del ministerio, confidentes y socios económicos.

Reflexión:

Mira la lista en la última oración en la página superior. ¿Cuál de estos roles necesita fortalecerse en tu matrimonio?

Oración:

Padre, tú, el Hijo y el Espíritu, desde toda la eternidad, se han estado glorificando y elevando unos a otros, pero desarrollando diferentes roles. Haznos uno en nuestro matrimonio, así como tú eres uno. Amén (Juan 17:22-23).

DÍA 158

No envíes a la guerra a ningún hombre recién casado, ni le impongas ningún otro deber. Tendrá libre todo un año para atender su casa y hacer feliz a la mujer que tomó por esposa (Deut. 24:5).

DELEITE

Esta semana estamos estudiando todas las cosas que los cónyuges deben ser el uno para el otro según la Biblia. Este texto era ley en Israel, cuando el hombre se casaba estaba exento del servicio militar o de cualquier otro tipo de servicio público durante un año. La razón más práctica para esto, por supuesto, era que el hombre no moriría antes de tener la oportunidad de tener hijos y asegurar la continuidad de la línea familiar.[1] Pero hay algo mucho más que observar, porque la última línea dice que él debe quedarse en casa durante un año para «hacer feliz» a su esposa. ¿Eres, al final, una fuente de alegría para tu cónyuge, o lo drenas? ¿Se traen alegría?

Reflexión:

Entre todos los deberes de los cónyuges, ¿se deleitan el uno con el otro?

Oración:

Señor, como no solo nos cuidas en general, sino que realmente te «deleitas» y te se «regocijará[s] sobre [nosotros] con cánticos» (Sof. 3:17), muévenos para hacer lo mismo unos con otros.

[1] Christopher Wright, *Deuteronomy* [Deuteronomio], (Peabody, MA: Hendrickson Publishers, 1996), 256.

REFINAMIENTO DEL AMOR

DÍA 159

Otra cosa que estorba nuestro amor es cuánto amamos a los demás, no por el bien de su felicidad, sino por el nuestro. Jonathan Edwards dice: «La mayor parte del amor que hay en este mundo [...] procede [...] de motivos egoístas». Amamos a las personas porque creemos que pueden satisfacer nuestras necesidades, y si no lo hacen, nos enojamos. Pero el matrimonio nos obliga a ver absortos estamos con nosotros mismos y, con la ayuda de Dios, podemos aprender lentamente a poner nuestra felicidad en la de ellos, para que su alegría se convierta en la nuestra y no al revés. Entonces «cuanto mayor es la [felicidad] del amado, más se deleita y se deleita al amante».[1] En el cielo, este tipo de amor se hace realidad por completo, pero incluso puede ser probado parcialmente aquí en la tierra, es glorioso.

Reflexión:

Piensa en dos o tres veces que esta «obstrucción» particular en tu capacidad de amar se hizo más fuerte en tu relación. ¿Cómo puedes mejorar esto?

Oración:

Da gracias a Dios por amarnos desinteresadamente en Jesucristo, quien renunció a Su gloria por nuestro gozo y estaba satisfecho al hacerlo (Isa. 53:11).

Votos [...]. Dale una oportunidad al amor y crea estabilidad para que los sentimientos de amor, siempre muy inquietos y frágiles en los primeros meses y años, puedan crecer fuertes y profundos con el tiempo. Ellos permiten que tu pasión crezca en amplitud y profundidad, porque nos brindan la seguridad necesaria para abrir nuestros corazones y hablar de manera vulnerable y sincera sin tener miedo de que nuestra pareja simplemente se vaya (pág. 98).

[1] Ver Edwards, «Sermon Fifteen: Heaven Is a World of Love», parte V.

DÍA 160

Esta combinación de ley y amor se ajusta a nuestros instintos más profundos […]. Los amantes se ven casi impulsados a hacer declaraciones similares a los votos. Decimos «siempre te amaré», sabemos que la otra persona, si está enamorada de nosotros, quiere escuchar esas palabras. El verdadero amor, dice la Biblia, instintivamente desea la permanencia […]. Entonces, la «ley» de votos y promesas se ajusta a nuestros deseos más profundos. Pero también es algo que el amor de nuestro corazón necesita (págs. 94-95).

DESEO DE PERMANENCIA

Mira el lenguaje de las canciones de amor. «Siempre estaré contigo; no importa a dónde te lleve tu camino». «Te estaré amando eternamente». «Más tiempo del que han existido estrellas en el cielo, he estado enamorado de ti». «Te amaré desde ahora, hasta el final de los tiempos».[1] Estas letras son sentimentales, pero existen porque así es como el amor romántico y sexual te hacen sentir. El verdadero amor no quiere independencia, quiere permanencia y, paradójicamente, hacer votos «hasta que la muerte nos separe» en realidad expresa nuestra pasión más profunda y al mismo tiempo nos brinda el apoyo que necesitamos para cumplir el deseo del amor. Y solo en la esperanza cristiana de la eternidad se cumplen los deseos más profundos del amor ordinario.

Reflexión:

¿Cómo estas canciones nos sirven como argumento para mostrar que la prohibición de la Biblia de tener relaciones sexuales fuera del matrimonio es buena?

Oración:

Da gracias a Dios que en Cristo, Su amor por ti y el tuyo por Él, literalmente durarán para siempre.

[1] Respectivamente, «I Will Always Be with You» [«Siempre estaré contigo»] de Sheena Easton, «I'll Be Loving You Eternally» [«Te amaré eternamente»] de Petula Clark, «Longer Than» [«Más allá»] de Dan Fogelberg, y «I Will Love You Forever» [«Te amaré por siempre»] de Demis Roussos.

MANTENIENDO EL AMOR ENCENDIDO (PARTE 1)

DÍA 161

Cuando prometemos amor para toda la vida en nuestra boda, ¿qué significa? Por supuesto que significa un comportamiento. Debemos ser sexualmente fieles, debemos servir y proteger, y debemos ser amables, atentos y pacientes mientras lo hacemos. ¿Pero la promesa de amar se limita a las acciones? ¿Cómo podemos prometer sentimientos? Por supuesto, no podemos prometer tener siempre niveles particulares de alegría y atracción hacia otra persona. Las emociones, en cierto sentido, no las controlamos. Pero hay cuatro cosas que podemos prometer hacer que están directamente relacionadas con nuestros sentimientos por nuestro cónyuge. La primera es esta. Podemos prometer estar comprometidos sexualmente (1 Cor. 7:2-5). El sexo se puede hacer como una especie de «ceremonia de renovación de votos» en la que ambos cónyuges recuerdan las fortalezas de la otra persona y se entregan nuevamente. Esto puede reavivar continuamente el amor romántico.

Reflexión:

Reflexiona sobre cuán cuidadosamente te involucras sexualmente en tu matrimonio de esta manera.

Oración:

Pídele a Dios que te ayude, cuando tengas relaciones sexuales, a llenar tu mente y corazón con todo lo que tu cónyuge ha hecho por ti y significa para ti mientras te entregas de nuevo a él o ella.

Los votos matrimoniales no son (principalmente) una declaración de amor presente, sino una promesa mutuamente vinculante de amor futuro. Una boda no debe ser principalmente una celebración del amor que se siente en este momento, eso se puede suponer con seguridad. Más bien, en una boda, te enfrentas a Dios, a tu familia y a las principales instituciones de la sociedad, y prometes ser amoroso, fiel y verdadero a la otra persona en el futuro, independientemente de los sentimientos internos ondulantes o las circunstancias externas (pág. 95).

DÍA 162

Dos tercios de los matrimonios infelices se volverán felices dentro de cinco años si las personas permanecen casadas y no se divorcian [...]. ¿Qué puede mantener juntos los matrimonios durante los momentos difíciles? Los votos. Te mantienen en la relación cuando tus sentimientos disminuyen, porque lo hacen. Por el contrario, las relaciones consumistas no pueden soportar estas pruebas inevitables de la vida (pág. 96).

MANTENER EL AMOR ENCENDIDO (PARTE 2)

Hay otras tres cosas que puedes prometer hacer que conducen directamente al mantenimiento y crecimiento de los sentimientos de amor en el matrimonio. Primero, podemos prometer perdón, que se otorga antes de que se sienta. Sin el perdón continuo, el resentimiento crece, y es una de las principales cosas que devora el afecto. En segundo lugar, también podemos prometer admitir de manera rápida y sin rencor cuando hacemos algo mal. Sin un arrepentimiento humilde y constante, crecen el tipo de autocompasión y superioridad que también corroen el afecto. Finalmente, podemos prometer tomar tiempo para alabarnos unos a otros. A los cristianos en general se nos dice que alabemos los logros de los demás, que afirmemos los dones y las habilidades (Rom. 12:3-6,10). ¡Cuánto más deberían hacer esto los cónyuges regularmente! Como descubrirás, lo que elogias más, lo disfrutas más.

Reflexión:

Reflexiona sobre qué tan bien practicas estos tres comportamientos que conducen a un afecto y sentimientos sostenidos de amor.

Oración:

Pídele a Dios que te ayude especialmente a admitir delante de tu cónyuge cuando hayas cometido un error «con prontitud y sin rencor». Pídele al Señor que te ayude a evitar la actitud defensiva y culpar al otro y a arrepentirte sin excusas.

DIVORCIO: EL REALISMO

DÍA 163

1 Juan 5:3 dice que los mandamientos de Dios «no son gravosos». Saber que somos pecadores salvados por pura gracia cambia nuestra motivación hacia la obediencia, de una simple obligación «tengo que», a la alegría agradecida de «quiero». Además, Dios sabe que a veces romperemos nuestro pacto con Él y con los demás, y Él proporciona medios para la reconciliación que pueden o no tener éxito (ver Mat. 5:23-24; 18:15-17). De la misma manera, Dios sabe que romperemos nuestros convenios matrimoniales entre nosotros, y en Su sabiduría y misericordia Él provee el divorcio. Un matrimonio puede ser tan violado, que incluso cuando se otorga el perdón, la base de confianza del pacto está tan dañada que no puede repararse en este mundo. Cuán realista y comprensivo es este Dios santo.

Reflexión:

Piensa en otras formas en los mandamientos de Dios, que aunque nadie puede cumplirlos perfectamente, no son gravosos.

Oración:

Pídele a Dios que te ayude a conocer tu propio corazón y a lidiar con los problemas y conflictos en lugar de dejar que se agraven, para que puedas evitar el dolor del divorcio.

[En Mateo 19] Jesús niega que puedas divorciarte por cualquier motivo [...]. y confirma que el matrimonio es un pacto [...], [eso] crea una nueva y fuerte unidad que solo debe romperse en condiciones muy serias. Pero continúa diciendo que estas condiciones serias existen, debido a «la dureza de sus corazones». Eso significa que a veces los corazones humanos se vuelven tan duros debido al pecado que llevan [...] a una violación severa del pacto, sin deseo de arrepentimiento y curación, y en tales casos se permite el divorcio (págs. 96-97).

DÍA 164

DIVORCIO: EL EQUILIBRIO

La única violación que Jesús menciona [en Mateo 19] es el adulterio. En 1 Corintios 7, Pablo agrega otro motivo para el divorcio, es decir, la deserción voluntaria. Estas acciones esencialmente rompen el voto del pacto tan a fondo que, como dice Pablo en 1 Corintios 7:15, el cónyuge agraviado «no está atado» [...]. El divorcio no debería ser fácil; no debería ser nuestro primer, segundo, tercer o cuarto recurso (pág. 97).

Nuestro Dios es perfectamente santo y sin embargo infinitamente misericordioso. Esto debe tenerse en cuenta cuando abordamos el tema del divorcio. Si olvidamos la asombrosa santidad de Dios, no recordaremos lo solemne que es tomar un voto matrimonial ante Él como testigo principal. Dios dice que odia el divorcio (Mal. 2:16) y nosotros también deberíamos hacerlo. Nunca debe llevarse a cabo a la ligera y debe ser un último recurso. Pero si olvidamos la infinita misericordia de Dios, y la enseñanza directa de Jesús de que Él proporcionó el divorcio porque el pecado humano a veces lo justificaría, entonces también fallamos en hacer justicia al carácter de Dios y a la enseñanza bíblica sobre el matrimonio.

Reflexión:

¿Tienes una comprensión igualmente buena de estos dos aspectos del carácter de Dios? ¿O tienes más conocimiento sobre uno que sobre el otro?

Oración:

Pídele al Señor que te ayude a evitar el legalismo de una mentalidad de «Dios es principalmente santo» o el relativismo de una mentalidad de «Dios es solo amor», para evitar los pecados particulares a los que puede conducir cada hábito de la mente.

APOYO A LOS DIVORCIADOS

DÍA 165

En una cultura que ha perdido su control sobre la santidad de Dios (como la nuestra), el divorcio es demasiado común y no es gran cosa, a pesar de las terribles estadísticas sobre sus efectos. Pero en las iglesias que han perdido de vista la misericordia de Dios, las personas divorciadas a menudo deben vivir con estigma y vergüenza. Ningún divorciado entra al mundo con facilidad. Necesitan un apoyo inmenso, y muchas iglesias fallan en esto. Es notable que Dios esté dispuesto a llamarse a sí mismo una persona divorciada (Jer. 3:8), después de haber perdido Su relación con Su pueblo Israel. Si te has divorciado, puedes ir en oración a un Dios que lo ha vivido Él mismo. No hay otra religión que ofrezca eso.

Reflexión:

Piensa en las iglesias de las que has sido parte, ¿cómo manejan el tema del divorcio? ¿Cómo tratan a las personas divorciadas?

Oración:

Agradécele a Dios por ser un Dios al que podemos recurrir en nuestros problemas, un Dios que sabe lo que es ser rechazado, incluso hasta la muerte en la cruz.

Jesús conoce las profundidades del pecado humano y mantiene la esperanza para aquellos que se encuentran casados con alguien con un corazón considerablemente duro que ha roto su voto de esta manera. El divorcio es terriblemente difícil, y debería serlo, pero la parte perjudicada no debería vivir avergonzada. Sorprendentemente, incluso Dios dice haber pasado por un divorcio (Jer. 3:8). Él sabe cómo es (pág. 97).

DÍA 166

W. H. Auden escribió: «Como todo lo que no es el resultado involuntario de una emoción fugaz, sino la creación del tiempo y la voluntad, cualquier matrimonio, feliz o infeliz, es infinitamente más interesante que cualquier romance, por apasionado que sea» (pág. 98).

MÁS INTERESANTE

La cita anterior, del destacado poeta y autor del siglo XX W. H. Auden, tiene el propósito de llamar nuestra atención. Pero creemos que la declaración puede resistir el escrutinio. Algunos argumentan que vivir juntos mientras haya atracción sexual es un tipo de amor más voluntario que el matrimonio legal. Pero Auden describe las relaciones románticas fuera del matrimonio como menos voluntarias. Simplemente «nos suceden» a medida que percibimos la química sexual y nos sentimos atraídos. Por lo tanto, tampoco son duraderas. Sin embargo, el matrimonio es un acto de la voluntad, un voto y un compromiso, que se mantiene a lo largo del tiempo. Implica cada parte de tu vida, no solo los fines de semana o las escapadas que se puedan dar. Entonces son infinitamente más «interesantes» porque el matrimonio te dirá mucho más sobre ti, la naturaleza humana y la vida misma.

Reflexión:

¿Estás de acuerdo con la afirmación anterior? ¿Piensa en otras formas en que los matrimonios, incluso los difíciles, son «infinitamente más interesantes»?

Oración:

Medita en la resistencia de Jesús hasta el final para amarnos y salvarnos (Heb. 12: 1-3). Pídele a Dios resistencia espiritual a largo plazo, no solo para ser fiel a tu cónyuge sino también a Él.

LAS IDENTIDADES SE FALSIFICAN

DÍA 167

La palabra «identidad» significa literalmente «igualdad». Si no hay nada en ti que sea igual, si eres completamente diferente en cada situación y relación, no tienes identidad. Una identidad es un núcleo que está continuamente ahí. Nuestra cultura nos dice que miremos dentro de nuestro corazón y descubramos quiénes somos, pero el corazón de cada persona está lleno de deseos e impulsos contradictorios. ¿Cómo puedo saber quién es el verdadero yo? La identidad no se descubre, se forja descubriendo la verdad fuera de nosotros mismos y alineándonos a ella. Es decir, a través de la fe y la promesa. El matrimonio es una forma clave de hacer esto. Hacer una promesa es decir: «A pesar de los cambios de sentimientos y circunstancias, esto es lo que soy, esto es lo que siempre haré y seré».

Reflexión:

Piensa en algunos ejemplos, además del voto matrimonial, donde las promesas ayudan a forjar la identidad.

Oración:

Medita en Juan 1:12-13. Luego pídele a Dios que te muestre la verdad, que te ayude a ser fiel a la verdad, y así convertirte en Su hijo, la única identidad que es segura y eternamente verdadera.

Son nuestras promesas las que nos dan una identidad estable, y sin una identidad estable, es imposible tener relaciones estables. Hannah Arendt escribió: «Sin estar obligados al cumplimiento de nuestras promesas, nunca podríamos mantener nuestras identidades; estaríamos condenados a vagar sin ayuda y sin dirección en la oscuridad del corazón solitario de cada persona, atrapados en sus contradicciones y errores» (pág. 100).

DÍA 168

[Lewis Smedes escribió:] «Mi esposa ha vivido con al menos cinco hombres diferentes desde que nos casamos, y cada uno de los cinco he sido yo. La conexión con mi antiguo yo siempre ha sido el nombre que tomé: "Soy quien estará contigo"». Cuando abandonamos ese nombre, perdemos esa identidad, apenas podemos encontrarnos de nuevo (págs. 100-101).

IDENTIDADES EN FLUJO

Esta cita de Lewis Smedes observa que las identidades cambian inevitablemente con el tiempo. Un hombre mayor que no puede admitir su edad, que quiere aparentar y ser tratado como joven, se niega a aceptar este proceso. Cuando cambia de trabajo, se muda a un país diferente, se jubila o tiene nietos, se convierte en una persona ligeramente diferente de lo que era. Cuando sufres, si pasas por la muerte de seres queridos o por una enfermedad debilitante, eso también te convierte en una persona diferente. Pero el cambio no debe ser total. Debe haber una identidad central que no cambie y que te estabilice y te ancle a través de los cambios de la vida. El voto de boda es uno de ellos. Se convierte en el hilo que mantiene a tus diferentes «seres» unidos en amor, el uno al otro.

Reflexión:

Si has estado casado por varios años, ¿qué cambios personales has tenido que realizar en tu matrimonio? Si estás recién casado, piensa en los cambios que se aproximan.

Oración:

Medita en el Salmo 116:17-18. Pídele a Dios que te ayude a cumplir los votos hechos en tu bautismo y en tu boda. Pídele que te haga una persona que cumple sus promesas como Él.

MONOTONÍA

DÍA 169

Queremos la libertad que sentimos cuando estamos en una gran relación de amor. Pero aprender a dar amor de la manera particular que tu cónyuge quiere y necesita, dar amor que crece en lugar de disminuir a través del conflicto, se aprende a través de la disciplina de permanecer unidos en momentos en que el matrimonio es, francamente, algo monótono. Un famoso instructor de trompetas dijo: «No hay atajos para aprender a tocar la trompeta. Se necesita práctica y paciencia. Sé que es monótono. Pero finalmente llega un momento en que (eres libre de) expresar tus emociones a través de la música. Y esto trae tanto placer que se olvidan todas las horas aburridas. Todo lo que tienes que hacer es practicar escalas… escalas… y más escalas».[1] Un buen matrimonio crece de la misma manera.

Reflexión:

Siguiendo con la metáfora, ¿cuáles son las «escalas» aburridas para practicar en el matrimonio que pueden conducir a una relación de gran deleite?

Oración:

Medita en Romanos 15:5. Luego, pídele a Dios que te dé Su «resistencia y aliento» para que puedas amar paciente y alegremente a tu cónyuge y a los demás, incluso cuando haya poca recompensa por hacerlo.

[Muchos argumentan] que luchar por la permanencia a través del matrimonio tradicional sofoca la libertad […]. Pero Smedes argumenta elocuentemente que la promesa es el medio para la libertad. Al hacer una promesa, ahora limitas las opciones para […] ser libre para estar allí en el futuro para las personas que confían en ti. Cuando le haces una promesa a alguien, ambos saben que van a estar allí con y para ellos. «Has creado un pequeño santuario de confianza dentro de la jungla de la imprevisibilidad» (pág. 102).

[1] Ver la tercera entrega de la película instructiva The Trumpet [La trompeta] de Rafael Mendez, https://www.youtube.com/watch?v=gUij8FCg0z8.

DÍA 170

LA LIBERTAD DE HACER UNA PROMESA

[Smedes escribió:] «Cuando hago una promesa, doy testimonio de que mi futuro contigo no está determinado [...] por una lotería genética [...] o el condicionamiento psíquico que me otorgaron mis padres. Ninguna computadora en casa prometió ser una ayuda leal [...]. Solo una persona puede hacer esa promesa. Y cuando lo hace, es más libre» (págs. 102-103).

El punto de Lewis Smedes es que las computadoras son incapaces de hacer algo por encima de su «programación». No pueden cambiar creencias ni tomar decisiones que vayan en contra de su programación. Las computadoras de inteligencia artificial son capaces de desarrollar la conciencia, pero no pueden obtener un «corazón», un conjunto de compromisos y creencias profundas y elegirlos sobre la realidad que animan los sentimientos y el comportamiento. Cuando prometo algo, como un voto nupcial, realmente no estoy regalando mi libertad. Estoy demostrando que realmente la tengo. Si no puedo hacer promesas, me parezco un poco más a las cosas no humanas.

Reflexión:

Piensen en otras promesas que pueden hacer que los alejan de ser criaturas de instinto e impulso o que los conviertan en peones de su propio pasado.

Oración:

Medita en el Salmo 119:45, en cuanto más obedeces los mandamientos de Dios, más libre eres. Ahora pídele a Dios que te ayude a conocer el tipo de libertad que proviene de mantener los votos y obedecer al Señor.

EL CÓNYUGE OCULTO

DÍA 171

Cada persona es creada a imagen de Dios, hecha «poco menor que los ángeles» y coronada «de gloria y de honra» (Sal. 8:5). Sin embargo, Jesús puede decirque somos «malos…» (Luc. 11:13). ¡Se dirige a sus apóstoles! Pero Jesús dice que todo ser humano es malo y capaz de hacer cosas terribles. En resumen, los seres humanos son seres infinitamente complejos y contradictorios. Los aspectos más pecaminosos generalmente no son lo primero que vemos en una persona. Entonces, cuando comienzas tu matrimonio, solo tienes una comprensión superficial de cuán buena y cuán defectuosa es tu pareja. No es de extrañar que necesitemos un voto matrimonial para ayudarnos a aprender a amar a la persona real con la que nos casamos.

Reflexión:

Dediquen un tiempo para estar solos y hablar entre ustedes, con gran caridad y gracia, sobre las fortalezas y debilidades que han descubierto el uno en el otro.

Oración:

Pídele al Señor que tu conocimiento de tu propio corazón malvado y el de tu cónyuge aumente al mismo ritmo, de modo que juntos puedan ofrecerse mutuamente responsabilidad, pero junto con una gracia humilde.

Cuando te enamoras por primera vez, crees que amas a la persona, pero en realidad no lo haces. No puedes saber quién es en su totalidad la persona de inmediato. Eso lleva años. Realmente amas tu idea de la persona, y eso siempre es unidimensional y algo equivocado […]. Las aventuras románticas son tan embriagadoras porque la persona está realmente enamorada de una fantasía y no de un ser humano real (pág. 103).

DÍA 172

No solo no conoces a la otra persona, sino que la otra persona realmente no te conoce a ti. Has puesto tu mejor cara (a menudo literalmente). Hay cosas sobre ti de las que te avergüenzas o temes, pero no dejas que la otra persona vea tus defectos. Y, por supuesto, no puedes mostrarle a tu pareja aquellas partes de tu carácter que no puedes ver tú mismo y que solo se le revelarán en el transcurso del matrimonio
(pág. 104).

EL SER OCULTO

Ayer observamos cuán infinitamente compleja y contradictoria es la naturaleza humana, por lo que lleva años conocer a la persona con la que nos casamos. Pero, si bien te conoces mucho mejor que tu cónyuge, también eres en gran medida ciego respecto de quién eres. El sello de un necio es que se ve más sabio de lo que realmente es (Prov. 12:15) y todos nosotros nacemos pecadores y por lo tanto necios (Prov. 22:15). En cada conflicto matrimonial, entonces, la gran tentación será ser ciego a nuestros propios defectos y nuestra contribución al problema. No es de extrañar que necesitemos un voto matrimonial, no solo para ayudarnos a aprender a amar a la persona real con la que nos casamos, sino también para ayudar a nuestro cónyuge a amarnos.

Reflexión:

Nuevamente, dediquen un tiempo para estar solos y hablar entre ustedes, con gran amor y gracia, sobre las fortalezas y debilidades que han descubierto el uno en el otro.

Oración:

«Examíname, oh Dios, y examina mi corazón; ponme a prueba y examina mis pensamientos. Fíjate si voy por mal camino, y guíame por el camino eterno» (Sal. 139:23-24).

NO SOMOS COMPLETAMENTE CONOCIDOS

DÍA 173

En el Jardín de Edén, Adán y Eva estaban originalmente «desnudos y sin vergüenza». Estaban desnudos, lo que significa que podían verse completamente, hasta el corazón. Además, no se avergonzaban, lo que significa que no eran rechazados sino completamente amados y aceptados. Entonces, la Biblia describe la situación para la que fuimos diseñados: para ser completamente conocidos y amados. Hay dos situaciones que se quedan cortas de esta realidad. La primera es ser amado, pero no conocido por quién eres. Eso es fugazmente agradable, pero crea ansiedad y también conduce a la ocultación y la vergüenza. Si estamos seguros de que seremos rechazados si nos conocen, no podremos disfrutar ni descansar en el amor que estamos recibiendo en el presente.

Reflexión:

¿Cuáles son las desventajas de ser amado, pero no tener tus pecados y defectos completamente conocidos por quien te ama?

Oración:

Medita en 1 Juan 3:19-20, que cuando nuestros corazones nos condenan, Dios es más grande que nuestros corazones; Él lo sabe todo, pero nos acepta. Pídele que te dé esa seguridad, para que puedas tener el coraje de ser honesto con tu cónyuge.

Hay una «subida» emocional que llega cuando alguien piensa que somos tan maravillosos y hermosos, y eso es parte de lo que alimenta la pasión y la electricidad al enamorarse. Pero el problema es [que] la persona no te conoce realmente y, por lo tanto, no te ama [ni a ti ni tu a él o ella], al menos no todavía. [La «subida» es] en gran parte una ráfaga de gratificación del ego, pero no es nada como la profunda satisfacción de ser conocido y amado tal cual (pág. 104).

DÍA 174

Ser amado, pero no conocido es reconfortante, pero superficial. Ser conocido y no amado, es nuestro mayor temor. Pero ser completamente conocido y verdaderamente amado es, bueno, muy parecido a ser amado por Dios. Es lo que necesitamos más que nada. Nos libera de la simulación, nos humilla de nuestra propia justicia y nos fortalece ante cualquier dificultad que la vida pueda arrojarnos (pág. 104).

NO COMPLETAMENTE AMADO

Ayer vimos que queremos ser completamente conocidos y amados al mismo tiempo. Una forma de no cumplir con eso en el matrimonio es «amar sin la verdad»: amar a alguien, pero no conocer sus defectos. La segunda forma es cuando una persona que nos ama hace un descubrimiento más profundo de nuestro egoísmo, necedad y defectos, y responde con desilusión, enojo y recriminaciones. Esta es la «verdad sin amor», y desafortunadamente es una respuesta natural. Solo el evangelio puede hacer que cada cónyuge sea capaz de verse hasta el fondo y aún perdonar y amar. Comienza recordando que Jesús nos vio por completo y, sin embargo, nos amó por completo, perdonándonos eternamente.

Reflexión:

¿Cómo, específicamente, puedes usar el conocimiento del amor salvador de Jesús por ti para ayudarte a amar a un cónyuge pecador?

Oración:

Medita en Hebreos 4:13, que dice que nada está escondido de Dios, pero también en Juan 17:23, que dice que el Padre te ama, así como Él ama a Jesús. Da gracias a Dios porque te conoce completamente y te ama por completo.

EL PROCESO: LA RECONCILIACIÓN

DÍA 175

Con el paso de los años en un matrimonio saludable habrá un proceso de descubrir más y más pecados uno del otro y de arrepentirse y perdonarse mutuamente. Ofrecer arrepentimiento te aleja de la superioridad y la autocompasión que dificultan el perdón. Pero ofrecer perdón te fortalece para que puedas admitir más fácilmente tus defectos. Después de cada ciclo de arrepentimiento mutuo y perdón, eres un poco más conocido y amado. A medida que pasa el tiempo, esto lleva a un profundo amor y pasión del uno por el otro, pero puede sentirse diferente de la «química sexual» que ocurre entre dos personas que se aman principalmente a la admiración del otro.

Reflexión:

Piensa en formas en que los dos tipos de amor y pasión se diferencian, entre nuevos amantes y cónyuges en un matrimonio saludable después de décadas.

Oración:

Piensa en la línea del himno: «La gracia es lo que nos ha mantenido a salvo hasta ahora; Y la gracia nos llevará a casa». Simplemente agradécele a Dios por este hecho y promesa.

El tipo de vida amorosa de la que estoy hablando no carece de pasión, pero no es el mismo tipo de pasión. Cuando Kathy tomó mi mano por primera vez, fue una emoción casi eléctrica [...] pero cuando miro hacia el pasado a esa emoción inicial, me doy cuenta de que no vino tanto por la magnitud de mi amor por ella, sino más bien por la adulación de su elección hacia mí [...]. No hay comparación con lo que significa tomar la mano de mi esposa ahora, después de todo lo que hemos pasado
(págs. 104-105).

DÍA 176

[Después de 35 años] nos conocemos a fondo ahora, hemos compartido innumerables cargas, nos hemos arrepentido, perdonado y nos hemos reconciliado el uno con el otro una y otra vez. La pasión que compartimos ahora difiere de la emoción que tuvimos en el pasado, como un arroyo ruidoso, pero poco profundo difiere de un río más tranquilo, pero mucho más profundo. La pasión puede llevarte a hacer un voto matrimonial, pero esa promesa a lo largo de los años hace que esa pasión sea más rica y profunda (pág. 105).

EL PROCESO: LAS PRUEBAS Y TRIBULACIONES

Otra forma en que el amor se profundiza con el tiempo es a través del sufrimiento. El sufrimiento es inevitable. No hay cantidad de éxito o planificación que puedan puede hacerte inmune a problemas como la pérdida de un ser querido, enfermedades complicadas, traición en las relaciones, infortunios financieros o profesionales. Cuando suceden estas cosas, tu cónyuge debe ser la principal fuente de paz. Tu matrimonio debería ser un amortiguador. Por lo general, lleva tiempo y muchas conversaciones dolorosas descubrir cómo apoyar mejor a tu cónyuge en esos momentos. Pero si avanzan juntos en esos momentos, te sorprenderá cómo estos los pueden llevar a otro nivel de unidad, imposible de alcanzar de otra manera.

Reflexión:

Piensa en las formas en que las pruebas y los problemas te han unido más a tu cónyuge.

Oración:

Medita en Hebreos 12:11, en cómo el sufrimiento es como sembrar semillas; al principio es laborioso y no ves nada de fruto, pero luego produce frutos. Pídele a Dios que te ayude a tomar esa perspectiva sobre las dificultades que estás experimentando ahora.

EL PROCESO DE TODA LA VIDA

DÍA 177

¿No es el amor romántico algo que debe ser completamente libre y sin imposición? ¿No es inevitable que el deseo intenso por alguien más, simplemente no se pueda mantener y, por lo tanto, es inevitable que debamos ser libres para buscar a otra persona que pueda despertar la alegría del amor en nosotros? Por lo tanto, ¿no es cierto que el matrimonio totalmente monógamo y de por vida es enemigo del afecto romántico? (pág. 105).

Para responder las preguntas anteriores, resumamos lo que hemos estado aprendiendo. El amor romántico que conocemos al comienzo de nuestra relación se basa en el placer inicial de la afirmación del ego y en una imagen de la otra persona que es en parte una ilusión. Una pasión más profunda, menos egoísta y más sostenida proviene de ciclos repetidos de arrepentimiento y perdón, de llevar las cargas del otro en tiempos difíciles, hasta que experimenten lentamente lo que significa ser conocido y amado al mismo tiempo. Esa experiencia de ser conocido y amado al mismo tiempo, la mejor de todas, no es posible sin todo esto. La monogamia de por vida, por lo tanto, no es enemiga del romance, es una de sus condiciones.

Reflexión:

Responde las preguntas (de la cita anterior) con tus propias palabras, basándote en tu propia experiencia.

Oración:

Medita en Malaquías 1:2 y 3:6, que dice que debido a que el amor de Dios es absolutamente inmutable, no somos destruidos. Pídele a Dios que les dé algo de su amor inmutable el uno por el otro.

DÍA 178

Kierkegaard describe que «el esteta» afirma ser un individuo libre. La vida debe ser emocionante, llena de «belleza y brillo», dice […]. Pero Kierkegaard dice […] [él] no es dueño de sí mismo en absoluto […]. Si tu esposa pierde su hermosa piel y semblante, o tu esposo aumenta de peso, el esteta comienza a buscar a alguien más hermoso. Si tu cónyuge desarrolla una enfermedad debilitante, el esteta comienza a sentir que la vida no tiene sentido. Pero, dice Kierkegaard, esa persona está siendo completamente controlada por circunstancias externas (pág. 106).

ARRASTRADO POR EL VIENTO

Aquí tenemos a Kierkegaard usando sus propios términos e imágenes para defender la comprensión cristiana del romance y el matrimonio. Utiliza el término «esteta» para describir a un hombre o una mujer cuya atracción por su cónyuge es muy superficial. En el momento en que el cónyuge comienza a perder su apariencia o se vuelve difícil de sobrellevar, el esteta percibe que «se está acando el amor en el matrimonio». El brillo y la electricidad del romance para el esteta proviene de la idea de que esta persona hermosa, fresca, sofisticada, e integral, lo ama. Pero cuando la persona comienza a verse menos bella, disminuye la capacidad de amor del esteta. Kierkegaard agrega que el esteta es como una veleta totalmente arrastrada por los vientos de la vida. El amor que proviene de los votos es diferente.

Reflexión:

«El esteta» es una imagen negativa, pero es algo cierto de la mayoría de nosotros. ¿Hasta qué punto las actitudes que menciona Kierkegaard han sido ciertas para ti?

Oración:

Medita en Romanos 5:8, cómo Cristo nos amó y se entregó a sí mismo por nosotros «cuando aún éramos pecadores». Pídele ayuda para amar a tu cónyuge y a los demás de la misma manera, incondicional y continua.

ÁMALOS POR SU BIEN

DÍA 179

Cuando comenzamos con el Señor, nos preocupa más lo que Dios nos puede dar, que ver a Dios mismo. Venimos buscando significado, perdón, fuerza, felicidad, dirección, o esperanza. Estas son las cosas sin las cuales no podemos vivir, y es correcto buscarlas en Dios. Sin embargo, si crecemos en nuestra relación con el Señor, al principio veremos que amamos las cosas que obtuvimos de Dios, en lugar de amar a Dios mismo. No obtuvimos nuestro mayor gozo en deleitarlo, lo cual es la esencia del amor real y generoso. Bueno, así es como comenzamos en el matrimonio, y ese es el objetivo del matrimonio: amar a tu cónyuge por lo que es, no por lo que te aporta.

Reflexión:

Si quieres crecer para amar a Dios y amar a tu cónyuge por lo que son, ¿cómo te va tratando en ambas relaciones?

Oración:

Medita en el Salmo 62:1-2 y el Salmo 27:4. Luego admite a Dios que eres incapaz de amarlo por ti mismo a menos que intervenga y te muestre más de Su belleza y excelencia.

Solo si te comprometes a amar en acción, día tras día, incluso cuando los sentimientos y las circunstancias cambian, puedes ser verdaderamente libre y no un peón de fuerzas externas. Además, solo si mantienes tu amor por alguien cuando no es emocionante, se puede decir que realmente amas a una persona [...] y no simplemente los sentimientos, las emociones, el impulso del ego y las experiencias que trae la otra persona (pág. 106).

DÍA 180

Es el compromiso del pacto lo que le permite a las personas casadas convertirse en personas que se aman. Solo con el tiempo realmente aprendemos quién es la otra persona y llegamos a amar a la persona por sí misma, y no solo por los sentimientos y las experiencias que nos brindan. Eventualmente, todo esto conduce a pozos en la memoria y profundidades de sentimiento y formas de disfrutar de la otra persona que enmarca y mejora los episodios aún cruciales de la pasión romántica y sexual en tu vida matrimonial (pág. 107).

EL ATRACTIVO DE LA HISTORIA

La mayoría de las parejas jóvenes temen la pérdida de energía sexual a medida que pasan los años y sus cuerpos envejecen y se vuelven menos atractivos. Sin embargo, la estimulación visual de un físico hermoso no es el único factor de atracción. Otros son el carácter e la historia. Cuanto más hayas visto a una persona actuar de manera admirable y valiente, actuar con amor y gracia, actuar desinteresadamente y con sacrificio, más crece tu atracción a medida que el cuerpo envejece. Hemos dicho que el sexo es una «ceremonia de renovación del pacto», un momento en el que su vida juntos puede pasar ante sus ojos, recordando todo lo que han pasado y todo lo que significan el uno para el otro. Eso crea pasión e intimidad también. La belleza física se vuelve más como el betún del pastel.

Reflexión:

¿Tienes relaciones sexuales como la primera vez, guiadas más por la pasión, o has comenzado la transición a la forma a largo plazo?

Oración:

Haz una lista simple de media docena de cosas sobre tu cónyuge que hayas presenciado a lo largo de los años, por las cuales estás agradecido. Luego, en presencia uno del otro, agradezcan a Dios por ellos.

AUTO COMUNIÓN

DÍA 181

Es útil pensar en ti mismo como lo hace la Escritura, que tenemos más de un ser, un viejo ser que todavía opera según los principios del miedo y el orgullo y un nuevo ser que se basa en Dios. El Dr. D. M. Lloyd-Jones ve el Salmo 42 como un ejemplo, y pregunta: «Considera esos pensamientos que surgen cuando te levantas por la mañana [...] que traen de vuelta el problema de ayer, etc. [...] ¿Quién te está hablando? Tu ser te está hablando a ti». En cambio, el salmista dice: «¿Por qué estás abatida, alma mía?» [...] Su alma lo había estado reprimiendo, aplastándolo. Entonces él se pone de pie y dice: «Ser, escucha por un momento, te hablaré».[1] No identifiques al ser temeroso y enojado como tu ser más genuino. «[Quítate] el ropaje de la vieja naturaleza [...] [sé renovado] en la actitud de su mente» (Ef. 4:22-23).

Reflexión:

Elije un problema o situación en tu vida y piensa cómo se podría utilizar este enfoque.

Oración:

Medita en el Salmo 42–43. Ve cómo el salmista trata consigo mismo. Pídele ayuda a Dios para hacer lo mismo con el miedo que estás experimentando ahora.

Nuestras emociones no están bajo nuestro control, pero nuestras acciones sí. La mayoría de nuestros gustos y disgustos no son ni pecados ni virtudes, es como nuestros gustos en comida o música. Lo que importa es lo que hacemos con ellos. Si, como nuestra cultura nos ha educado, llegamos a definir el amor como un «me gusta», si solo sentimos que las acciones de amor son «auténticas» si hay fuertes sentimientos de amor presentes, inevitablemente seremos malos amigos e incluso más terribles [...] esposos (pág. 108).

[1] D. M. Lloyd-Jones, Spiritual Depression: Its Causes and Cure [Depresión espiritual: Sus causas y cura], (Grand Rapids, MI: Eerdmans Publishing Co.,1965), 20-21.

DÍA 182

Ámense los unos a los otros con amor fraternal, respetándose y honrándose mutuamente (Rom. 12:10).

UNOS A LOS OTROS

El Nuevo Testamento llama a los cristianos a ministrarse «los unos a los otros». Veremos algunos de estos ministerios esta semana. Si se requiere que todos los creyentes hagan estas cosas, ¿cuánto más esfuerzo deberían hacer los cónyuges cristianos para incluir de forma intencional estas prácticas y actitudes en su relación? Aquí está la primera. «Honrar» significa mostrar respeto en general y dar crédito por los logros y sacrificios. Debemos estar más preocupados por alabar que por buscar alabanza. Recuerda que Jesús, al ver a sus discípulos dormir en Su momento de mayor necesidad, dijo: «El espíritu está dispuesto, pero el cuerpo es débil» (Mat. 26:41). Es como decir: «Sé que tenían buenas intenciones». Es sorprendente que haya encontrado algo para animarlos, incluso cuando lo estaban decepcionando.

Reflexión:

¿Reconoces regularmente, y a veces celebras, lo que ha hecho tu cónyuge? ¿Qué tan bueno eres en esto?

Oración:

Señor, la maravilla y la gloria de nuestra salvación es que nos amas y aceptas, incluso nos alabas (Rom. 2:29) a pesar de nuestro pecado. Haznos personas que aman, animan y alaban a los demás.

NO TE QUEJES

DÍA 183

No se quejen unos de otros, hermanos, para que no sean juzgados. ¡El juez ya está a la puerta! (Sant. 5:9)

La palabra «quejarse» (*stenazdo*) significa gemir o suspirar, expresar frustración y desdén, especialmente de manera no verbal. Significa hablar con tu cónyuge con un tono de voz desdeñoso, voltearle tus ojos con menosprecio o hacer que la otra persona se sienta pequeña. También puede significar hablar con un tono de queja que hace que tu cónyuge se sienta intimidado. Esto no es simplemente no dar honor (ver ayer). Le quita honor al disminuir su autoestima en lugar de edificarla. Hay un aguijón en esta exhortación. Los cristianos saben que Jesús vino a soportar nuestro juicio para que en el último día no seamos condenados. ¡Qué inapropiado ser crítico con nuestro cónyuge incluso en cosas pequeñas!

Reflexión:

Evalúen juntos cuán buenos (o malos) son cada uno de ustedes en este punto en su matrimonio.

Oración:

Señor, a pesar de que nos has colmado de dones y bendiciones, tanto sobrenaturales como naturales, somos rápidos en protestar contra ti y entre nosotros. Ayúdanos a recuperar nuestros sentidos, obtener perspectiva y tener siempre un espíritu de gratitud y alegría en ti. Amén.

DÍA 184

También nosotros, siendo muchos, formamos un solo cuerpo en Cristo, y cada miembro está unido a todos los demás. Tenemos dones diferentes [...], si es el de prestar un servicio, que lo preste; si es el de enseñar, que enseñe; si es el de animar a otros, que los anime [...]. Alégrense con los que están alegres; lloren con los que lloran (Rom. 12:5-8,15).

DISCERNIMIENTO

La Iglesia debe ayudar a sus miembros a discernir y usar los talentos espirituales y los dones que Dios les ha dado. Sin embargo, los cónyuges también deberían hacer esto. No solo ser afirmativo en general, sino específico: «Eres muy bueno en esto. ¿Cómo puedes hacer más?». Discierne el don específico y apoya su uso. Pablo agrega, algunos versículos después, que no podemos hacer esto de manera efectiva si estamos absortos en nosotros mismos. Se requiere estar atentos y escuchar de forma paciente y sostenida. Tanto los arrogantes como aquellos llenos de autocompasión tienen sus ojos demasiado fijos en sí mismos para darse cuenta de los incipientes dones y habilidades en sus cónyuges.

Reflexión:

En general, ¿qué tan buenos son en el «discernimiento» entre ustedes? Hagan una breve lista de dos talentos o dones que tenga el otro cónyuge y compártansela.

Oración:

Señor, no solo nos amas en general, le has dado dones a cada uno de tus hijos y formas distintas de servir a las personas y satisfacer las necesidades. Permítenos ayudarnos a conocer mejor la misión que nos has encomendado hacer. Amén.

AFECTO

DÍA 185

Todos los hermanos les mandan saludos. Salúdense unos a otros con un beso santo (1 Cor. 16:20).

A menudo se les dice a los cristianos que se saluden «unos a otros con un beso santo» (Rom. 16:16; 1 Cor. 16:20; 2 Cor. 13:12) o «con un beso de amor fraternal» (1 Ped. 5:14). Era una manera de testificar que en Cristo eran realmente una familia reconciliada. El punto era que los cristianos debían comunicar amor y afecto de una manera visible. ¿Cuánto más deberían los cónyuges no ser fríos, cortantes, abruptos, indiferentes y duros entre ellos? Más allá de eso, debemos estar dispuestos a hablar sobre cuánto nos amamos. Esto no es fácil para algunos de nosotros que no somos «naturalmente efusivos» y sentimentales. Pero independientemente del temperamento, debemos comunicar concretamente el amor a través de palabras y gestos diariamente, incluso cada hora.

Reflexión:

Hablen con honestidad entre ustedes sobre qué tan bien muestran un afecto visible el uno al otro. Mencionen dos o tres maneras en que disfrutan recibir el afecto del otro.

Oración:

Señor, no solo expresas que nos amas en abstracto, sino que derramas tu amor en nuestros corazones para que podamos sentirlo (Rom. 5:5). Muéstranos cómo no solo expresar que nos amamos, sino a derramar el amor el uno sobre el otro para que afecte nuestros corazones. Amén.

DÍA 186

AYUDAR

Ayúdense unos a otros a llevar sus cargas, y así cumplirán la ley de Cristo (Gál. 6:2).

Este famoso texto nos enseña qué debemos hacer con nuestro cónyuge y por qué deberíamos hacerlo. Una «carga» puede variar desde un problema práctico (como cuidar a un niño en un día determinado) hasta enfermedades graves y dolores profundos. La imagen implica acercarse mucho a la persona agobiada, prácticamente ponerse en sus zapatos y permitir que parte del peso de las cosas caiga sobre ti, aligerando así la carga para el otro. Esto implica tanto escuchar como comprender con profunda simpatía (es decir, dejar que el peso te afecte emocionalmente), así como invertir tiempo y esfuerzo para que la mayor parte de los inconvenientes, costos y problemas recaigan sobre ti.

Reflexión:

Existen dos aspectos en llevar la carga: simpatía real y ayuda práctica. Evalúen juntos qué tan buenos son en este aspecto en su matrimonio.

Oración:

Señor, tú nos dijiste que echáramos nuestra carga sobre ti (Salmo 55:22, RVR1960), pero no fue hasta que viniste a la tierra que nos dimos cuenta de lo que te costaría asumir nuestra carga final: el pecado y la muerte. A la luz de eso, permíteme llevar con gusto las cargas de los demás y de mi cónyuge. Amén.

SER AYUDADO

DÍA 187

Ayúdense unos a otros a llevar sus cargas, y así cumplirán la ley de Cristo (Gál. 6:2).

Hay una reciprocidad oculta en este texto que no debe pasarse por alto. Ten en cuenta que no solo dice que debemos ayudarnos, sino que debemos «llevar» las cargas de los demás. Es posible que los cónyuges adopten un patrón en el que una persona siempre está en dificultades y la otra siempre está rescatando. No es suficiente ayudar a otros, debes estar dispuesto a que te ayuden. El evangelio elimina el orgulloso egocentrismo que desprecia a las personas que están en debilidad. Pero también elimina el orgulloso egocentrismo que desprecia y odia admitir cualquiera de sus propias debilidades y necesidades. Cualquiera que tenga miedo de admitir la debilidad y aceptar la ayuda no ha comprendido realmente el evangelio de la gracia.

Reflexión:

Ayudar a los demás puede alimentar tu orgullo, pero se necesita mucha humildad para que te ayuden. En tu matrimonio, ¿es uno de ustedes más reacio a recibir ayuda? ¿Qué puedes hacer para cambiar?

Oración:

Señor Dios, el evangelio ofrece gracia y misericordia gratuitas a través de Cristo, y solo aquellos que son demasiado orgullosos para dejarse ayudar por Él están perdidos. Odiar ser ayudado es eternamente fatal. No dejes que caracterice mi vida, ayúdame a eliminarlo. Amén.

DÍA 188

Hermanos, si alguien es sorprendido en pecado, ustedes que son espirituales deben restaurarlo con una actitud humilde. Pero cuídese cada uno, porque también puede ser tentado (Gál. 6:1).

CORRECCIÓN HUMILDE

Se nos instruye a corrijamos unos a otros (Heb. 3:13; Luc. 17:3-4), pero ¿cuándo debemos hacerlo? ¿Cada vez que vemos a alguien hacer algo malo? No. En 1 Pedro 4:8 leemos: «el amor cubre multitud de pecados». Esto significa que debemos cubrir muchos o la mayoría de los pecados con un espíritu generoso y perdonador en lugar de reprender a las personas constantemente. Deberíamos corregir cuando la persona está «atrapada» en ese comportamiento, es decir, cuando vemos que se encuentra en un patrón habitual que les está perjudicando a ellos y a otros. Pero también debemos corregir con la mayor delicadeza, con plena conciencia de que también somos personas defectuosas con nuestras propias flaquezas. Finalmente, lo hacemos para restaurarlas, nunca para hacerlas sentir mal.

Reflexión:

Analicen la forma en que ustedes critican a la otra persona a la luz de estos tres criterios. ¿Dónde necesitan mejorar?

Oración:

Señor Jesús, denunciaste sin temor el pecado y, sin embargo, fuiste «apacible y humilde de corazón» (Mat. 11:29). Ayúdanos a combinar esas cualidades mientras hablamos entre nosotros. Amén.

EMOCIÓN Y CREENCIAS

DÍA 189

Las emociones no son algo que podamos encender o apagar, pero nuestras creencias sobre nuestras emociones están bajo nuestro control. Si comenzamos a resentirnos con alguien, ¿cedemos ante eso o decimos: «Esa no es la persona que Cristo está creando en mí, la que cree que vive solo por la misericordia y la gracia de Dios»? Esto cambia nuestra actitud. Podemos resistir los pensamientos de superioridad y resentimiento, y alentar los pensamientos de humildad y perdón. Entonces, las creencias conducen a actitudes, y las actitudes conducen al comportamiento y eso puede tener un impacto en la emoción original. No estamos indefensos en manos de nuestras emociones.

Es un error pensar que debes sentir amor para darlo. Si, por ejemplo, tengo un hijo y renuncio a mi día libre para llevarlo a un juego de pelota que sé disfrutará, en un momento en que no estoy particularmente contento con él, de alguna manera soy más amoroso con él que si mi corazón estuviera lleno de afecto (p. 108).

Reflexión:

Piensen en una emoción fuerte y negativa. ¿Cómo pueden, a través de las creencias y el comportamiento, cambiar el control que las emociones tienen sobre ustedes?

Oración:

Mediten en el Salmo 77:12, donde el salmista angustiado exclama a Dios: «Meditaré en todas tus proezas». Pídanle a Dios la misma resolución para centrar sus pensamientos en Su Palabra, especialmente cuando sus emociones afloran.

DÍA 190

[C. S. Lewis escribió:] No perdamos el tiempo planteándonos si «amamos» a nuestro prójimo; actuemos de inmediato como si en verdad fuera así [...]. Si afrentamos a alguien que nos desagrada, nos desagradará aún más. Si la tratamos bien, el rechazo decrecerá[...]. Cada vez que hacemos un bien a alguien, [...] [lograremos] que nos desagrade un poco menos [...]. El hombre natural trata a algunas personas con amabilidad si es movido por una «simpatía»: el cristiano, en cambio, al esforzarse por tratar a todo el mundo con amabilidad, descubre que cada vez le gustan más las personas, incluidas aquellas que nunca habría imaginado que pudieran llegar a caerle bien (págs. 109-110).

EMOCIONES Y COMPORTAMIENTO (PARTE 1)

C. S. Lewis argumenta que «los alemanes, tal vez, al principio maltrataron a los judíos porque los odiaban; después los odiaron mucho más porque los habían maltratado». Aquí Lewis se basa en su lectura de Aristóteles, quien enseñó que nos volvemos buenos no al sentirnos bien, sino practicando la bondad. Por ejemplo, un hombre valiente no es alguien que se siente valiente, sino que actúa con valentía a pesar de los temores. Si no tuviera miedo, su acción no sería valiente. Entonces, una persona amorosa no es alguien que siente amor por alguien. El amor es hacer bien a alguien, incluso significa un sacrificio de tus propios intereses. Si estás lleno de afecto, no hay mucho sacrificio en ello. Los sentimientos tienden a seguir las acciones.

Reflexión:

¿Lewis está diciendo que deberíamos fingir que nos sentimos amorosos y valientes aunque no lo hagamos? ¿Alguna vez han observado lo que Lewis indica que funciona?

Oración:

Mediten en Hebreos 12:12-13, que enseña que así como debemos ejercitar una extremidad lesionada, aunque duela, para curarla, debemos obedecer a Dios y amar y servir a los demás, nos guste o no. Pídanle a Dios que los ayude a recordar y practicar esto.

EMOCIONES Y COMPORTAMIENTO (PARTE 2)

DÍA 191

Otro ejemplo de cómo las acciones conducen al sentimiento se encuentra en el clásico estudio de Edmund Morgan: *American Slavery, American Freedom* [Esclavitud americana, libertad americana]. Él muestra cómo los colonos blancos de Virginia habían mostrado poca o ninguna animadversión hacia los negros hasta que comenzaron a esclavizarlos. Esto se hizo originalmente con fines económicos, pero una vez que lo hicieron, comenzaron a sentir y expresar un creciente desprecio racial por ellos. Al principio, no esclavizaron a los africanos porque los despreciaban, sino que llegaron a despreciarlos porque los esclavizaron. Si tratas a tu cónyuge con respeto, le sirves con amor y actúas con amor, a la larga, es la forma más fructífera de experimentar el amor.

Nuestra cultura señala que los sentimientos de amor son la base de las acciones de amor [...]. Pero es más cierto decir que las acciones de amor pueden conducir constantemente a sentimientos de amor. El amor en el matrimonio es una mezcla simbiótica y compleja de [emoción y acción]. Dicho esto, es importante observar que de los dos [...] tenemos más control sobre lo último. Es la acción del amor la que podemos prometer mantener todos los días (págs. 112-113).

Reflexión:

Piensen en varias formas en las que han visto crecer emociones negativas (como el desdén o la animadversión) junto con un comportamiento negativo (como maltratar o evitar).

Oración:

Pídanle a Dios que los salve de los ciclos viciosos de rechazo-desprecio-más rechazo, empeorando cada vez más la relación. Pídanle el discernimiento y el autocontrol necesarios para evitar esa espiral humana y pecaminosa.

DÍA 192

No estoy pidiendo que te cases deliberadamente con una persona que no te gusta. Pero puedo garantizar que, con quienquiera que te cases, te dejará de «gustar» […]. Nuestras emociones están ligadas a tantas cosas dentro de nuestra fisiología, psicología y entorno. Tus sentimientos disminuirán y fluirán y, si sigues la definición de amor de nuestra cultura, puedes concluir que […] «si esta fuera la persona con la que debería de casarme, mis sentimientos no serían tan fluctuantes» (pág. 113).

EMOCIÓN Y COMPROMISOS

Robert Bellah escribió que ahora tenemos una cultura de lo que él llamó «individualismo expresivo». Se nos enseña que «cada persona tiene un núcleo único de sentimientos [...] que debería desplegarse o expresarse si se desea formar una identidad». Supuestamente, nuestra identidad auténtica está en lo que sentimos. Pero esto hace imposible un matrimonio a largo plazo. Significa que los esfuerzos para reavivar el amor no son auténticos. El hecho es que nuestras cambiantes y contradictorias emociones no pueden ser la base más profunda de quienes somos. Nuestra identidad más profunda se basa en nuestros compromisos: nuestras promesas y votos. Sus votos matrimoniales son una parte más importante de quiénes son que sus fluctuantes sentimientos.

Reflexión:

¿Cuáles son sus compromisos más fundamentales? ¿Cómo constituyen una identidad más estable que sus emociones?

Oración:

Pídanle a Dios que los ayude a ver su identidad como hijos de Dios, adoptados por gracia (Juan 1:12-13) en lugar de sus sentimientos cuando tienen problemas para amar a su cónyuge.

EMOCIÓN Y HÁBITO

DÍA 193

Todo lo que hacemos una vez se vuelve más fácil de hacer nuevamente, ya que somos criaturas de hábito. Tiene sentido que te vuelvas valiente si actúas con valentía, sin esperar a sentirte valiente. ¿Pero eso también es cierto para el amor? Sí lo es. Si sirves a alguien por quien te sientes fuertemente atraído en este momento, tus acciones son parcialmente para ti mismo. Estás tratando de obtener el afecto de la otra persona, que deseas enormemente. Sin embargo, cuando amas y sirves a alguien que en este momento ni siquiera te gusta, entonces lo estás haciendo por su bien, no por el tuyo. En cierto modo, amar a alguien que no te gusta es más amor verdadero y una forma de convertirte en una persona más amorosa.

Reflexión:

Piensen en algunas formas en que este principio funcionó para ustedes en una relación fuera del matrimonio. Piensen en algunas formas en que este principio funcionó para ustedes dentro de su matrimonio.

Oración:

Agradezcan a Dios por las situaciones en las que pueden servir a su cónyuge cuando no le apetezca. Pídanle a Dios que los ayude a ver estas situaciones como oportunidades para profundizar su carácter, relación y amor.

Debes cumplir con tu compromiso de actuar y servir con amor incluso cuando, no, especialmente cuando, no sientes mucho deleite y atracción por tu cónyuge. Y cuanto más lo hagas, lenta pero seguramente, encontrarás que tu atracción más egoísta se transforma en un amor que se caracteriza más por una humilde y asombrosa apreciación de la otra persona. El amor en el que crecerás será más sabio, más rico, más profundo, menos cambiante (pág. 116).

DÍA 194

No ha de sorprendernos entonces que, al marcharse los hijos de casa, muchos matrimonios se vienen abajo. La razón es que, si bien habían tenido con sus hijos una relación de amorosa alianza, prodigando amor y cuidados en un vínculo muy especial, la relación de pareja se había convertido en contrato de consumo, escatimando las acciones amorosas si los sentimientos no afloraban espontáneos. Así, transcurridas dos décadas, el matrimonio dejaba de tener sentido, mientras que el afecto a los hijos se mantenía inquebrantable (pág. 118).

PRUEBA DE CRIANZA

Cuando los niños no agradecen o fallan en corresponder la amistad y el servicio, seguimos siendo padres fieles debido a su condición dependiente. Y a medida que pasan los años, nuestro amor por ellos se fortalece. Pero si tu cónyuge no está agradecido o no corresponde las acciones de amor, parece justo alejarse de tu cónyuge y pensar: «Si no eres el cónyuge que deberías ser, no te quejes si no soy el cónyuge que debería ser». Tiene la apariencia de justicia, pero esa actitud tiene consecuencias mortales. Si bien tu amor por tus hijos crece porque los amas incondicionalmente, tu matrimonio está sufriendo una lenta muerte. La crianza de los hijos es un «caso de prueba» que demuestra que los sentimientos de amor siguen las acciones del amor.

Reflexión:

Piensa en varias formas en que un matrimonio puede sufrir una «lenta muerte» (pequeñas formas, apenas perceptibles, de alejamiento).

Oración:

Da gracias a Dios por ser el Padre perfecto, todavía misericordioso; y agradece a Jesús por ser el cónyuge perfecto: infinitamente amoroso, pero insistiendo en que cambiemos para mejorar. Pídele al Señor que te renueve a Su imagen.

EMOCIÓN Y MEDITACIÓN

DÍA 195

¿Qué haces cuando tus sentimientos por tu cónyuge disminuyen? Considera los diversos «lenguajes» del amor que se tratarán más adelante en este devocional y el significado del matrimonio. Asegúrate de usarlos todos y de utilizar especialmente los que son más valiosos para tu cónyuge. Pero aunque los actos son importantes, trabaja en tu corazón. Aquí hay una propuesta simple y práctica. Medita en el amor de Cristo por sus discípulos cuando lo estaban abandonando. Medita en Su amor por ti a lo largo de los años cuando lo ignoraste, o al menos no lo amaste como deberías haberlo hecho. Piensa en Su amor incansable por ti a pesar de todo eso, y en lo que le costó. Deja que eso te motive a amar a tu cónyuge.

Reflexión:

¿Qué cosas haces que dificultan que tu cónyuge te ame? Comparte tu respuesta con tu cónyuge.

Oración:

Considera el Salmo 1:1-6, que es una meditación sobre la meditación. Luego pídele a Dios que te muestre cómo no solo orar, sino meditar hasta el punto del deleite (Sal. 1:2).[1]

Debemos decirnos algo como esto: «Cuando Jesús miró hacia abajo desde la cruz [...] negándolo, abandonándolo y traicionándolo [...] en el mayor acto de amor de la historia, permaneció en la cruz [...]. Él nos amó, no porque fuéramos dignos de Su amor, sino para hacernos dignos. Por esta razón amaré a mi cónyuge». Habla así a tu corazón y luego cumple las promesas que hiciste el día de tu boda (págs. 118-119).

[1] Para más información sobre la meditación como medio de la gracia, además de la lectura bíblica y la oración, ver «As Conversation: Meditating on His Word» [«Conversaciones: Meditar en Su Palabra»] en Timothy Keller, *Prayer: Experiencing Awe and Intimacy with God* [Oración: Experimenta asombro e intimidad con Dios], (New York: Penguin Books, 2014, 145-164).

DÍA 196

Es sorprendente que después de que Dios creara al hombre, dijera: «No es bueno que el hombre esté solo» (Gén. 2:18) [...]. La narrativa de Génesis implica que nuestra intensa capacidad relacional, creada y dada por Dios, no se cumplió por completo con nuestra relación «vertical» con Él. Dios nos diseñó para necesitar relaciones «horizontales» con otros seres humanos. Por eso, incluso en el paraíso, la soledad era algo tan terrible (pág. 122).

AMISTAD O PERECER

Nuestra cultura individualista promueve la ilusión de que lo que somos y seremos es principalmente el resultado de nuestras decisiones personales. Cuando llegamos a la fe, también asumimos que nuestra nueva conexión con Dios y Su poder nos dará todos los recursos que necesitaremos para ser felices y alcanzar nuestras metas. En realidad, somos seres irreductiblemente relacionales. Somos más el producto de nuestras relaciones familiares y sociales que de nuestras propias elecciones conscientes. Y así, después de obtener una nueva relación con Dios a través de Cristo, es solo a través de toda una comunidad de creyentes que Dios nos cambia, porque «cada uno es miembro» del cuerpo de Cristo (1 Cor. 12:12–27.) Fuimos creados para necesitar amigos o perecer.

Reflexión:

¿Tienes estos tres tipos de amigos: vecinos con quienes convives y trabajas; hermanos y hermanas en Cristo; tu cónyuge?

Oración:

Pasa algún tiempo pensando en dos o tres personas que han tenido un enorme impacto en ti, que fueron casi literalmente (o literalmente) salvavidas para ti. Agradécele a Dios por ellos de todo corazón, y luego pídele que te brinde más como ellos en tu vida.

AMISTAD Y ALABANZA

DÍA 197

Después de ver una película que realmente te encantó, descubrirás que tu placer aumenta exponencialmente si puedes verla de nuevo con alguien que aún no la ha visto. Tu alegría en la historia se profundiza por la maravilla y el elogio de la otra persona. Esto es verdad en todo. Recuerdas, entiendes y aprecias mejor las cosas cuando las haces con otra persona. No solo eso, sino que su deleite de algo mejora el tuyo. La experiencia profundiza la relación y la relación profundiza la experiencia. Esa es una de las formas en que la amistad enriquece nuestras vidas. En la raíz de la amistad está nuestra necesidad de completar nuestro deleite de las cosas a través de los demás.

Reflexión:

¿Qué actividades que te brindan verdadera alegría puedes realizar con tu cónyuge? ¿Cómo puede aumentar la cantidad de tiempo que dedicas a estas actividades?

Oración:

Alabado sea Dios porque alabarlo produce alegría (Sal. 84:1-2). Alabado sea Dios porque nosotros, creados a Su imagen, disfrutamos al alabar. Pídele que te dé un espíritu de alabanza en lugar de uno quejumbroso y crítico.

Mientras que el amor erótico puede representarse como dos personas que se miran entre sí, la amistad puede representarse como dos personas de pie, una al lado de la otra, mirando el mismo objeto, emocionadas y fascinadas por él [...]. La paradoja es que la amistad no puede ser simplemente sobre sí misma. Debe tratarse de algo más, algo con lo que ambos amigos están comprometidos y apasionados, además de uno del otro (págs. 124-125).

DÍA 198

C. S. Lewis escribió: «La condición misma de tener amigos es que deberíamos querer algo más que amigos. Donde la respuesta veraz a la pregunta "¿Ves la misma verdad?" sería: "No me importa la verdad. Solo quiero que seas mi amigo", no puede surgir ninguna amistad. La amistad debe ser sobre algo [...]. Aquellos que no tienen nada no pueden compartir nada; aquellos que no van a ninguna parte no pueden tener compañeros de viaje» (pág. 125).

AMISTAD POR LA QUE VALE LA PENA LUCHAR

Es bien sabido que a lo largo de los años tienes que trabajar para mantener el romance en un matrimonio. Pero mantener la mistad dentro del matrimonio puede ser una batalla. A medida que las carreras se vuelven más exigentes y los niños se vuelven más exigentes, es fácil convertirse en simples compañeros de cuarto o padres que son socios. Deben encontrar tiempo no solo para las tardes románticas, sino también para deleitarse y discutir los mismos libros, para aconsejarse mutuamente, para explorar los mismos paisajes, para afirmarse mutuamente, para orar y adorar juntos, para convertirse en mejores amigos. Siempre vale la pena luchar por la amistad.

Reflexión:

Las amistades deben ser sobre algo más que la misma la amistad. Hay un número infinito de posibilidades. En tu matrimonio, ¿sobre qué puede ser tu amistad?

Oración:

Ora en base a tus devocionales del día 196 al día 204 sobre la amistad. Pide una visión más profunda y al menos una idea práctica y muy concreta sobre cómo puedes fortalecer tu amistad con tu cónyuge.

LOS AMIGOS COMPARTEN UN PASADO

DÍA 199

La trama habitual de una película sobre amigos requiere que las personas que no se agradan entre sí tengan una experiencia común de peligro y pérdida que los forje en una «banda de hermanos» cohesiva e interdependiente. Los cristianos comparten una experiencia común profunda que es única, una convicción de que ellos son pecadores, que no pueden salvarse a sí mismos, y un reconocimiento de una salvación total inmerecida por medio de la gracia. Eso nos conduce a la humildad, por lo que no podemos menospreciar a nadie más, pero también nos da una certeza sobre nuestro valor que otras identidades no pueden proporcionar. Cuando cualquier cristiano se encuentra con otro cristiano cuya identidad ha sido transformada por la gracia, reconoce la alegría del otro. Existe un vínculo instantáneo y una base para una amistad profunda.

Reflexión:

Relata a tu cónyuge cómo fuiste guiado a través de estas etapas: tratabas de salvarte, te percataste de que salvarte era imposible y que la salvación de Cristo era inmerecida y estaba disponible.

Oración:

Después de relatar a tu cónyuge tu «historia de gracia», oren juntos, agradeciendo a Dios por Su trabajo en la vida de su cónyuge.

Para los creyentes en Cristo, a pesar de las enormes diferencias de clase, temperamento, cultura, raza, sensibilidad e historia personal, existe algo en común subyacente que es más poderoso que todo lo demás […]. Los cristianos han experimentado la gracia de Dios en el evangelio de Jesús. Todos hemos cambiado nuestra identidad desde la raíz, por lo que ahora el llamado y el amor de Dios son más fundamentales para nuestra identidad que cualquier otra cosa (pág. 126).

DÍA 200

Y [todos los creyentes] también anhelan el mismo futuro, el viaje al mismo horizonte, lo que la Biblia llama la «nueva creación», donde nos convertiremos en nuestro verdadero ser, las personas para las que fuimos creadas, libres de todos los defectos, las imperfecciones y debilidades. [Pablo] habla de «la gloria que habrá de revelarse en nosotros» (Rom. 8:18, 20). «Aguardamos» y «gemimos interiormente» esta redención final y total (Rom. 8:23) (pág. 126).

LOS AMIGOS COMPARTEN UNA VISIÓN

Pablo habla de un proceso de cambio en el carácter cristiano (2 Cor. 3:18) que comienza ahora y llega a su culminación perfecta en el futuro (Fil. 1:6). Esto significa que incluso ahora hay un proceso en curso en el que cada uno de nosotros está siendo formado espiritualmente en alguien único y hermoso, a medida que el pecado disminuye y las virtudes de la fe, la esperanza y el amor crecen y se fortalecen. Aquí hay una segunda cosa de la que se tratan las amistades cristianas. Tenemos una visión del «mejor yo» que Dios está creando en nuestro amigo. Los amigos cristianos se asocian con Cristo para ayudarse unos a otros hacia este gran futuro. Lo hacemos afirmando, exhortando, amando, llorando y regocijándonos unos con otros.

Reflexión:

Haz una lista de las tres grandes cosas en las que ves a Cristo obrando en tu cónyuge.

Oración:

Ayer oraste en presencia de tu cónyuge, agradeciendo a Dios por Su obra de gracia en la vida de tu cónyuge. Hoy ora de nuevo, esta vez pidiéndole que continúe y que te haga un socio suyo en esta tarea.

AMIGOS Y PRÁCTICAS FORMATIVAS

DÍA 201

Dos cristianos, con nada más que una fe común en Cristo, pueden tener una amistad sólida [...]. La amistad es una unidad profunda que se desarrolla cuando dos personas, que se dicen la verdad en amor, viajan juntas hacia el mismo horizonte (págs. 126 y 128).

Durante siglos, los creyentes se formaron como cristianos por un conjunto de prácticas en común. Estas son herramientas que los cónyuges cristianos pueden usar para intensificar su propia amistad. Pueden estudiar la Biblia y la teología juntos (Hech. 2:42). Pueden responsabilizarse mutuamente por los objetivos de crecimiento espiritual (Heb. 3:13). Pueden ayudarse para identificar sus dones particulares para el ministerio y luego apoyarse en su uso (Rom. 12:4-8). Pueden abrir su hogar a otros en nombre de Cristo, brindando hospitalidad (Rom.12:13). Puede pensar en formas de nutrir la fe de sus hijos (Ef. 6:1-4). Todas estas prácticas cristianas ordinarias, cuando se hacen en pareja, se convierten en la base de una amistad espiritualmente rica.

Reflexión:

¿Cuál de las prácticas realizas actualmente con tu pareja? ¿Cuáles podrías agregar?

Oración:

Repasando la lista del devocional anterior, agradece a Dios por cada medio particular de gracia y pídele la sabiduría y la autodisciplina para aprovecharla mejor tanto en tu matrimonio como en la iglesia.

DÍA 202

AMIGOS HASTA EL FINAL

Proverbios 2:17 describe al cónyuge como compañero («mejor amigo» o «mejor amiga»). En una época en la que las mujeres eran vistas a menudo como propiedad del marido [...] esto es sorprendente [...]. Pero hoy [...] es igual de radical [...]. En las sociedades tribales, el romance no importa tanto como el estatus social, y en las sociedades occidentales individualistas, el romance y las relaciones sexuales son [lo más] importante. La Biblia, sin embargo, sin ignorar la responsabilidad hacia la comunidad o la importancia del romance, pone gran énfasis en el matrimonio como una amistad (pág. 129).

En la antigüedad, el propósito principal del matrimonio era asegurar la estabilidad social y el estatus a través de la procreación de hijos. La felicidad romántica era opcional y la amistad ni siquiera imaginada. Hoy la principal preocupación es la realización sexual y personal. Los niños son opcionales y, nuevamente, la amistad no es punto de enfoque. Sin embargo, debemos tener en cuenta que, en Génesis, el texto no señala que Eva fue traída a Adán porque necesitaba sexo o hijos, sino porque no era bueno que estuviera solo. Y si envejecen juntos, ni la crianza de los hijos ni el sexo serán lo que sostengan su relación. Pero la amistad dura hasta el final.

Reflexión:

La Biblia hace énfasis en todos estos diversos aspectos del matrimonio. Escríbelos en una lista. ¿Algunos de ellos dominan y otros se están quedando atrás? ¿Qué puedes hacer al respecto?

Oración:

Hoy, simplemente agradece a Dios por la riqueza inigualable y multidimensional de la institución del matrimonio y pídele que no permita que ninguno de esos aspectos maravillosos se atrofie en tu relación, especialmente la amistad.

AMIGOS: UNA VISIÓN GENERAL

DÍA 203

¿Cuáles son, entonces, las marcas de una persona que puede ser no solo tu cónyuge, sino también tu mejor amigo? Dos pares de cosas. Sinceridad y consejos. Deben estar dispuestos a decir la verdad, a decir cosas dolorosas que necesita escuchar; y no solo deben reprender, sino dar consejos sabios sobre el camino a seguir. Después, constancia y cuidado. La veracidad debe estar incrustada en el amor incondicional, en el tacto y la gracia. Un amigo sabe decir la verdad de la manera y en el momento en que se puede recibir mejor. ¿Cuáles son las características que debes tener si quieres ser amigo de tu cónyuge? Esta misma lista.

Reflexión:

Considera estas cuatro marcas de amistad con tu cónyuge. ¿En cuáles son más fuertes? ¿En cuáles son más débiles?

Oración:

Después de concluir su autoexamen en la reflexión, pídele ayuda a Dios en el área que has identificado como la más débil. Pídele consejos prácticos sobre cómo mejorar.

Este principio (que tu cónyuge debe ser capaz de convertirse en tu mejor amigo), cambia las reglas del juego cuando abordas la cuestión de la «compatibilidad» en un posible cónyuge. Si piensas en el matrimonio en gran medida en términos de amor erótico, la compatibilidad significa química sexual y atractividad. Si piensa en el matrimonio en gran medida como una forma de avanzar hacia el tipo de vida social y el estado que deseas, la compatibilidad significa clase social y aspiraciones comunes (pág. 132).

DÍA 204

El atractivo físico disminuirá, no importa cuánto trabajes para retrasar su partida. Y desafortunadamente el estatus socioeconómico puede cambiar casi de la noche a la mañana […]. La atracción sexual y la «compatibilidad» de clase social no te dan una visión común […]. Tales objetivos no crean una profunda unidad. Si te casas principalmente con una pareja sexual, o principalmente con una pareja financiera, en realidad no irás a ninguna parte juntos. Y aquellos que no van a ninguna parte no pueden tener compañeros de viaje (págs. 132).

AMIGOS CON UNA MISIÓN EN COMÚN

Como hemos visto, las amistades deben ser sobre algo, incluidos objetivos compartidos. Muchas parejas comparten objetivos buenos, pero de menor importancia, como ser propietario de una casa o alcanzar cierto nivel de suficiencia financiera. Un objetivo mucho más sustancial y a largo plazo es la crianza de los hijos. Pero todos sabemos que tales objetivos no necesariamente unen los corazones en amor. Muchas personas divorciadas pueden trabajar juntas en asuntos financieros y de crianza de los hijos sin acercarse. Los objetivos más grandes, profundos y conmovedores para compartir incluyen el deseo de ver crecer el reino de Dios en el mundo, en su comunidad y en su cónyuge, a través de muchas vidas transformadas por el Espíritu.

Reflexión:

¿Qué objetivos con respecto al reino de Dios en el mundo y en su comunidad pueden establecer como pareja?

Oración:

Medita en el Salmo 48:1-2. Oren juntos para que el reino de Dios, Su gracia salvadora y la comunidad humana resultante basada en la paz, la justicia y el amor, se convierta en «la alegría de toda la tierra».

CRECER EN GRACIA

DÍA 205

Sí, debemos amar a nuestro cónyuge buscando su bien, y sí, tu cónyuge debería tratar de amarte y complacerte. Pero no hay nada mejor que tu cónyuge pueda hacer por ti, y nada mejor que puedas hacer por él o ella, que crecer en la gracia y en el conocimiento de Jesucristo (2 Ped. 3:18). Sin embargo, no debemos enfrentar este objetivo del matrimonio contra los demás. No hay mejor manera de mejorar tu atractivo romántico para tu cónyuge que escuchar su consejo espiritual y convertirte en la persona que Cristo te llama a ser.

Reflexión:

Con gentileza y con toda la gracia que puedan reunir, hagan una lista de las «imperfecciones» de carácter de cada uno. Ahora cada uno de ustedes elija una para trabajar en ella. Pide el consejo de tu cónyuge sobre cómo hacerlo.

Oración:

Lee 2 Pedro 3:18 en voz alta y ora por tu cónyuge en su presencia.

Pablo [escribe en Efesios 5 que] el objetivo principal del matrimonio no es el estado social y la estabilidad [...] ni es principalmente felicidad romántica y emocional [...]. La meta es «hacerla santa» (v. 26) «para presentársela a sí mismo» en radiante belleza y esplendor (v. 27), para que sea perfectamente «santa e intachable» (v. 27) y para eliminar todas las manchas espirituales, defectos, pecados e imperfecciones, para hacernos santos, gloriosos e irreprensibles (págs. 130).

DÍA 206

El esposo y la esposa deben ser amantes y amigos como lo es Jesús para nosotros. Jesús tiene una visión de nuestra gloria futura (Col. 1:27; 1 Jn. 3:2-3) y todo lo que hace en nuestras vidas nos mueve hacia esa meta. Efesios 5:28 vincula directamente el propósito de cada matrimonio humano con el propósito del supremo matrimonio […]. Si dos cristianos no relacionados deben […] responsabilizarse entre sí para despojarse de sus pecados (Heb. 3:13), ¿cuánto más deberían hacer eso un esposo y una esposa? (págs. 131-132).

CRECER A TRAVÉS DE LA EXHORTACIÓN

En nuestra cultura, es más fácil que nunca esconderse de las personas, incluido tu cónyuge. Sin embargo, no hay nadie que pueda ver mejor tu vida que tu cónyuge. Él o ella pueden notar pequeños cambios en el comportamiento y el espíritu que nadie más puede. Hebreos 3:13 les dice a los creyentes: «exhortaos los unos a los otros cada día […] para que ninguno de vosotros se endurezca por el engaño del pecado» (RVR1960). «Exhortar» es una palabra que significa simpatizar y confrontar, suplicar o implorar. Nuestros pecados se esconden de nosotros («engaño»), por lo que debemos pedirle a alguien que nos ayude a salir de ellos. ¿Quién? Casi no hay nadie que pueda llevar a cabo este mandato bíblico mejor que tu cónyuge.

Reflexión:

¿Cómo pueden responsabilizarse mutuamente por defectos de carácter pequeños pero tercos sin caer en regaños y quejas?

Oración:

Pídele a Dios los rasgos particulares que necesitas para «exhortar» de manera adecuada: amabilidad y franqueza; simpatía e insistencia.

CRECIMIENTO Y LOS DOS SERES

DÍA 207

Cuando creemos en Cristo, Dios nos da una nueva naturaleza (Ef. 4:22-24). A través del evangelio, esa nueva naturaleza tiene la aprobación incondicional de Dios y somos capacitados por primera vez para amar a Dios y a los demás por su bien, no por el nuestro. Sin embargo, la vieja naturaleza, que trata de ganarse su autoestima y obtener control sobre Dios y los demás, todavía está allí. Hace buenas obras, pero para obtener la aprobación y el poder de Dios y de otros. La complejidad y la gloria de la vida cristiana radica en que ambas naturalezas, con sus marcos de motivación y pensamiento, están disponibles para nosotros y pueden afirmarse en cualquier día. Crecemos a medida que morimos más y más a la vieja naturaleza y vivimos más y más en la nueva.

Reflexión:

Describe brevemente con tu cónyuge las características de las motivaciones y el pensamiento de tu antigua naturaleza y de tu nueva naturaleza en Cristo.

Oración:

Pídele a Dios que te haga consciente de las elecciones que tenemos todos los días, en las cuales podemos vivir con nuestra nueva naturaleza o nuestra nueva naturaleza. Luego, pídele que te haga lo suficientemente feliz en Cristo como para vestirte de la nueva naturaleza en las trincheras de la vida diaria.

[Si eres cristiano] tienes un viejo ser y uno nuevo ser (Ef. 4:24). El viejo yo está lisiado [...] debido a muchos pecados y defectos de carácter arraigados. El nuevo ser eres tú liberado de todos tus pecados y defectos. Este nuevo ser es siempre una «obra en progreso», y en algún momento las sombras del viejo ser lo hacen casi completamente invisible. Pero a veces las sombras realmente desaparecen y puedes contemplar a dónde vas (pág. 133).

DÍA 208

Esto es lo que significa enamorarse. Es mirar a otra persona y echar un vistazo a la persona que Dios está creando, y decir: «¡Veo en quién te está convirtiendo Dios y me emociona! Quiero asociarme contigo y con Dios en el viaje que estás haciendo a Su trono. Y cuando lleguemos allí, diré: "Siempre supe que podrías ser así. Lo vislumbré en la tierra, ¡pero ahora mírate!"» (pág. 134).

CRECER EN ANTICIPACIÓN

Comprender las dos naturalezas de un cristiano es crucial para cada etapa de tu relación. Cuando te enamoras por primera vez, te atraen las fortalezas de la otra persona en lugar de las fallas, por lo que te enamoras principalmente del futuro ser que Dios está haciendo. Durante sus años juntos aprendes a amar a la otra persona como Cristo te ama. Amas a tu cónyuge con todos sus pecados, pero no amas sus pecados. Aceptar los pecados de alguien es lo menos amoroso que podrías hacer y sería una traición a la verdadera naturaleza de tu cónyuge. Y finalmente, sabes que verás a tu cónyuge transformado en gloria (2 Cor. 3:18; 1 Jn. 3:2). Vive en la alegre anticipación de ese momento.

Reflexión:

Sabemos que no es amoroso criticar duramente y reprender a alguien por su pecado. ¿Por qué es poco amoroso guardar silencio al respecto? Enumera las formas en que el silencio cobarde es poco amoroso.

Oración:

Pídele al Señor la habilidad espiritual crucial pero esquiva de poder atacar un problema sin atacar a la persona, de mostrarte en contra de su pecado, pero a favor de ella. Ruega a Dios que te muestre cómo hacerlo, particularmente en tu matrimonio.

CRECIMIENTO Y VOLUNTAD DE DIOS

DÍA 209

Como hemos visto, muchos hoy insisten en que su cónyuge «no intente cambiarlos». Sin embargo, Cristo, nuestro esposo espiritual, trabajó para limpiarnos y embellecernos, y ahora debemos hacer lo mismo en nuestros matrimonios (Ef. 5:28). Pero es fácil pensar que estamos tratando de ayudar a nuestro cónyuge a convertirse en «la persona en que Dios los está convirtiendo», cuando en realidad estamos tratando de convertir a nuestro cónyuge en alguien que se adapte a nuestros gustos personales o que refuerce nuestra autoestima o agrade más a nuestros padres. En cambio, debemos juzgar a nuestro cónyuge por la voluntad de Dios como se expresa en su Palabra, por los estándares bíblicos de carácter como el fruto del Espíritu (Gál. 5) o la sabiduría divina (Prov.) o el Sermón del Monte (Mat. 5–7).

Mi esposa, Kathy, a menudo dice que la mayoría de las personas, cuando buscan un cónyuge, buscan una estatua terminada cuando deberían buscar un maravilloso bloque de mármol. No para que puedas crear el tipo de persona que deseas, sino porque ves qué tipo de persona está haciendo Jesús (pág. 134).

Reflexión:

Piensa en los cambios que has buscado en tu cónyuge pero que no son cosas que el Espíritu de Dios necesariamente crea en las personas. Luego piensa en los cambios que has buscado y sí encajan en esta categoría. ¿Cuál es la ventaja de tener dos listas en lugar de una?

Oración:

Pídele a Dios que te ayude a aceptar las características de tu cónyuge que pueden desagradarte personalmente pero que no son asuntos de carácter espiritual o madurez. Luego pídele a Dios que te ayude a no aceptar ningún patrón pecaminoso que afligirá a Dios y lastimará a tu cónyuge.

DÍA 210

Este no es en absoluto un enfoque ingenuo y romantizado, sino que es brutalmente realista. En esta visión del matrimonio, cada persona le dice a la otra: «Observo todos tus defectos, imperfecciones, debilidades, dependencias. Pero debajo de todos ellos veo crecer a la persona que Dios quiere que seas». Esto es radicalmente diferente de la búsqueda de «compatibilidad» (pág. 135).

CRECIMIENTO Y PODER DE DIOS

¿Por qué el enfoque descrito anteriormente es «brutalmente realista»? En primer lugar, supone que quienquiera que se case estará muy lejos de la persona que necesita ser. Se esperan imperfecciones. Esto evita la desilusión desgarradora que viene con el romanticismo ciego. En segundo lugar, no es el comportamiento permisivo de una familia alcohólica, en el que el adicto se mantiene en su estado para que el otro cónyuge pueda rescatarlo continuamente y sentirse noble y necesitado. Finalmente, existe el profundo alivio de saber que cambiar a tu cónyuge no es, en última instancia, tu trabajo en absoluto. Está mucho más allá de tu poder. Eres un mero asistente de Dios en esta gran obra.

Reflexión:

Piensa en otras formas en que el enfoque cristiano del cambio evita el romanticismo ingenuo y el comportamiento permisivo.

Oración:

Primero, agradece a Dios por la sabiduría única de las Escrituras para comprender cómo cambian las personas y, en segundo lugar, por el poder único del Evangelio para efectuarlo. Luego pide que la sabiduría y el poder de Dios obren en tu matrimonio.

CRECIMIENTO Y EL EVANGELIO

DÍA 211

Podríamos llamar al enfoque bíblico «el matrimonio como vehículo para la santificación». La palabra «santificación» significa el proceso de volverse santo y cristiano (comp. 1 Tes. 4:3). Contrasta tanto con la actitud, «compatibilidad significa no pedirme que cambie» o, en el otro extremo del espectro, «eres un desastre y necesitas que te salve». La forma bíblica combina el realismo sobre nuestros defectos con gran esperanza de cambio a través de los medios de gracia de Cristo. Reconoce que solo Cristo es Salvador, y tu cónyuge no lo es. Es similar a la humildad y la confianza combinadas que el evangelio trae cuando te enseña que, en Jesús, eres, al mismo tiempo, más pecaminoso de lo que te atreviste a creer, pero más amado de lo que jamás esperaste.

Reflexión:

Piense en cómo el evangelio de salvación por gracia nos ayuda a ser muy realistas y tener esperanza sobre el cambio al mismo tiempo.

Oración:

Pídele a Dios que te ayude a recordar que no eres el salvador de tu cónyuge, ni tampoco eres el Espíritu de Dios en la vida de tu cónyuge. Confiesa a Dios las formas específicas en que has tratado de tomar esos roles y pon a tu cónyuge en las manos de Dios.

[«Compatibilidad» generalmente] significa que estamos buscando un socio que nos acepte tal como somos [...]. La búsqueda de un compañero ideal es una búsqueda desesperada [...]. Este es un enfoque radicalmente diferente [...]. Si no ves las profundas fallas, debilidades y dependencias de tu pareja, ni siquiera estás en el juego. Pero, si no te entusiasmas con la persona en la que tu cónyuge ya se ha convertido y se convertirá, no estás aprovechando el poder del matrimonio como amistad espiritual (pág. 135).

DÍA 212

El romance, el sexo, la risa y la diversión son los subproductos de este proceso de santificación, refinamiento y glorificación. Esas cosas son importantes, pero no pueden mantener el matrimonio durante años y años de la vida cotidiana. Lo que mantiene el matrimonio es tu compromiso con la santidad de tu cónyuge, con su belleza, su grandeza y su perfección [...] con su honestidad y pasión por las cosas de Dios. Ese es tu trabajo como cónyuge. Cualquier objetivo menor que ese, cualquier propósito menor, solo estarás jugando a casarte (pág. 136).

ORDEN CORRECTO

Un subproducto es algo creado en la fabricación de otra cosa. Cuando Jesús declaró: «Dichosos [felices] los que tienen hambre y sed de justicia», quiso decir: «Felices los que quieren algo más que felicidad, es decir, justicia». Apunta a amar a Dios y obtendrás felicidad. Apunta principalmente a la felicidad y no obtendrás ninguna de las dos cosas. Ahora, aplica este principio al matrimonio. Comprométete con el bien y el crecimiento de tu cónyuge en la semejanza de Cristo y también obtendrás romance, diversión y risas. Enfócate principalmente en la diversión y el romance, y no obtendrás nada de eso.

Reflexión:

C. S. Lewis escribió: «Apunta al cielo y acertarás en la tierra. Apunta a la tierra y no acertarás en ninguno de los dos».[1] Piensa en las muchas otras áreas de la vida en las que se desarrolla este principio básico.

Oración:

Medita en Mateo 6:33. Luego pídele a Dios que te muestre lo que significa particularmente para ti «buscar primero el reino de Dios y su justicia», para que todas las demás cosas que necesites sean añadidas a tu vida.

[1] Lewis, Mere Christianity, 134.

SIN LÍMITE

DÍA 213

Pedro se acercó a Jesús y le preguntó:
—Señor, ¿cuántas veces tengo que perdonar a mi hermano que peca contra mí? ¿Hasta siete veces?
—No te digo que hasta siete veces, sino hasta setenta y siete veces—le contestó Jesús—. Por eso el reino de los cielos se parece a un rey que quiso ajustar cuentas con sus siervos
(Mat. 18:21-23).

La pregunta de Pedro implica que hay un punto en el que podrías dejar de perdonar a una persona recalcitrante. Como «siete» era un símbolo de integridad en la Biblia hebrea, la respuesta extravagante de Jesús significa que nunca debemos dejar de perdonar. Relató la historia de un rey que perdonó a un sirviente una deuda de «diez mil talentos». Dado que un solo talento era de unos diez años de salario, la cantidad significaba algo así como nuestra palabra «trillones».[1] Después, ese mismo sirviente se negó a perdonarle a un compañero de servicio una pequeña cantidad. El rey enojado le preguntó: «¿No debías tú también haberte compadecido de tu compañero, así como yo me compadecí de ti?» (v. 33). Lo que Dios nos ha perdonado no se puede calcular y su perdón puede derretir nuestro resentimiento hacia cualquier otra persona. En la medida en que comprendamos lo que nos perdonó, podremos perdonar a los demás las deudas infinitamente más pequeñas que nos deben.

Reflexión:

¿Cómo nos ayuda esta ilustración emocionalmente a perdonar a los demás?

Oración:

Señor, ¿cómo puedo yo, que vivo solo por tu misericordia, retener la misericordia a alguien que me ha hecho daño? Tengo resentimientos, pero por favor, arroja la luz de tu gracia infinita sobre ellos, para poder verlos como lo necios que son. Ayúdame a perdonar. Amén.

---

[1] «Diez mil (mytia, de ahí nuestro "millón") es el número más grande en términos griegos, y el talento es la cantidad de dinero más grande. Cuando ambos se combinan, el efecto es como el de nuestros "trillones". Lo que Dios ha perdonado a su pueblo va más allá de cualquier cálculo humano». R. T. France, *The Gospel of Matthew* [El evangelio de Mateo], *The New International Commentary on the New Testament* (Grand Rapids: Eerdmans, 2007), 706.

DÍA 214

Pedro se acercó a Jesús y le preguntó:
—Señor, ¿cuántas veces tengo que perdonar a mi hermano que peca contra mí? ¿Hasta siete veces?
—No te digo que hasta siete veces, sino hasta setenta y siete veces—le contestó Jesús—. Por eso el reino de los cielos se parece a un rey que quiso ajustar cuentas con sus siervos (Mat. 18:21-23).

EL COSTO DEL PERDÓN

La parábola de Jesús nos ayuda a perdonar emocionalmente, pero también nos ayuda a comprender qué es el perdón. Perdonar a alguien con una deuda significa que tienes que absorber el costo tú mismo. Si no lo perdonas, tendrá que pagarla. Si perdonas, correrás con el costo. Esto también es cierto en situaciones no monetarias. Cuando pecan contra ti, pierdes algo: felicidad, reputación, tranquilidad o una oportunidad. Si no perdonas, lastimas (o quieres herir) su felicidad y paz. Si perdonas, soportas lo que hicieron sin venganza. Eso será doloroso, por supuesto, y por eso no debemos pensar que el perdón se siente bien. El perdón es siempre una forma de sufrimiento. Como Cristo cargó nuestros pecados en amor por nosotros sin queja, así debemos perdonarnos unos a otros (Ef. 4:32).

Reflexión:

¿Qué agrega esta parábola a tu comprensión del perdón? ¿Qué tan bien te va en el perdón?

Oración:

Padre, hazme feliz de pagar el precio del perdón, tan pequeño comparado con el sacrificio de tu Hijo por mí. Amén.

SUPERAR EL MAL: EL PRINCIPIO

DÍA 215

La palabra «vencer» significa tomar el control o derrotar. Cuando asociamos demasiado el mal con el malhechor, pensando que para destruir el mal debemos destruir al malhechor, sin saberlo nos convertimos en un peón de la fuerza malvada que está detrás del malhechor. Si, en cambio, mostramos amor al malhechor, hay dos resultados. Primero, la propagación del mal se detiene en nosotros. El odio y el orgullo no nos infectan. En segundo lugar, la propagación del mal se puede controlar en el malhechor. Puede percatarse de lo que ha hecho mal (de ahí la metáfora de «brasas ardientes»). La persona hostil puede llenarse de remordimiento a través de la experiencia de la bondad. Así Jesús venció nuestro mal con la bondad de Su vida y sacrificio.

Reflexión:

Vencer el mal con el bien, ¿has visto que esto suceda? ¿Lo has hecho tú mismo? Discute cómo aplicar este principio en tu matrimonio.

Oración:

Señor, solía pensar que si perdonaba, si simplemente me abstenía de vengarme cuando la gente me perjudicaba, era todo lo que tenía que hacer. Ahora veo que debo ser activamente bueno con ellos. ¡Esto parece ir más allá de mí! Ayúdame, Dios. Amén.

No paguen a nadie mal por mal. Procuren hacer lo bueno delante de todos. Si es posible, y en cuanto dependa de ustedes, vivan en paz con todos. No tomen venganza, hermanos míos, sino dejen el castigo en las manos de Dios, porque está escrito: «Mía es la venganza; yo pagaré», dice el Señor. Antes bien, «Si tu enemigo tiene hambre, dale de comer; si tiene sed, dale de beber. Actuando así, harás que se avergüence de su conducta». No te dejes vencer por el mal; al contrario, vence el mal con el bien (Rom. 12:17-21).

DÍA 216

No paguen a nadie mal por mal. Procuren hacer lo bueno delante de todos. Si es posible, y en cuanto dependa de ustedes, vivan en paz con todos. No tomen venganza, hermanos míos, sino dejen el castigo en las manos de Dios, porque está escrito: «Mía es la venganza; yo pagaré», dice el Señor. Antes bien, «Si tu enemigo tiene hambre, dale de comer; si tiene sed, dale de beber. Actuando así, harás que se avergüence de su conducta». No te dejes vencer por el mal; al contrario, vence el mal con el bien (Rom. 12:17-21).

SUPERAR EL MAL: LA PRÁCTICA

Observamos el principio de vencer el mal, pero ¿qué pasa con la práctica? Primero, no evites a la persona. En el matrimonio no puedes evitar a tu cónyuge físicamente, pero puedes cerrarte emocionalmente. No pienses: «No tomaré represalias, pero no quiero tratar con él o ella». ¡Eso es una represalia! y el versículo 18 señala que debes buscar activamente la paz.[1] No seas frío, esperando que tu cónyuge pregunte: «¿Qué sucede?». En segundo lugar, no es suficiente simplemente seguir con nuestras vidas (v. 19); debes expresar amor en palabras y acciones. (Eso no significa ser demasiado amable solo como una forma de avergonzar a tu cónyuge). El versículo 20 indica que debemos encontrar formas de desear bien a la persona y hacer cosas útiles y hablarles con respeto.

Reflexión:

Cuando tu cónyuge hace algo que le has pedido que no haga una y otra vez, y te enojas, ¿respondes con estas prácticas? Considera cómo aplicar estas prácticas en tu matrimonio.

Oración:

Señor, no me dejes esconderme detrás de todas mis excusas que se justifican a sí mismas con frases como: «Él/ella comenzaró. Que sufra las consecuencias». Ayúdame a ver que, cuando nuestra relación es tensa, siempre puedo decidir. Amén.

---

[1] Existen límites. Romanos 12:9, «El amor debe ser sincero. Aborrezcan el mal; aférrense al bien», nos recuerda que no amamos con sabiduría u honestidad cuando permitimos que alguien peque. No es amoroso permitir que abusen o facilitarles que lo hagan. Ver la tercera parte de Dan B. Allender y Tremper Longman, *Bold Love* [Amor audaz], (Colorado Springs, CO: NavPress, 1992, 229-310) que distingue entre amar a una «mala persona» a una «persona necia» y a un «pecador regular».

SUPERAR EL MAL: EL PODER

DÍA 217

El poder para vencer el mal con el bien está en el evangelio. Cuando Pablo nos pide que pensemos en la ira de Dios (v. 19), nos recuerda que todo resentimiento y venganza es asumir el papel de Dios como juez. Pero (1) solo Dios está calificado para juzgar (somos imperfectos y merecemos juicio nosotros mismos); (2) solo Dios sabe lo suficiente para juzgar (no sabemos todo sobre el delincuente, lo que él o ella ha enfrentado y merece); y (3) Jesús tomó el juicio de Dios. Cristo murió por nosotros mientras éramos sus enemigos (Rom. 5:6-10). Si debemos amar incluso a nuestros enemigos de esta manera, ¿cuánto más debemos perdonar y amar a nuestros cónyuges, especialmente cuando estamos enojados con ellos?

Reflexión:

Comprométanse el uno con el otro para que, cuando la otra persona los haga enojar, respondan con el perdón de Mateo 19 y el amor de Romanos 12.

Oración:

Señor, gracias por darme tantas verdades que pueden derretir mi corazón cuando se endurece hacia mi cónyuge. Ayúdame a discernir las que más me afectan y transforman, y luego que tu Espíritu las use para estimularme a amar. Amén.

No paguen a nadie mal por mal. Procuren hacer lo bueno delante de todos. Si es posible, y en cuanto dependa de ustedes, vivan en paz con todos. No tomen venganza, hermanos míos, sino dejen el castigo en las manos de Dios, porque está escrito: «Mía es la venganza; yo pagaré», dice el Señor. Antes bien, «Si tu enemigo tiene hambre, dale de comer; si tiene sed, dale de beber. Actuando así, harás que se avergüence de su conducta». No te dejes vencer por el mal; al contrario, vence el mal con el bien (Rom. 12:17-21).

DÍA 218

¿Está enfermo alguno de ustedes? Haga llamar a los ancianos de la iglesia para que oren por él y lo unjan con aceite en el nombre del Señor. [...] Por eso, confiésense unos a otros sus pecados, y oren unos por otros, para que sean sanados. La oración del justo es poderosa y eficaz
(Sant. 5:14,16).

CONFESIÓN MUTUA (PARTE 1)

Si los cristianos en general se confiesan sus pecados unos a otros, los cónyuges también deberían hacerlo, y no estamos hablando aquí solo de pecados contra la otra persona. Deben aprender a admitir sus faltas y pecados el uno al otro, orar por los demás y representar gentilmente la misericordia de Dios. Dietrich Bonhoeffer escribió: «El que está solo con su pecado está completamente solo [...]. El progreso definitivo a la comunión no ocurre porque, aunque tienen comunión unos con otros como personas devotas, no tienen comunión como pecadores».[1] No poder confesar pecados a tu cónyuge también es estar solo en tu matrimonio.

Reflexión:

¿Tienen, en su matrimonio, «comunión como pecadores»? Habla con tu cónyuge sobre este tema.

Oración:

Señor, tu Palabra dice constantemente que cuando ocultamos nuestro pecado nos enfermamos y estamos solos (Sal. 32:3-4). Confesamos que no nos gusta mostrar nuestros pecados y defectos entre nosotros. Acaba con nuestro orgullo para que podamos confesarnos nuestros pecados y orar unos por otros, y ser sanados. Amén.

[1]Bonhoeffer, *Life Together*, 110-111.

CONFESIÓN MUTUA (PARTE 2)

DÍA 219

Por eso, confiésense unos a otros sus pecados, y oren unos por otros, para que sean sanados. La oración del justo es poderosa y eficaz (Sant. 5:16).

Dietrich Bonhoeffer escribió: «Existen dos peligros contra los que una comunidad cristiana que practica la confesión debe protegerse. El primero se refiere al que escucha confesiones. No es bueno que una persona sea la confesora de todas las demás [...] esto daría lugar a [...] el dominio espiritual de las almas [...]. Toda persona debe abstenerse de escuchar la confesión si ella misma no la practica. Solo la persona que se ha humillado de esta manera puede escuchar la confesión de un hermano sin daño. El segundo peligro concierne al confesante (el que hace la confesión) [...]. No permitan que su confesión sea considerara una obra piadosa. La confesión como una obra piadosa es una invención del diablo [...]. Podemos confesar únicamente por el bien de la promesa de absolución. La confesión como un deber de rutina es la muerte espiritual».[1]

Reflexión:

Pon estos dos peligros en tus propias palabras. ¿Cuál de ellos es peligro para ti? Aplica estas ideas a tu propio matrimonio.

Oración:

Señor, no permitas que, como pareja, caigamos en el patrón de que uno de nosotros siempre sea la parte confesora y el otro sea quien dé la absolución. Guíanos a una verdadera mutualidad en este ministerio. Amén.

[1] Bonhoeffer, *Life Together*, 120

DÍA 220

Pablo insta a los cónyuges a ayudar a sus compañeros a amar a Jesús más que a ellos [...]. Solo si mi tanque emocional está lleno de amor de Dios, podré ser paciente, fiel, tierno y abierto con mi esposa cuando las cosas no van bien en la vida o en la relación. Y cuanta más alegría obtengo de mi relación con Cristo, más puedo compartir esa alegría con mi esposa y mi familia (págs. 137-138).

AMA EN SEGUNDO LUGAR PARA AMAR BIEN

Si el amor principal de mi vida es mi esposa, si ella es la persona cuya aprobación, afecto y afirmación es más valiosa para mí, la aplastaré con mis expectativas. Necesitaré que ella siempre me esté amando, y nunca sea absorbida por sus propios problemas o tenga un mal día, que nunca enferme o esté deprimida y, por lo tanto, sea incapaz de darme lo que necesito. Y estaré tan devastado o enojado por su crítica que le haré desear que nunca lo haya hecho. Si, en cambio, el amor de Dios es mi mayor alegría y mi fundamento más profundo, tendré los recursos para amar a mi esposa cuando la necesite. Solo si amo a Jesús más que a mi cónyuge, lo haré bien.

Reflexión:

Piensa en otras formas en que no podremos amar bien a nuestro cónyuge si no amamos más a Jesús.

Oración:

Pídele a Dios que abra los ojos para ver las formas específicas en que has estado culpando a tu cónyuge por no darte cosas que solo el Señor puede dar.

DÍA 221

FILTROS (PARTE 1)

Un cónyuge es un amante romántico, un socio económico y un compañero en la crianza de los hijos. Cuando una persona soltera en nuestra cultura busca a alguien para casarse, estos roles son preeminentes en su mente. Por lo tanto, la apariencia y la capacidad financiera tienden a ser los estándares para la evaluación. Son como dos filtros por los que se excluyen muchos candidatos de carácter estelar, pero que son ordinarios en las categorías físicas y financieras. Sin embargo, si nos damos cuenta de que la amistad espiritual es el núcleo del matrimonio y es lo que nos sostiene a través de los altibajos de los otros roles y actividades, nos dará una nueva perspectiva para ver un gran potencial en las personas que de otra manera serían prácticamente invisible para nosotros.

Reflexión:

Quizás estás buscando a alguien para casarte o conoces bien a alguien que lo busca. Despójate de los filtros y mira de nuevo a las personas que conoces. ¿Quién aparece ahora en la lista?

Oración:

Ora para que los solteros (especialmente en la iglesia) no retrasen innecesariamente el matrimonio o echen de menos a los futuros socios potenciales debido a estos «filtros» que nos brinda nuestra cultura. Ora en segundo lugar para que no tengan un efecto negativo residual en tu matrimonio.

Si los solteros aceptaran este principio, cambiaría drásticamente la forma en que las personas buscan un matrimonio en nuestros días. Es típico que una persona sola entre a una habitación y vea a varias personas del sexo opuesto e inmediatamente comience a examinarlas, no buscando compañía, sino a alguien atractivo […]. El problema es que muchas de sus mejores prospectos de amistad probablemente se encontraban entre aquellos que descartó porque eran demasiado altos o demasiado bajos, demasiado gordos o demasiado delgados (pág. 138).

DÍA 222

Pensamos en un [compañero] como principalmente un amante [...] y después si [ellos] pueden ser amigos además de eso [...]. [En cambio] busca a alguien que pueda ser tu amigo de por vida, que te entienda mejor que tú mismo, que te haga una mejor persona simplemente por estar cerca de ellos. Y luego explora si esa gran amistad también puede ser un romance maravilloso. La mayoría de las personas comienzan a salir con el propósito equivocado, y terminan en matrimonios que realmente no se tratan de nada y no van a ninguna parte (págs. 138-139).

FILTROS (PARTE 2)

Hemos dicho que la mayoría de las personas en nuestra cultura simplemente descartan a cualquier posible cónyuge en función de su apariencia y sus finanzas. Un enfoque más saludable es no solo desear un amante, sino también anhelar un amigo. Sin embargo, todavía tendemos a descartar a cualquier persona que no sea sexualmente atractiva para nosotros, dejándonos con un conjunto de personas bastante atractivas. Luego evaluamos ese grupo para ver con cuáles podríamos ser amigos. Te proponemos invertir el orden. Busca personas con sabiduría y simpatía, que muestren la capacidad de realmente «cautivarte». Luego, considera si puede sentirte atraído por ellos. El romanticismo basado en la admiración por el carácter es mucho más duradero que el romanticismo basado en un cuerpo hermoso pero envejecido.

Reflexión:

¿Crees que es posible encontrar a alguien sexualmente atractivo tanto por su carácter y corazón como por su cuerpo?

Oración:

Ora para que el aspecto romántico de tu matrimonio solo aumente a medida que envejeces, y pídele al Señor la sabiduría, el autoconocimiento y las actitudes de corazón necesarias para que eso suceda.

MEJORES AMIGOS

DÍA 223

Cada persona necesita una variedad de amigos que puedan proporcionar estimulación intelectual y sabios consejos que una sola persona no puede ofrecer, incluido su cónyuge. Pero a menos que coloquemos la amistad espiritual en el corazón de nuestro matrimonio, tendremos que buscar nuestro consejo más profundo y la mejor afirmación en otro lugar. Si bien eso no rompe el pacto de la misma manera que la infidelidad sexual, hace que sea difícil darle a tu matrimonio la prioridad que debería tener. Ningún matrimonio puede ser saludable si alguna otra relación personal se ha vuelto significativamente más importante para ti que la que tienes con tu cónyuge.

Reflexión:

¿Dirías que has alcanzado este equilibrio: tener buenos amigos y, sin embargo, una amistad única y cercana con tu cónyuge?

Oración:

Examina tus amistades ante el Señor en oración. Si una de ellas se ha vuelto más valiosa que tu matrimonio, pídele a Dios ayuda para no alejarte por completo de esa amistad, sino que puedas aumentar la profundidad de la compañía espiritual con tu cónyuge.

Si consideras a tu cónyuge principalmente como una pareja sexual o una pareja financiera, descubrirás que necesitarás actividades fuera del matrimonio para realmente involucrar a toda tu alma [...]. Tu matrimonio morirá lentamente si tu cónyuge siente que él o ella no es la prioridad en tu vida. Pero solo si tu cónyuge no es solo tu amante y socio financiero, sino tu mejor amigo, es posible que tu matrimonio sea tu relación más importante y satisfactoria (pág. 139).

DÍA 224

Justo en medio de estas culturas patriarcales, y ante estas realidades, Dios señala: «No puse un padre y un hijo en el Jardín, puse un esposo y una esposa. Cuando te casas con tu cónyuge, eso debe reemplazar todas las demás relaciones, incluso la relación con tus padres. Tu cónyuge y tu matrimonio deben ser la prioridad número uno en tu vida». Tu matrimonio debe ser más importante para ti que cualquier otra cosa (pág. 140).

ÍDOLOS DE LA CULTURA

La visión bíblica para el matrimonio desafía a los ídolos de cada cultura. Subvierte la cultura individualista y transaccional de Occidente, insistiendo en que el bien del cónyuge y de la relación debe venir antes que los beneficios individuales egoístas. Por otro lado, el matrimonio bíblico también contradice las culturas tradicionales fuertemente orientadas a la familia. En esas sociedades, sus padres eligen explícita o implícitamente a su cónyuge, y su matrimonio permanece en gran medida bajo la autoridad de ellos mientras viven. Pero como dice Jesús, citando Génesis 2, debemos «dejar» a nuestros padres para unirnos con nuestro cónyuge, una idea contracultural. Exploraremos lo que eso significa en los próximos días.

Reflexión:

¿Cuál de las dos visiones culturales básicas del matrimonio te afecta más? ¿Qué crees que debería significar que «dejamos» a nuestros padres para unirnos a nuestros cónyuges?

Oración:

Pídele a Dios que te muestre las formas en que los valores de tu familia y cultura pueden estar afectando tu matrimonio. Pídele también que te arraigue cada vez mejor en las Escrituras a lo largo de los años para que veas las cosas más y más como Él las ve.

LA PRIORIDAD DE TU MATRIMONIO

DÍA 225

La cita anterior extiende la metáfora de Génesis 2 de «dejar» para recalcar el establecer como prioridad tu relación matrimonial. No debes poner tu trabajo, los deseos de tus padres, nisiquiera tus hijos antes que tu esposa o esposo. Debes «dejarlos» por tu cónyuge, que debe tener prioridad con respecto al tiempo, la satisfacción emocional y la lealtad sobre cualquier otra relación humana. Por ejemplo, si tu trabajo obtiene la mayor parte de tu energía creativa y compromiso intelectual, dejando poco para tu matrimonio, entonces no has «dejado» tu carrera para unirte a tu cónyuge. ¿Cuál es la prueba de fuego para determinar dónde estás en esto? «Si tu cónyuge no siente que lo estás poniendo primero [...] no lo estás haciendo».

Reflexión:

¿Sientes que la prueba de fuego es justa? ¿Por qué sí o por qué no? Pregúntense si están pasando la prueba.

Oración:

Pídele a Dios el autocontrol que necesitas para darle a tu cónyuge y matrimonio el primer lugar por encima de otras actividades y relaciones que podrían proporcionar una satisfacción emocional inmediata.

Alguna vez escuché a una esposa decir: «Complacer a [sus padres] es mucho más importante para él que complacerme a mí». Y escuché a un esposo declarar: «Ser madre es mucho más agradable para ella que ser esposa». También escuché: «Su carrera es lo realmente importante. Su carrera es el verdadero cónyuge». Si tu cónyuge no siente que lo estás poniendo primero, entonces, por definición, no lo estás haciendo. Y cuando se sienten así, tu matrimonio se está muriendo (pág. 141).

DÍA 226

También puedes fracasar en «dejar» a tus padres si les guardas resentimiento o los odias demasiado [...]. Podrías decir: «No puedo casarme con él, me recuerda a mi padre». Entonces, ¿qué pasa si un hombre se parece a tu padre? Deberías juzgarlo por lo que es en su totalidad y cómo se relaciona contigo. No permitas que tu mala relación con tu padre controle cómo te relacionas con tu pareja. Debes dejarlo atrás (págs. 141-142).

DEJANDO ATRÁS PADRES DEFECTUOSOS

La primera forma de fracasar en «dejar» a tus padres cuando te casas es estar enojado con ellos. Hay muchos padres malos en el mundo y pueden infligir sufrimiento y dolor a largo plazo a sus hijos. Pero si te molestas, irónicamente aún te controlarán. Puede haber muchas cosas que sería bueno hacer en tu nueva familia, pero te niegas a hacerlo porque te recuerda a tus padres o familia de origen. Puede parecer contradictorio para la mente moderna, pero la única forma de que el mal que te hayan hecho no triunfe sobre ti es perdonarlos de corazón (Mar. 11:25) como Dios te ha perdonado (Mat. 18:33).

Reflexión:

Piensa en las formas en que tus padres te perjudicaron, por omisión o comisión. ¿Los has perdonado?

Oración:

Pídele a Dios que comience la obra de perdonar a tus padres en donde sientes que te han fallado. Pídele ayuda a Dios, ya que no será un proceso rápido ni fácil.

DEJANDO ATRÁS BUENOS PADRES

DÍA 227

Una segunda forma en la que puedes fracasar en «dejar» a tus padres es si haces de tu matrimonio y de tu nueva familia una extensión virtual de la anterior. Si insistes constantemente en que tu esposo o esposa actúen de tal manera porque «así fue como lo hizo mi madre (o mi padre)», entonces estás creando una especie de camisa de fuerza para tu cónyuge. En lugar de diseñar nuevos patrones de comportamiento y relación, basados en sus propias necesidades, dones y aspiraciones, estás obligando a tu cónyuge y a ti mismo a encajar en el molde de tu familia de origen. Eso es imprudente y poco amoroso.

Reflexión:

Enumera las formas en que el apego excesivo a las formas de tu familia es imprudente y poco amoroso.

Oración:

Pídele a Dios que te ayude a poner las necesidades y deseos de tu cónyuge por delante de los de tus padres. Pídele la sabiduría que necesitan para idear nuevas formas de vida que les convengan como pareja en lugar de simplemente aferrarse a patrones más viejos y cómodos.

Tal vez la forma de operar de tu familia fue inteligente en un aspecto particular, pero solo debes llevarlo a tu nueva familia si también tiene sentido para tu cónyuge [...]. Cuando te casas, te comprometes a convertirte en una nueva unidad de toma de decisiones y a desarrollar nuevos patrones y formas de hacer las cosas. Pero si impones rígidamente los patrones que viste en tu propia familia en lugar de crear tu propia dinámica nueva, todavía no te has ido de tu casa (pág. 142).

DÍA 228

El exceso de compromiso con los padres es un problema [...]. El exceso de compromiso con los niños lo es aún más [...]. Nuestros hijos te necesitan desesperadamente [...]. Es correcto considerar la crianza de los hijos como un llamado supremo e importante en la vida. Sin embargo, si un matrimonio se enfría, es natural satisfacer tu necesidad primaria de amor y afecto a través de la relación padre-hijo en lugar de la relación esposo-esposa. Pero si amas a tus hijos más que a tu cónyuge, toda la familia sufrirá (pág. 142-143).

APROBACIÓN

Una tercera forma en que puedes fracasar en «dejar» a tus padres es buscar obtener aprobación y amor de tus padres o incluso de tus hijos más que de tu cónyuge. Tu cónyuge está en la mejor posición para ver tus debilidades y platicarte sobre ellas. Los padres y los niños pueden ofrecer más adulación y alabanzas ininterrumpidas. Por lo tanto, la tentación de apartar la mirada de tu cónyuge y enfocarte en las relaciones con tus padres e hijos puede ser fuerte. Pero ninguna de estas relaciones importantes puede ofrecerte la amistad espiritual, la lima «para afilar el hierro» (Prov. 27:17, TLA) en la verdad y el amor ni, por supuesto, la profunda unidad del amor romántico. Si colocas a tu cónyuge en segundo lugar en tu vida, todas esas vías de amor y crecimiento disminuirán.

Reflexión:

¿A qué tentación (padres o hijos) eres más propenso? ¿Cederás a ella?

Oración:

Oren juntos para que sean lo suficientemente afectuosos el uno con el otro todos los días y que no se sientan tentados a mirar demasiado a los amigos, padres o hijos para obtener aprobación y amor.

TU MATRIMONIO COMO UN REGALO

DÍA 229

¿Por qué es cierto que una de las mejores maneras de ser un buen padre es ser un buen cónyuge? Primero, crea una profunda sensación de seguridad en tus hijos. Les da la confianza de que el mundo es un lugar seguro para vivir, y esto tiene enormes implicaciones para el desarrollo emocional y del carácter. En segundo lugar, proporciona una lección sostenida, concreta y práctica para los niños sobre cómo los géneros pueden relacionarse bien a pesar de sus profundas diferencias. Esto elimina gran parte del miedo y el odio que tantos jóvenes tienen hacia el otro género o incluso hacia el suyo. Finalmente, enseñará a los niños las habilidades irremplazables de arrepentirse y perdonar, sin las cuales nadie puede navegar por la vida.

La mejor manera de ser una gran madre para tu hija es ser una gran esposa para tu esposo. Eso es lo principal que tu hija necesita de ti (pág. 143).

Reflexión:

¿Puedes pensar en otras razones por las cuales un matrimonio saludable es el primer ingrediente en una buena crianza de los hijos? ¿Cuáles son las implicaciones de esta verdad para tu familia?

Oración:

Agradece a Dios por salvarte de la pena de todos tus pecados a través de Jesús, y pídele que te salve del poder de tus pecados, especialmente tus fallas como cónyuge y padre. Luego, pide que Él te otorgue el poder para darle a tus hijos el regalo de un matrimonio cada vez más fuerte.

DÍA 230

Jesús no pide algo que cualquier cónyuge no pida. «Ponme en primer lugar, no tengas otros pseudo dioses delante de mí». Lo mismo con el matrimonio. El matrimonio no funcionará a menos que primero pongas a tu matrimonio y a tu cónyuge, y no conviertas cosas buenas, como padres, hijos, carrera, pasatiempos, en pseudo cónyuges (pág. 144).

PROTECCIÓN CONTRA EL ABUSO

Ninguna otra relación humana debe tener preeminencia en el tiempo o la emoción sobre tu relación matrimonial. Pero tu relación con Dios debe ser lo primero, teniendo prioridad incluso sobre tu matrimonio. ¿Qué significa esto? Primero, significa que Su amor necesita estar más arraigado en ti que cualquier otro para que puedas soportar los altibajos de cada relación humana, incluido tu matrimonio. Segundo, «¡Es necesario obedecer a Dios antes que a los hombres!» (Hech. 5:29). No debemos desobedecer órdenes claras de las Escrituras para complacer a nuestro cónyuge. Eso nos protege contra el abuso, entre otras cosas. Es incorrecto permitir que tu cónyuge peque contra Dios al abusar de ti.

Reflexión:

¿Qué pasa si un esposo le dice a su esposa que ella no puede ir a la iglesia, a pesar de Hebreos 10:24-25? ¿Qué debería hacer ella en esa situación?

Oración:

Pídele a Dios la disciplina para tener una vida de oración que te acerque a Él y también el coraje para confrontar a tu cónyuge si él o ella están contradiciendo la Palabra de Dios de alguna manera.

EL PODER DEL MATRIMONIO (PARTE 1)

DÍA 231

¿Cómo funciona este principio? Si tu matrimonio es fuerte, es decir, si tu cónyuge, junto a Dios, es la fuente más importante de amor, sabiduría y afirmación para ti, entonces los problemas y fracasos en el resto de la vida serán desalentadores, pero no tocarán tu autoestima fundamental e identidad. Esto se debe a que estarás arraigado principalmente en Dios y tu cónyuge te fortalecerá poderosamente, aunque de manera secundaria. Si, en cambio, has tomado en gran medida tu autoestima, por ejemplo, de tu carrera o algún otro tipo de logro, entonces una pérdida de trabajo o un revés importante infligirá una herida que no se podrá curar. No te hagas vulnerable a eso.

La razón por la que debe tener prioridad es por el poder del matrimonio. El matrimonio tiene el poder de establecer el curso de tu vida como un todo. Si tu matrimonio es fuerte, incluso si todas las circunstancias de tu vida están llenas de problemas y debilidades, no importará. Podrás moverte en el mundo con fortaleza (pág. 145).

Reflexión:

A veces se necesitan problemas y debilidades para llevarte más a los brazos de Dios y de tu cónyuge en busca de fortaleza y sanidad. La mayoría de nosotros hemos tenido esa experiencia. ¿Puedes recordar alguna?

Oración:

Dale gracias a Dios por algunos fracasos específicos o momentos de debilidad que te llevaron a fundamentar más tu identidad en Su salvación. Pídele la gracia de continuar ese proceso hasta el final de tu vida.

DÍA 232

Sin embargo, si tu matrimonio es débil, incluso si todas las circunstancias de tu vida están marcadas por el éxito y la fortaleza, no importará. Te moverás por el mundo con debilidad. El matrimonio tiene ese tipo de poder: el poder de establecer el curso de toda tu vida. Tiene ese poder porque fue instituido por Dios. Y debido a que tiene ese poder inigualable, debe tener una prioridad suprema inigualable (pág. 145).

EL PODER DEL MATRIMONIO (PARTE 2)

Puedes recibir un gran aplauso y afirmación del mundo. Puedes ser popular y exitoso. Pero si tu matrimonio es débil, tienes a la única persona en el mundo que te conoce mejor, te ve más íntimamente y sabe más sobre tus sensibilidades, miedos y defectos que cualquier otra persona. Si esa persona te muestra constantemente tus pecados sin palabras de gracia y perdón, o de alabanza y aprecio, eso será como una herida que no se puede curar. Tu corazón será como un cubo con un agujero en el fondo. No importa cuántos elogios se viertan en la parte superior, no lo llenarán de satisfacción.

Reflexión:

Repasa el devocional de hoy y el de ayer. Resume en tus propias palabras la respuesta a esta pregunta: ¿Por qué el matrimonio tiene el poder de establecer el curso completo de tu vida?

Oración:

Pídele a Dios que te ayude a evitar criticar a tu cónyuge sin acompañarlo con palabras de agradecimiento y gracia. Pide perdón por los momentos en que no lo hiciste.

AMISTAD ESPIRITUAL

DÍA 233

Estamos usando el término «amistad espiritual» como la descripción en el clásico libro del siglo XII de Aelred de Rievaulx.[1] La amistad espiritual tiene todo lo básico de cualquier amistad. Debe haber un intercambio, especialmente de sentimientos (transparencia) y de tiempo (estar ahí el uno para el otro). Pero los amores e intereses comunes que hacen la amistad espiritual tienen que ver con el discipulado cristiano. Los amigos espirituales aman al mismo Salvador, comparten una experiencia de gracia asombrosa, aman la misma Escritura y se responsabilizan mutuamente para crecer en Cristo (Heb. 3:13) y en un profundo conocimiento de Su Palabra (2 Ped. 3:18). En el nivel más simple, eso significa que los cónyuges que son amigos espirituales estudian la Biblia y la teología cristiana juntos, y oran juntos.

La clave para darle al matrimonio ese tipo de prioridad es la amistad espiritual [...]. Muchos cristianos se felicitan por haberse casado con otro creyente, pero consideran la fe de su futuro cónyuge como un factor más que lo hace compatible, como intereses y pasatiempos en común. Pero eso no es amistad espiritual. Es ayudarse mutuamente a conocer, servir, amar y parecerse a Dios de manera cada vez más profunda (págs. 146-147).

Reflexión:

¿Leen juntos la Biblia y la literatura cristiana y la discuten? ¿Oran juntos? Las parejas cristianas tienen buenas intenciones en este aspecto, pero a menudo no las llevan a la práctica. Si no estás haciendo esto tanto como deberías, ¿cuáles son las barreras o razones para ello?

Oración:

No ores en general para que «sean mejor es leyendo y orando juntos». En cambio, identifica las razones por las que no lo estás haciendo y pídele a Dios que te ayude a eliminarlas.

[1] Aelred of Rievauls, Spiritual Friendship [Amistad espiritual], (Trappist, KY: Cistercian Publications, 2010).

DÍA 234

El matrimonio es para hacernos santos, «sin mancha ni arruga ni ninguna otra imperfección» (Ef. 5:26–27). ¿Significa esto que «el matrimonio no se trata de ser feliz, se trata de ser santo?». No, ese es un contraste extremo […]. La verdadera felicidad está en el lado lejano de la santidad, no en el lado cercano. La santidad nos da nuevos deseos y alinea los viejos deseos. Entonces, si queremos ser felices en el matrimonio, aceptemos que el matrimonio está diseñado para hacernos santos
(págs. 146-147).

EL PROPÓSITO PRINCIPAL

El Catecismo Menor de Westminster pregunta: «¿Cuál es el fin [propósito] principal del hombre?». Y responde: «Glorificar a Dios y disfrutarlo para siempre». ¿Significa que si glorificamos a Dios amándolo y obedeciéndole, eso resultará en gran alegría? Sí. ¿Pero también señala que solo glorificamos verdaderamente a Dios si lo disfrutamos? Eso también, porque es solo si lo estamos obedeciendo solo por quien es, solo por la grandeza de Su amor, que realmente estaremos obedeciendo por Su gloria y no por la nuestra. La felicidad y la santidad tienen la misma relación interdependiente en el matrimonio. Cuanto más crecemos espiritualmente, más desinteresados podemos llegar a ser y más podemos encontrar nuestra felicidad en la felicidad y el crecimiento de nuestro cónyuge.

Reflexión:

¿Has visto la santidad y la felicidad relacionarse interdependientemente en tu matrimonio?

Oración:

Alaba a Dios por ser tan glorioso y hermoso. Adóralo hasta que sientas algo de Su grandeza. Luego confiesa que vas demasiado a Él por las cosas que deseas obtener, en lugar de solo por Dios mismo. Pide un corazón que lo busque así.

DESENCANTO

DÍA 235

La desilusión que puede surgir temprano en el matrimonio es tan frecuente y conocida que el dicho «la luna de miel ha terminado» ha permeado nuestro idioma. Pero no es cosa de risa. Tener relaciones sexuales antes de casarse puede aumentar el enamoramiento romántico y provocar que la verdadera amistad nunca comience. Por lo tanto, el desencanto puede intensificarse en el modelo moderno del cónyuge como pareja sexual / alma gemela, en lugar del cónyuge como amigo espiritual. Sin embargo, normalmente no puedes ver todos los pecados y defectos de tu cónyuge antes de casarte, por lo que debes esperar momentos de desencanto de cualquier forma.

Reflexión:

¿«Terminó la luna de miel» por la decepción? ¿Cómo lo manejaste?

Oración:

Pídele a Dios que te ayude a no mirar a ninguna cosa o relación, ni siquiera al matrimonio, para darte la alegría, el amor y la paz que solo Él puede darte. Pídele a Dios que se haga lo suficientemente real para tu corazón para que puedas adorarlo solo a Él.

La fase de enamoramiento [...] incluye la ilusión de que el amado es perfecto en todos los aspectos que importan. La experiencia de enamorarse pasa cuando los defectos de la otra persona vuelven a casa. Las cosas que parecían pequeñas e intrascendentes ahora cobran importancia [...]. Y esto nos presenta el desafío de amar a una persona que, en este momento, parece en gran parte un extraño, no la persona con la que recuerdas haberte casado [...]. Igual de angustiante será [...] que tu cónyuge te considere un extraño y enliste tus fallas graves (págs. 150-151).

DÍA 236

MATRIMONIO SIN QUEJIDOS

¿Cuáles son las «herramientas» para este trabajo? [...]. Como institución divina, el matrimonio tiene varios «poderes» inherentes que debemos aceptar y usar: el poder de la verdad, el del amor y el de la gracia. A medida que usemos cada poder en la vida de nuestro cónyuge, lo ayudaremos a convertirse en una persona que no solo refleje el carácter de Cristo, sino que también pueda amarnos y ayudarnos [...] especialmente cuando nos resulta difícil amar al extraño con el que estamos casados (pág. 152).

Entonces, ¿qué haces cuando descubres que «la luna de miel terminó»? A corto plazo, necesitas una buena teología. Fundamental es la humildad que proviene del evangelio. Cuando te desilusionas con tu cónyuge, piensa en tus propios defectos y debilidades que no desanimaron a Dios a amarte. Recuerda también el sabio y buen plan de Dios que «dispone todas las cosas para el bien de quienes lo aman» (Rom. 8:28). Estás en esta relación matrimonial por diseño de Dios. No seas como los hijos de Israel que, cuando las cosas se pusieron difíciles, pensaron que Dios estaba dispuesto a lastimarlos y se quejaron constantemente contra Él (Ex. 14:10; 16:2; 17:3). Usa estas dos «herramientas teológicas» para aprender a amar a una persona imperfecta.

Reflexión:

¿Has utilizado los dos recursos teológicos mencionados aquí? ¿Se te ocurren otros?

Oración:

Medita en las historias de Éxodo 16 y 17. Luego, pídele a Dios que te ayude a evitar un espíritu de quejas silenciosas en tu corazón contra Él. Pide, en cambio, un sentido de gratitud constante.

PERSPECTIVA ÚNICA

DÍA 237

Tu cónyuge tiene un punto de vista único sobre ti, más cerca que cualquier otra persona. ¿Alguna vez escuchaste una grabación tuya y pensaste: «Esa no parece mi voz en absoluto»? Realmente no puedes escuchar cómo suenas para los demás, ya que te escuchas en gran medida a través de tu propio cuerpo. De la misma manera, podemos conocer nuestros defectos en abstracto, pero no ser conscientes de su impacto en los demás. El matrimonio nos impide «descartar» cosas en nuestro carácter que no podemos ver. Por todas estas razones, nuestro cónyuge puede, de alguna manera, vernos mejor de lo que nos vemos a nosotros mismos.

Reflexión:

Haz una breve lista de fallas que tu cónyuge ha señalado y que no viste bien por ti mismo.

Oración:

Agradece a Dios por las críticas que recibes de tu cónyuge. Y también pide la capacidad de recibirlas con agradecimiento de tu cónyuge.

El matrimonio acerca a dos seres humanos a un contacto más ineludible que cualquier otra relación puede brindarles […]. La vida combinada del matrimonio te lleva a un contacto tan cercano con otra persona que puedes ver cosas en su corazón y carácter que él o ella pueden esconder de amigos, hermanos e incluso padres (pág. 153).

DÍA 238

¿Cuáles son las cosas que verá tu cónyuge? Puedes ser una persona tímida, con tendencia a presentar gran ansiedad. Puedes ser una persona orgullosa, con tendencia a ser obstinada y egoísta. Puedes ser una persona inflexible, con tendencia a ser exigente y malhumorada si no te sales con la tuya. Puedes ser una persona abrasiva o dura, a quien las personas tienden a respetar más de lo que aman (pág. 154).

MANCHAS (PARTE 1)

Es fácil hablar de «defectos» en términos muy generales, pero no debemos hacer eso. Durante los próximos tres días, consideremos los tipos de imperfecciones en nuestro carácter que el matrimonio puede revelar. Aquí hay cuatro defectos a considerar: ¿Te consideras un «perfeccionista», pero los demás te consideran ansioso y propenso a preocuparse demasiado? ¿Eres egoísta, por lo que te resulta muy difícil sacrificar tus derechos por alguien más? ¿Eres lo que consideras «estricto», pero otros lo interpretan como rígido y propenso a insistir siempre en hacer las cosas a tu manera? ¿Te consideras «sincero», pero otros piensan que eres brusco e hiriente?

Reflexión:

Discute estos rasgos con tu cónyuge. ¿Hasta qué punto te caracterizan? Asumiendo que no todos aplican, ¿cuáles sí lo hacen?

Oración:

Pídale a Dios paz interior en lugar de ansiedad, un espíritu bondadoso para vencer la tacañería, gracia en lugar de la rigidez y gentileza en lugar de brusquedad.

MANCHAS (PARTE 2)

DÍA 239

Sigamos analizando el tipo de fallas de carácter que nuestro cónyuge puede descubrir. Aquí hay cuatro más: ¿Te consideras una persona «relajada», pero otros te ven como poco confiable e indisciplinado? ¿Te consideras «un poco distraído», pero otros te ven como irreflexivo e insensible a las impresiones y sentimientos de los demás? ¿Te consideras un «perfeccionista», pero otros te llaman hipercrítico? ¿Te consideras «impaciente», pero otros te llaman «malhumorado»?

Reflexión:

Discute estos rasgos con tu cónyuge. ¿Hasta qué punto te caracterizan?

Oración:

Pídele a Dios autocontrol en lugar de un espíritu indisciplinado, atención en lugar de olvido, disposición para alabar en lugar de un espíritu crítico, y paciencia en lugar de frustración constante.

Puedes ser una persona indisciplinada, con tendencia a ser poco confiable y desorganizada. Puedes ser una persona ajena, que tiende a estar distraída, a ser insensible y no percatarse de cómo se encuentra con los demás. Puedes ser un perfeccionista, con una tendencia a ser muy crítico con los demás y también a exigirte demasiado. Puedes ser una persona impaciente e irritable, con tendencia a guardar rencor o perder los estribos con demasiada frecuencia (pág. 154).

DÍA 240

MANCHAS (PARTE 3)

Puedes ser una persona altamente independiente, a la que no le gusta ser responsable de las necesidades de los demás, ni tener que tomar decisiones en conjunto, y definitivamente odia pedir ayuda. Puedes ser una persona que anhela demasiado ser querido y, por lo tanto [...] disfrazas la verdad [...] no puedes guardar secretos y [...] trabajas demasiado duro para complacer a todos. Puedes ser ahorrativo, pero al mismo tiempo tacaño con el dinero (pág. 154).

Esta es la parte final de nuestra lista de defectos de carácter que crean problemas en el matrimonio. ¿Te consideras «autosuficiente», pero otros piensan que eres orgulloso y no quieres pedir ayuda? ¿Te consideras «independiente», pero tus amigos observan que odias cuando otros quieren opinar en tus decisiones? ¿Estás tan ansioso por complacer a los demás que disfrazas la verdad para no molestarlos? Fuera de esta necesidad de complacer, ¿tienes problemas para decir que no y terminas comenzando muchas más cosas de las que puedes hacer, lo que luego te llena de autocompasión y resentimiento? ¿Te consideras «ahorrativo», pero otros piensan que eres poco generoso?

Reflexión:

Discute estos rasgos con tu cónyuge. ¿Hasta qué punto te caracterizan?

Oración:

Pídele a Dios que te impida ser una persona orgullosa, controladora e hipócrita o una persona llena de culpa y autocompasiva.

SINTIENDO LAS IMPERFECCIONES

DÍA 241

Tu cónyuge puede ser más sabio y perspicaz que la mayoría de las personas.[1] Pero eso no es necesario para que él o ella conozcan tus fallas mejor que otros, incluido tú mismo. Un cónyuge está en una posición única para ver nuestros corazones. Mientras que otros pueden haber visto tu tendencia a la autocompasión o al resentimiento, tu cónyuge no solo lo ve, sino que lo siente. ¿Por qué? Porque en el matrimonio nuestros pecados a menudo son contra nuestros cónyuges. Si tienes tendencia a guardar rencor, tu cónyuge no solo se enterará de ello, sino que lo experimentará de forma personal. Incluso cuando nos mantenemos enojados con otra persona, indirectamente afecta a nuestros cónyuges porque nos quita la alegría en el hogar. Sin buscarlo, tu cónyuge es el experto mundial en qué necesitas cambiar.

Reflexión:

Habla con franqueza con tu cónyuge sobre las formas en que tus pecados, incluso cuando no están dirigidos a él o ella, le afectan y lastiman indirectamente.

Oración:

En presencia de los demás, pide el perdón de Dios y el perdón de tu cónyuge por todas las formas en que tus defectos de carácter han lastimado y entristecido a Dios. Agradece a Dios por el perdón asegurado en Jesucristo.

Aunque los defectos de tu carácter pueden haber creado problemas leves para otras personas, crearán problemas importantes para tu cónyuge y tu matrimonio. Por ejemplo, la tendencia a guardar rencor podría ser un problema dentro de las amistades, pero dentro del matrimonio puede matar la relación. Nadie más es tan incomodado y lastimado por tus defectos como tu cónyuge. Y, por lo tanto, tu cónyuge se vuelve más consciente que nadie de lo que te sucede (pág. 155).

[1] Mi esposa lo es, escribe Tim

DÍA 242

CAMINO A LA LIBERACIÓN

En última instancia, no es tu cónyuge quien expone la pecaminosidad de tu corazón, es el matrimonio mismo [...]. El matrimonio te muestra una imagen muy realista y poco halagadora de quién eres, luego te toma del cuello y te obliga a mirarlo. Esto puede sonar desalentador, pero en realidad es el camino hacia la liberación. Los consejeros te dirán con razón que los únicos defectos que pueden esclavizarte son aquellos a los que estás ciego (pág. 156).

Una de las mayores tentaciones en el matrimonio es culpar a nuestro cónyuge por los conflictos en lugar de al matrimonio en sí. Cuando dos personas naturalmente egocéntricas se ponen en contacto diario con alguien, inevitablemente se producen enfrentamientos de voluntad. Incluso vivir con padres o hijos es menos exigente, ya que no están en el mismo plano: existe una jerarquía de autoridad. Nada le da a otro ser humano una visión más clara de su vida interior que el matrimonio. El matrimonio inherentemente saca a relucir y muestra lo peor de ti. No culpes al cónyuge, es el matrimonio. Pero la única forma de crecer y cambiar tus defectos requiere este tipo de autoconocimiento ganado con esfuerzo. Así que, los conflictos del matrimonio son el camino hacia la liberación.

Reflexión:

¿Puedes pensar en otras razones o formas en que el matrimonio revela nuestro lado oscuro?

Oración:

Primero, pídele a Dios que te ayude a estar agradecido por los conflictos y las críticas de tu cónyuge. Luego, confiando en su ayuda, agradécele por ellos y pide Su ayuda para aprender y crecer a través de ellos.

NO TEMAS AL MATRIMONIO

DÍA 243

«En mi matrimonio siempre estamos luchando». Eso suena mal y ciertamente el matrimonio no debería ser un constante conflicto. ¿Pero acaso dirías: «los exámenes de los médicos revelaron cosas que necesitaban tratamiento, así que dejé de ir al médico»? Eso es ciertamente desagradable, pero no, no dirías eso. De la misma manera, el matrimonio podría considerarse como la forma en que Dios te hace un examen espiritual para ver qué necesita ser tratado. Dado que muchas personas se casan en la primera parte de sus vidas, estos pecados están menos arraigados y pueden ser más fáciles de abordar. ¡No temas ni te molestes en el matrimonio por su poder de mostrarte tu «enfermedad»!

Reflexión:

Piensa en algún conflicto reciente o en curso con tu cónyuge. ¿Cómo ayuda pensar en esto como una especie de «examen», que revela algo en tu corazón y carácter que necesita ser tratado?

Oración:

Medita en 1 Juan 4:18, que enseña que lo opuesto al amor no es el odio, sino el miedo. Pídele a Dios que te ayude a sentir tanto Su amor por ti y el amor de tu cónyuge por ti, que no temas las dificultades del matrimonio.

El matrimonio saca lo peor de ti. No crea tus debilidades (aunque puedes culpar a tu cónyuge por tus explosiones); las revela. Sin embargo, esto no es malo […]. Nadie piensa: «Oh, desearía que el médico nunca hubiera encontrado ese tumor [cáncer]». Las consecuencias de «evitar todos los problemas» habrían sido, al final, mucho más mortales, mucho más problemáticos, que encontrar y tratar el cáncer mientras era pequeño y tratable (págs. 155-156).

DÍA 244

«Todo me está permitido», pero no todo es para mi bien. «Todo me está permitido», pero no dejaré que nada me domine. Paso ahora a los asuntos que me plantearon por escrito: «Es mejor no tener relaciones sexuales» (1 Cor. 6:12; 7:1).

EL SEXO Y LA CULTURA

Corinto ofrecía una variedad heterogénea de prácticas sexuales de todo tipo.[1] Algunos cristianos decían que, dado que somos salvos por gracia, lo que hacían sexualmente no le importaba a Dios. «Tengo derecho a hacer cualquier cosa». Otra parte enseñó, por el contrario, que las relaciones sexuales nunca son buenas y deben evitarse por completo (1 Cor. 7:1). En su carta, Pablo puso un balance intermedio entre estos extremos, pero no se limitó a estrechar la diferencia.[2] Incluso el enfoque aparentemente conservador asumía que la definición de la cultura sobre el sexo, un mero apetito físico y liberación, era el correcto.[3] Es el mayor desafío, en cualquier momento cultural, permitir que la teología bíblica moldee nuestra visión y práctica del sexo.

Reflexión:

¿De qué maneras específicas tu actitud hacia el sexo ha sido más influenciada por las prácticas culturales que por la enseñanza bíblica?

Oración:

Señor, mis amigos, mi cultura e incluso mi cuerpo, por así decirlo, me están «hablando» sobre el sexo. Qué difícil es escuchar tu Palabra y lo que dice el evangelio al respecto. Dame oídos para escucharte. Amén.

---

[1] Harper, From Shame to Sin, 87.

[2] Harper, From Shame to Sin, 87-88

[3] [Los cristianos lograron una] transformación en la lógica de la moral sexual. Incluso donde las reglas de conducta se mantuvieron igual (como las expectativas casi inmutables puestas en las mujeres respetables) las sanciones morales [lógica profunda] cambiaron. La moral sexual cristiana marcó un cambio de paradigma, un salto cuántico a una nueva lógica fundamental de la ética sexual, en la cual el cosmos [Dios] reemplazó a la ciudad [polis — orden social] como marco para la moralidad. [...]. Para los griegos y los romanos, la ideología sexual pública era una expresión orgánica de un sistema social [...]. Incluso la filosofía pagana tendía, en su nivel más profundo, a ofrecer una ética sexual basada en el deber que aceptaba la lógica de la reproducción social al tiempo que devaluaba el placer como tal. Pero [...] el cristianismo liberó la moral sexual de sus amarres sociales. El nuevo modelo de agencia moral centrado en un individuo absolutamente libre cuyas acciones tienen un significado eterno y cósmico [...]. Dentro de este paisaje urbano de paganismo trémulo apareció un misionero [San Pablo] con un mensaje sorprendente: «¿No sabes que tu cuerpo es templo del Espíritu Santo dentro de ti?» Kyle Harper, «The First Sexual Revolution: How Christianity Transformed the Ancient World» [«La primera revolución sexual: cómo el cristianismo transformó el mundo antiguo»], *First Things*, enero de 2018, https://www.firstthings.com/article/2018/01/the-first-sexual-revolution.

SEXO EGOÍSTA

DÍA 245

Algunos cristianos pensaban que eran libres de tener relaciones sexuales como lo desearan. Nuestra cultura está aún más intensamente comprometida con la libertad personal en el sexo. «Lo que hago en la privacidad de mi habitación es mi asunto» es casi un lema nacional. Pero Pablo declaró que el sexo debe ser provechoso, una palabra que significa edificar a otros y especialmente buscar el bien común (comp. 1 Cor. 12:7).[1] Wendell Berry argumenta que las comunidades solo pueden suceder cuando las personas se unen entre sí, renunciando voluntariamente a mucha libertad. Él dice que el sexo es una «disciplina enriquecedora» o pegamento que une a dos personas para proporcionar estabilidad a largo plazo en una relación que no solo ayuda a los niños a prosperar, sino que también afecta la necesidad de familias de la comunidad en general. Así que nuestro uso del sexo es asunto de otras personas. Podemos usarlo para crear comunidad o simplemente para la realización personal.[2]

«Todo me está permitido», pero no todo es para mi bien
(1 Cor. 6:12a).

Reflexión:

Piensa en todas las formas en que tener relaciones sexuales tiene un efecto en la sociedad en la que vives, y por lo tanto, no es estrictamente solo tu asunto.

Oración:

Señor, te agradezco por este recordatorio de que no debería estar pensando en el sexo solo por mis necesidades y lo que me da placer, sino por cómo nuestra forma de hacer el amor puede fortalecer a mi cónyuge. Si nos das a ambos esta misma mente, ¡cómo se gozará nuestro matrimonio! Amén.

[1] Ver «synpheros» en Johan Lust, et al. *A Greek-English Lexicon of the Septuagint*, Revised Edition, Peabody, MA: Hendrickson Publishing, 2008.

[2] Wendell Berry, *Sex, Economy, Freedom, and Community* [Sexo, economía, libertad y comunidad], (New York: Pantheon, 1994), 119-120. Ver las notas finales de Keller, El significaco del matrimonio, 277, n172.

DÍA 246

«Todo me está permitido», pero no dejaré que nada me domine
(1 Cor. 6:12b).

SEXO ESCLAVIZANTE

Pablo da una segunda razón por la que no somos libres de tener sexo con quien queramos. Él dice literalmente: «Tengo el poder de hacer cualquier cosa, pero no dejaré que nada tenga poder sobre mí».[1] ¿Cómo puede el sexo ponernos bajo su poder? Hay muchas maneras. Podemos llegar a estar sexualmente intoxicados por alguien de carácter defectuoso que nos lleva a una relación imprudente. Podemos tener relaciones sexuales con diferentes personas por necesidad de aprobación o como una forma de probarnos a nosotros mismos. Tener relaciones sexuales fuera del matrimonio puede debilitar tu «sentido del compromiso» natural, de modo que el sexo ya no nos permite entregarnos tan profundamente a alguien (ver día 64). Todas estas formas bastante comunes de tener relaciones sexuales nos endurecen, nos quitan poder y nos esclavizan.

Reflexión:

Haz tu propia lista de las formas en que el sexo puede dominarte si crees que es solo algo que estás haciendo para tu propio deleite.

Oración:

Señor, ayúdame a ver las cosas que me esclavizan espiritualmente, incluso cuando se hacen para sentir más poder. Recuérdame diariamente que solo el servicio fiel a ti a través de tu Palabra es perfecta libertad.[2] Amén.

[1] Ver Thiselton, The First Epistle to the Corinthians, 462

[2] Ver Second Collect for Peace [Segunda Colección para la Paz] en «The Order for Morning Prayer Daily throughout the Year» [«La orden para orar cada mañana del año»] en Book of Common Prayer [Libro de Oración Común].

LA IMPORTANCIA DEL CUERPO

DÍA 247

«Los alimentos son para el estómago y el estómago para los alimentos»; así es, y Dios los destruirá a ambos. Pero el cuerpo no es para la inmoralidad sexual, sino para el Señor, y el Señor para el cuerpo. Con su poder Dios resucitó al Señor, y nos resucitará también a nosotros (1 Cor. 6:13-14).

Los griegos y los romanos creían que comer no era una cuestión de moralidad, sino solo un apetito que debía saciarse. La comida y el cuerpo eran temporales, a diferencia del alma («Dios los destruirá a ambos») y, por lo tanto, no tenían consecuencias espirituales. El sexo, decían, también era solo un apetito para satisfacer. Pablo difirió fuertemente. Argumentó que el cuerpo no es temporal, será redimido y resucitado. Y entonces, lo que hacemos con nuestro cuerpo es muy importante. Nuestro cuerpo pertenece al Señor y, como veremos en los próximos dos días, la forma en que amamos con él debe alinearse con la forma en que Dios ama.[1] La enseñanza de Pablo es relevante en nuestra cultura, que en cierta medida ha vuelto a esta visión más antigua.

Reflexión:

La cultura moderna piensa que, debido a nuestra ética sexual más estricta, los cristianos tienen una visión «inferior» del cuerpo humano. En tus propias palabras, ofrece un contraargumento.

Oración:

Señor, te alabo porque prometes redimir no solo nuestras almas sino también nuestros cuerpos. Sobre todo, gracias, Señor Jesús, por hacerte carne para salvarnos. Por todas estas razones, quiero honrarte con mi cuerpo. Ayúdame a hacerlo. Amén.

---

[1] «Pablo argumentará en los próximos versículos que estar en Cristo implica un vínculo y unión (κολλάω) que es amenazada por una desgarradora separación si el cuerpo (τὸ σῶμα) está «unido» con lo que contradice la unión de Cristo, o tira desde una dirección diferente». Thiselton, The First Epistle to the Corinthians, 464

DÍA 248

¿No saben que sus cuerpos son miembros de Cristo mismo? ¿Tomaré acaso los miembros de Cristo para unirlos con una prostituta? ¡Jamás! ¿No saben que el que se une a una prostituta se hace un solo cuerpo con ella? Pues la Escritura dice: «Los dos llegarán a ser un solo cuerpo». Pero el que se une al Señor se hace uno con él en espíritu
(1 Cor. 6:15-17).

EL SIGNIFICADO DEL CUERPO

La cultura antigua consideraba el cuerpo como un contenedor desechable del alma. El cristianismo enseñó, por el contrario, que era la expresión integral del alma, una parte crucial de lo que somos, por lo que unir físicamente sus cuerpos siempre debería ser parte de unir sus vidas en todos los aspectos. En 1 Corintios 6, Pablo dice que es una monstruosa incongruencia activar el aparato sexual de «una sola carne» y luego no seguir dando todo lo demás. «Pablo [...] aquí muestra una visión psicológica de la sexualidad humana que es totalmente excepcional para los estándares del primer siglo [...]. Él insiste en que es un acto que [...] involucra y expresa toda la personalidad de tal manera que constituye un modo único de auto-divulgación y auto-compromiso».[1]

Reflexión:

La cultura moderna ha vuelto a la antigua creencia de que el cuerpo es la prisión del alma y no su expresión integral. ¿Cuáles son otras implicaciones de esta visión para nuestra comprensión del sexo y el género?

Oración:

Señor, en este mundo pecaminoso nuestros cuerpos tienen fallas, están sujetos a debilidad y no tienen nada que ver con lo que serán en la resurrección. Ayúdame a ver mi cuerpo como el mejor regalo tuyo y ayúdame a honrarte en todas las formas en que lo trato y lo uso. Amén.

[1] D.S. Bailey, *The Man-Woman Relation in Christian Thought* [La relación hombre-mujer en los pensamientos cristianos], (London: Longmans, 1959, 10).

LA SEÑAL DEL SEXO

DÍA 249

¿No saben que sus cuerpos son miembros de Cristo mismo? ¿Tomaré acaso los miembros de Cristo para unirlos con una prostituta? ¡Jamás! 16 ¿No saben que el que se une a una prostituta se hace un solo cuerpo con ella? Pues la Escritura dice: «Los dos llegarán a ser un solo cuerpo»[…]. ¿Acaso no saben que su cuerpo es templo del Espíritu Santo, quien está en ustedes y al que han recibido de parte de Dios? Ustedes no son sus propios dueños (1 Cor. 6:15-16,19).

Si bien la ética sexual del cristianismo parecía más restrictiva, su visión subyacente era infinitamente más elevada. Pablo enseñó que era «algo de importancia trascendente. El cuerpo es un templo, un sitio de comunicación sagrada. Los [antiguos] instaron al autocontrol, sobre la base que el placer físico era […] una distracción de la vida virtuosa. Pablo lo hace porque el sexo nos implica en algo con significado sagrado».[1] En Cristo Dios se ha entregado a nosotros y nosotros a Él, tan completamente que incluso nuestras partes del cuerpo son una con Él. Y así, cuando nos entregamos en cuerpo a otro ser humano, esta entrega debe imitar el amor salvador de Dios en una unión exclusiva, permanente y de toda la vida. El sexo anticipa la felicidad inimaginable de la unión total con Él en el amor.[2]

Reflexión:

En nuestra cultura, la ética sexual del cristianismo nuevamente parece demasiado restrictiva y muchos de tus amigos ciertamente piensan que lo es. ¿Cómo puedes comunicarles a ellos y a tus hijos no solo la ética sexual, sino también la visión subyacente?

Oración:

Señor, ayúdanos a recordar, en medio del gozo e incluso del placer del sexo, su importancia solemne y la gran bendición que es un anticipo de lo porvenir. Y que eso solo mejore nuestra alegría. Amén.

---

[1] Harper, "The First Sexual Revolution"

[2] «En el contexto de la unión con Cristo y de la unión física, el tema se convierte en uno de "entregarse" completamente a aquel a quien pertenece». Thiselton, *The First Epistle to the Corinthians*, 474.

PORNEIA

DÍA 250

Huyan de la inmoralidad sexual (1 Cor. 6:18).

La palabra griega *porneia* se traduce como «inmoralidad» sexual. Comúnmente significaba prostitución, pero en la traducción al griego del Antiguo Testamento se usaba para referirse al adulterio espiritual, la adoración de otros dioses además del Señor. Pablo la tomó y la llenó de contenido distintivamente cristiano. Significaba cualquier sexualidad que no reflejara el amor divino y salvador en estos aspectos: que el amor produjo la unión entre dos seres profundamente diferentes, Dios y la humanidad. También produjo una relación exclusiva y permanente. La palabra *porneia*, entonces, significaba que cualquier sexo fuera del pacto del matrimonio, entre un hombre y una mujer, era una «traición religiosa» a Dios.[1] Tanto su práctica sexual como el profundo significado del sexo (ver el devocional de ayer) eran de las principales formas en que los cristianos diferían de los que los rodeaban.[2]

Reflexión:

Para los primeros cristianos, el sexo era un testimonio mundo, que mostraba cuidado y comunidad en lugar de *glamour* y realización personal. ¿Podría ser así de nuevo? Discute esto con tu cónyuge.

Oración:

Señor, gracias por lo que nos has enseñado esta semana. Permite que nuestra vida sexual sea un testimonio de tu carácter y amor, particularmente para nuestros amigos y nuestros hijos. Amén.

---

[1] Harper, «The First Sexual Revolution».

[2] «Porneia, fornicación, pasó de ser una palabra para el pecado sexual en general a una señal para todo el sexo más allá de la cama matrimonial, y [...] [para] el amor entre el mismo sexo, independientemente de la edad, el estado o la posición [que] estaba prohibido [...]. El código de reglas sexuales que prevaleció en la Iglesia cristiana primitiva fue muy distintivo. Llegó a marcar la gran división entre los cristianos y el mundo». Su lógica moral era aún más innovadora. Harper, *From Shame to Sin*, 85.

NO HAY VUELTA ATRÁS

DÍA 251

Cuando discutimos con nuestro cónyuge sobre ciertos asuntos, puede ser tentador pensar que, si tuviéramos un mejor cónyuge, más reflexivo, más perspicaz y amable, más [rellena el espacio en blanco], no estaríamos peleando. Pero hay dos problemas con ese pensamiento. Primero, si es el matrimonio mismo el que revela nuestro lado oscuro, entonces otro cónyuge no eliminará los conflictos. En todo caso, cambiar a los cónyuges puede significar comenzar de nuevo con los mismos problemas. Así que progresa y cambia ahora. En segundo lugar, si bien es posible que obtengas beneficios de un «mejor» cónyuge, piensa que el cónyuge mejorado es la versión futura del actual. El matrimonio se trata de un viaje juntos intentando ser transformados por Dios. No vuelvas atrás.

Reflexión:

Piensa en un problema que causa conflictos periódicos y repetitivos. Ahora, juntos, piensen en un cambio significativo que ambos puedan hacer que disminuya o elimine las peleas.

Oración:

Recuerda a Abraham, a quien se le prometió una familia que no se hizo realidad durante décadas, pero se mantuvo fiel en su confianza de que se cumpliría. Pídele a Dios la misma paciencia y ora para que ambos crezcan y se conviertan en las personas que Él quiere que sean.

[Es común] decir: «Necesito encontrar a alguien mejor». Pero [...] en el matrimonio cristiano [...] el «alguien mejor» en el que puedes pensar [es] la versión futura de la misma persona con la que ya estás casado [...]. Debes imaginar la gloria futura de tu cónyuge actual, y comprometerte al cumplimiento de eso en aquel con quien ya está casado [...]. Será mejor decir: «Odio cuando hace eso, pero ese no es realmente él. Esto no es permanente» (pág. 160).

DÍA 252

Llegas al matrimonio con una autoimagen, una evaluación de tu valía. Es una amalgama de muchos veredictos transmitidos a través de los años por una gran variedad de personas [...] que te han llamado bueno y malo, digno e indigno, prometedor y sin esperanza [...]. Si se hiciera visible, podría parecerse al monstruo de Frankenstein, con muchas partes dispares. Sin embargo, quizás las declaraciones más perjudiciales que se han dicho sobre nosotros son aquellas cosas que hemos dicho y nos decimos sobre nosotros mismos (págs. 163-164).

UNA PALABRA DESDE AFUERA

Nuestra cultura nos dice que decidamos quién es queremos ser, que «vivamos nuestra propia verdad», y que nos afirmemos y validemos. «No te importe lo que piensen los demás», nos dicen. Pero eso es imposible. Somos criaturas irreductiblemente relacionales, y necesitamos una palabra de afirmación desde afuera. Pero cuando la buscamos, descubrimos que nadie está de acuerdo con las definiciones básicas del bien y del mal. Algunas personas te alabarán y otras te condenarán o se burlarán de ti. Y sin duda has hecho cosas buenas y malas. Si bien olvidamos rápidamente los elogios, las críticas tienden a mantenerse. Nuestra autoimagen es, por lo tanto, un mosaico de evaluaciones internas y contradictorias de diferentes personas a lo largo de los años. ¿La perspectiva de quién debe imponerse sobre la de los demás?

Reflexión:

Piensa en las diversas «capas» de tu autoimagen: la capa puesta allí por tus padres y tus hermanos, por amigos, por maestros y entrenadores, por la cultura popular y los medios de comunicación, por la política, por tu fe. ¿Cuál de estas capas es la más dominante?

Oración:

Medita en el Salmo 86:11: «Dame integridad de corazón para temer tu nombre». Luego, pídele a Dios que sane y una los sentimientos contradictorios que tienes sobre ti, reuniéndolos en el evangelio, que te dice que eres un gran pecador, pero también un hijo amado.

LA MEJOR SOLUCIÓN

DÍA 253

Nuestra autoimagen es la incorporación de muchos «veredictos» que nos han sido transmitidos a lo largo de los años. Algunos eran buenos y otros malos y tu corazón está profundamente dividido sobre qué veredictos creer y cómo evaluarte a ti mismo. La solución definitiva a este problema de identidad es el evangelio. Cristo cubre todos tus pecados y da un veredicto de «no culpable, y totalmente amado en mí» (comp. Gál. 3:10-14; Rom. 8:1). Pero el hecho maravilloso es que un buen cónyuge puede proporcionar una muestra de ese amor increíble. Él o ella puede decir: «Veo todos tus pecados, pero te amo por completo y para siempre». ¿Ves el poder para bien que tienes como cónyuge?

Reflexión:

Recuerda algún momento en que tu cónyuge te afirmó y te levantó a pesar de la evidencia de tus fallas y fracasos.

Oración:

Medita en Juan 19:30 (cuando Jesús clamó: «¡Todo se ha cumplido!») y Romanos 8:1: «Ya no hay ninguna condenación para los que están unidos a Cristo Jesús». A la luz de estas promesas, alaba a Dios, agradécele y confiesa las formas en que no aceptas estas verdades.

El matrimonio pone en la mano de tu cónyuge un poder masivo para reprogramar tu propia apreciación. Él o ella pueden revocar cualquier cosa que se haya dicho anteriormente sobre ti, redimiendo en gran medida el pasado [...] y la sanidad de muchas de las heridas más profundas. ¿Por qué? Si todo el mundo dice que eres fea, pero tu cónyuge dice que eres hermosa, te sientes hermosa. Parafraseando un pasaje de la Escritura, tu corazón puede condenarte, pero la opinión de tu cónyuge es mayor que su corazón (pág. 164).

DÍA 254

Debido a que el matrimonio [...] te lleva a una cercanía tan profunda, hace que una evaluación positiva de tu cónyuge tenga la máxima credibilidad. Si alguien que conozco recientemente se me acerca y dice: «Eres uno de los hombres más amables que conozco», ciertamente me sentiré halagado y complacido. Pero [...] realmente no me conoce. Sin embargo, si mi esposa, después de años de vivir conmigo, declara: «Eres uno de los hombres más amables que conozco» [...] esa afirmación es profundamente reconfortante porque ella me conoce mejor que nadie (pág. 165).

LA PENÚLTIMA SOLUCIÓN

El conocimiento único e íntimo de un cónyuge puede, y a menudo lo hace, conducir a críticas y conflictos dolorosos. Pero cuando él o ella, a pesar de ver todo lo que te pasa, te alaba y afirma su amor, el efecto es poderoso. La crítica siempre permanece con nosotros más tiempo que los halagos. ¿Por qué? Todos los seres humanos tienen un sentido primordial de que no somos lo que deberíamos ser (comp. Gén. 3:7). No es fácil superar ese sentido básico de vergüenza. Sin embargo, los cónyuges pueden hacerlo, porque cuando te felicitan, lo hacen con pleno conocimiento de tus defectos. Cuando llegan los elogios sinceros y reflexivos, en el fondo no puedes evitar pensar algo como: «Si ella dice eso, supongo que es verdad».

Reflexión:

Piensa en otras razones por las cuales el testimonio de tu cónyuge sobre tus dones y crecimiento es tan formativo y poderoso.

Oración:

Juntos, agradezcan a Dios por las formas en que la afirmación del otro los ha consolado profundamente, y pídele a Dios la capacidad de usar bien y sabiamente tu poder para bendecir al otro.

ADORADO POR EL ADORADO

DÍA 255

Una razón por la que encontramos que la afirmación de los cónyuges es tan poderosa es porque nos conocen. Aquí hay una segunda razón: un cumplido de una persona admirable siempre es más alentador que la aprobación de una persona que no respetas. Te casas con una persona que admiras, y desde el principio su aprobación significa mucho. Pero a medida que pasan los años, si ambos crecen en gracia y carácter como Cristo y llegan a admirar y adorar a su cónyuge cada vez más, entonces el efecto de cualquier elogio del otro se vuelve transformador. Ser adorado por alguien que adoras es como el cielo. Y así es como será el cielo (1 Jn. 3:2).

Reflexión:

Discute con tu cónyuge en que área de tu vida es en la que necesitas más de su aliento y afirmación.

Oración:

Al darte cuenta de que tu poder para bendecir y fortalecer a tu cónyuge depende en parte de tu respeto por su crecimiento y carácter, pídele a Dios que te ayude a crecer en gracia (2 Ped. 3:18) para que tu capacidad de afirmar y bendecir a tu cónyuge tenga el mayor efecto.

Y si, a lo largo de los años, has llegado a amar y admirar a tu cónyuge cada vez más, entonces sus elogios te fortalecerán y sanarán cada vez más. Como Faramir le dice a Sam Gamgee en Las dos torres*: «El elogio de los loables está por encima de todas las recompensas». Ser muy apreciado por alguien a quien aprecias mucho es la mejor sensación del mundo* (pág. 165).

DÍA 256

En Cristo, Dios nos ve como justos, santos y hermosos (2 Cor. 5:21). Jesús tiene la capacidad de vencer todo lo que alguien haya dicho sobre ti […]. A veces, tu cónyuge te señala directamente al amor de Jesús. A veces la afirmación del cónyuge […] nos estimula a creer y aceptar de forma más plena el amor que tenemos en Cristo. Entonces, más que cualquier otra relación humana, el matrimonio tiene un poder único para sanar todas las heridas y convencernos de nuestra propia belleza y valor distintivos (pág. 166).

LA POESÍA DEL CORAZÓN

Ciertamente, la relación principal de amor que necesitamos es con Dios. Pero recuerda que, aunque Adán no tenía pecado, había un vacío que una relación solo con Dios no podía satisfacer, una necesidad de amor humano que el Creador había puesto en él. Cuando Adán miró a Eva por primera vez, pronunció la primera poesía escita en la Biblia: «Esta sí es hueso de mis huesos y carne de mi carne» (Gén. 2:23). Esto fue al mismo tiempo un compromiso de pacto con ella y un estallido de alegría lírica para ella.[1] El poder de nuestro cónyuge para darnos la aprobación de Cristo y el amor sanador se presagia vívidamente aquí. Conoce el poder que tienes para edificar a tu pareja.

Reflexión:

Discute con tu cónyuge un aspecto adicional en tu vida (ve el devocional de ayer) donde necesitas más de su aliento y afirmación.

Oración:

Pídele a Dios que te impida estar demasiado ocupado, cansado y distraído para lograr uno de tus principales llamamientos en la vida: la edificación de tu cónyuge. Pídele que te ayude a mantener esto como una prioridad en tu mente y a prestarle toda tu atención.

---

[1] «[Walter] Brueggemann argumenta que la frase "mi / tu hueso y carne"» es en realidad una fórmula de pacto […]. Por lo tanto, cuando los representantes de las tribus del norte visitan a David en Hebrón y le dicen: "hueso tuyo y carne tuya somos" (2 Sam. 5:1 RVR1960), no es una declaración de relación ("tenemos las mismas raíces") sino una promesa de lealtad ("te apoyaremos en todo tipo de circunstancias"). Considerando esto, que el hombre haya dicho "Esta sí es hueso de mis huesos y carne de mi carne" se convierte en una declaración de pacto de su compromiso con ella». Victor P. Hamilton, *The Book of Genesis: Chapters 1–17* [El libro del Génesis: Capítulos 1–17], The New International Commentary on the Old Testament (Grand Rapids, MI: Eerdmans, 1990), 179–80.

ME ENCANTAN LOS IDIOMAS

DÍA 257

Hemos visto que el amor y la afirmación de tu cónyuge pueden ser curativos y transformadores. Pero ¿cómo comunicas amor a tu cónyuge? Vamos a presentar el concepto de «canales del amor» o «lenguajes del amor». La idea es que crees que estás transmitiendo amor y afirmación a tu cónyuge, pero es posible que lo estés haciendo de una manera que no te puede escuchar, porque no es emocionalmente valioso para él o ella. La metáfora de una radio es útil. Es posible que envíes amor en un canal, pero tu pareja no esté sintonizando ese canal. Aprender los idiomas del amor de nuestro cónyuge es crucial. Necesitas llegar a comprender mucho sobre su temperamento, historia e identidad.

Reflexión:

Antes de seguir leyendo o estudiando, responde esta pregunta muy general: ¿de qué maneras puedes expresar el amor de una forma en que complazca más a tu cónyuge?

Oración:

Medita en Proverbios 27:14, que nos dice que nuestros esfuerzos para bendecir, si están mal expresados, pueden juzgarse «como una maldición». Pídele a Dios sabiduría para amar a tu cónyuge hábilmente, y que no quede solo en buenas intenciones.

Se puede enviar una señal de radio en una frecuencia, pero el receptor de radio [...] puede estar sintonizado otra [...]. Así un esposo puede ser [...] muy sensible y romántico hacia su esposa, pero podría ser que ahí no esté su receptor de amor. Él no la escucha con simpatía cuando ella quiere hablar sobre las cosas que la desaniman. «¡No siento que me ames!» «¡Pero sí te amo!» Él está enviando su amor por un canal que ella no está sintonizando (págs. 170-171).

DÍA 258

Hay muchas formas diferentes de expresar el amor. Puedes comprar un regalo que exclama «te amo», decir un cumplido, ser romántico y tierno físicamente, cumplir con los deseos de tu ser querido y dedicar tiempo a prestarle atención. Eso es solo el comienzo de la lista […]. Los griegos tenían [,,,] afecto (storge), amistad (philos), amor erótico (eros) y servicio (ágape) […]. Todas las formas de amor son necesarias, y ninguna debe ser ignorada, pero todos encontramos que algunas formas de amor son más valiosas para nosotros emocionalmente (pág. 171).

LENGUAJES DEL AMOR (PARTE 1)

Veamos la primera de las cuatro categorías del lenguaje del amor. El «afecto» incluye lo que a menudo se ha llamado edificar o bendecir al otro. Hacer esto significa, por un lado, eliminar muchas prácticas que socavan a tu cónyuge. ¿Usas humor sarcástico? ¿Usas sarcasmo y palabras de desprecio cuando quieres ganar una discusión? ¿Criticas a tu conyugue delante de los demás? ¿Eres mucho menos cortés en los pequeños detalles con tu cónyuge que con un invitado en tu hogar? ¿Te animas con los demás y te involucras, pero te mueves de una manera emocionalmente insensible y distraída cuando estás en casa solo con tu pareja? Esta es una lista de comportamientos y actitudes defectuosas. Elimínalos.

Reflexión:

Evalúate a ti mismo y a tu cónyuge según la lista anterior.

Oración:

El comportamiento no afectivo proviene de un corazón endurecido por la autocompasión y el resentimiento. Pídele a Dios un corazón blando para que no tengas una lengua afilada ni una distancia emocional en tus tratos diarios con tu cónyuge.

LENGUAJES DEL AMOR (PARTE 2)

DÍA 259

Veamos el lado positivo de mostrar afecto. Para hacerlo bien, piensa en el comportamiento diario o las características que respetas de tu cónyuge. ¿Las identificas y hablas de ellas? Luego, al ver hacia atrás, piensa en el trabajo y los logros de tu cónyuge. ¿Los identificas y hablas de ellos? Estudia a tu pareja, busca las áreas donde tu cónyuge «se encuentra falto» y piensa en maneras de alentarlo específicamente en esas áreas.[1] Finalmente, piensa en cómo crear atmósferas amorosas, organizando creativamente las situaciones en las que poner atención sea más sencillo. Hacer caminatas, viajes y salir a comer (o cocinar uno para el otro) son solo algunos ejemplos. Estos son los mejores entornos en los que tu trabajo de edificar y bendecir realmente puede hacer un cambio.

Reflexión:

Evalúate a ti mismo y a tu cónyuge según la lista anterior.

Oración:

Pídele a Dios que te brinde recuerdos constantes de Su misericordia y gracia para que puedas ser regular e instintivamente amable y cálido con tu cónyuge.

Ustedes, como Kathy y yo, podrían tener un conflicto sobre las responsabilidades del cuidado de los hijos. Pero podría ser que el esposo está pensando (como yo): «Si me amas como mi madre amaba a mi padre, no me pedirías que cambiara los pañales», y la esposa podría estar pensando (como lo hizo Kathy): «Si me amas como mi padre amaba a mi madre, te ofrecerías a hacerlo». En lugar de pensar que la otra persona es egoísta, cada uno debería pensar: «Él (ella) se siente poco amado(a)» (pág.173).

[1] Ver Ed Wheat y Gloria Okes Perkins, *Love Life for Every Married Couple: How to Fall in Love, Stay in Love* [Vida amorosa para los casados: Cómo enamorarse y permenecer enamorados], (Grand Rapids, MI: Zondervan), 256.

DÍA 260

DAR, AYUDAR, ESCUCHAR, HABLAR

Date cuenta de que tienes un «filtro» activado. Tiendes a «escuchar» ciertos tipos de lenguaje del amor. Por ejemplo, tu cónyuge puede estar trabajando duro para proporcionarte cosas materiales, pero desearías que fuera más verbal. Hay una tendencia a decir: «¡Él no me ama!», porque no está comunicando amor en tu idioma más valioso. Quítate el filtro y reconoce el amor que tu cónyuge te está dando (pág. 172).

Judson Swihart escribió un libro titulado *How Do You Say "I Love You"?* [¿Cómo decir «te amo»?] que proporciona una serie de formas específicas de mostrar amor que se extienden por las cuatro categorías.[1] Las he desglosado en doce formas específicas de mostrar amor. Veremos cuatro cada día. Algunos dicen «ámame…» (1) dándome cosas, ya sean regalos especiales o solo algo que satisfaga mis necesidades materiales y mis deseos; (2) ayudándome, dándome prioridad para cumplir con mis responsabilidades; (3) escuchándome con atención cuando quiero hablar, entendiéndome; (4) hablándome y haciéndome saber lo que realmente estás pensando y sintiendo: tus alegrías, esperanzas, preocupaciones y miedos.

Reflexión:

¿Cuál de estos cuatro lenguajes del amor es el más valioso emocionalmente para ti? Antes de preguntar, ¿cuál crees que es el más valioso para tu cónyuge? Ahora comparen respuestas.

Oración:

Pídele a Dios que, durante estos tres días, tú y tu cónyuge puedan obtener más claridad sobre cómo comunicarse el amor entre ustedes de una manera que se adapte a sus necesidades particulares.

---

[1] Judson Swihart, How Do You Say "I Love You"? (Downers Grove, IL: InterVarsity Press, 1977).

TOCAR, GUSTAR, SEÑALAR, PERMANECER

DÍA 261

Considera los siguientes tipos de lenguajes del amor. Algunos dicen «ámame...» (1) siendo físicamente cálido, tierno, cariñoso y juguetón, y no solo cuando estás interesado en el sexo; (2) diciéndome lo que te gusta de mí, afirmando mis puntos fuertes, ayudándome a encontrar mis dones; (3) diciéndome dónde necesito crecer, en un contexto de afirmación, y señalando dónde necesito cambiar; (4) defendiéndome frente a otros, y siempre estando del mismo lado cuando tratamos con otros, incluidos nuestros hijos.

Aprende los idiomas principales de tu cónyuge y envía amor por esos canales, no por los canales que tu prefieres. Tendemos a dar amor a través de los canales en los que nos gusta recibirlos (pág. 173).

Reflexión:

¿Cuál de estos cuatro lenguajes del amor es el más valioso emocionalmente para ti? Antes de preguntar, ¿cuál crees que es el más valioso para tu cónyuge? Ahora comparen respuestas.

Oración:

Pídele a Dios la atención continua que requieres para discernir las formas particulares en que tu cónyuge necesita y quiere que le expreses amor.

DÍA 262

Recuerda que los lenguajes del amor inapropiados se pueden «escuchar distorsionados». Por ejemplo, si te da regalos materiales cuando lo que quieres es algo diferente, puedes decir: «¡Está tratando de comprar mi amor!» (pág. 173).

CAMBIAR, COMPARTIR, ORAR Y ESPACIO

Finalmente, considera estos lenguajes del amor. Algunos dicen «ámame…» (1) ofreciéndote como voluntario para cambiar tus hábitos, actitudes y otras cosas que me molestan, siendo abierto a mis críticas; (2) pasando tiempo conmigo, haciendo y compartiendo actividades que me gustan, compartiendo nuestros mundos y creciendo juntos intelectual y emocionalmente; (3) orando y leyendo la Biblia y hablando de nuestra vida espiritual juntos; (4) al darme libertad o privacidad para perseguir mis intereses, al no ser demasiado asfixiante y posesivo.

Reflexión:

¿Cuál de estos cuatro lenguajes del amor es el más valioso emocionalmente para ti? Antes de preguntar, ¿cuál crees que es el más valioso para tu cónyuge? Ahora compartan respuestas.

Oración:

Pídele a Dios la sabiduría para conocer las diferencias y los equilibrios, entre ser demasiado asfixiante y demasiado distante, entre ser solo afirmativo y crítico, entre escuchar y hablar. Pídele la habilidad de amar con destreza y bien.

EL ABUSO DE LOS IDIOMAS

DÍA 263

Si estamos enojados con nuestro cónyuge, podemos instintivamente responderle reteniendo un lenguaje del amor que sabemos que es valioso para él o ella, o incluso dándole el comportamiento opuesto como una forma de lastimarlo. Pero las heridas hechas de esta manera pueden ser difíciles de curar. Dios no nos hizo eso. Cuando los israelitas se quejaron de que no podían soportar escuchar Su voz directamente en el Monte Sinaí, Dios envió Su palabra a través de un profeta humano (Deut. 18:15-19). Dios adaptó Su comunicación a nuestras capacidades. Jesús mismo es la forma en que Dios nos da amor en una forma con la que nos podemos relacionar (Juan 1:14). Entonces ama a tu cónyuge como Dios, en Cristo, te ha amado.

Reflexión:

Piensa en un momento en el que tuviste la tentación de usar el lenguaje del amor de tu cónyuge contra él o ella.

Oración:

En la presencia de Dios, piensa en cómo Él no nos envió simplemente un profeta para contarnos sobre Su amor, sino que nos dio a Su Hijo para encarnarlo y Su Espíritu para sentirlo, para que pudiéramos conocer Su amor. Pídele a Dios que te ayude a amar a tu cónyuge de la misma manera.

Nunca abuses del lenguaje principal del amor. Nunca lo retengas para lastimar al otro, porque el dolor será profundo. Un hombre que valora mucho el respeto de su esposa en público no podrá soportar cuando ella se burle de él frente a sus amigos. Para una mujer que necesita mucha afirmación verbal será devastador si la tratas con silencio (pág. 173).

DÍA 264

Aquí encontramos el gran problema del matrimonio. La única persona en todo el mundo que sostiene tu corazón en su mano, cuya aprobación y afirmación más anhelas y necesitas, es la que te ve en tu peor momento y que tus pecados le hieren más profundamente que a cualquier otra persona en el mundo […]. Cuando vemos cuán devastador es decir la verdad, podemos pensar que nuestro deber es […] quedarnos callados […] no decir cosas y ocultar lo que realmente pensamos y sentimos. Ejercitamos […] el amor, pero no […] la verdad (págs. 181-182).

LA NECESIDAD DE GRACIA

Hemos estado estudiando dos «poderes» del matrimonio: la verdad y el amor. Pero estos dos poderes crean una tensión. Nuestros cónyuges, como hemos visto, no solo aprenden la verdad sobre nuestro pecado de manera abstracta. Pecamos contra nuestros cónyuges y les hacemos daño. ¿Cómo, a pesar de eso, podrás usar tu poder para amar y edificar? ¿Cómo puedes afirmar a alguien cuyos pecados ves tan dolorosamente bien? Podemos elegir decir solo la verdad o solo ser amorosos, pero se necesitan ambos para lograr el cambio. Los poderes de la verdad y el amor solo funcionarán juntos si están unidos por un tercero: el poder de la gracia y el perdón.

Reflexión:

Es difícil ser sincero y amoroso al mismo tiempo. Tendemos a elegir uno sobre el otro. ¿Cuál sueles elegir tu?

Oración:

Agradece al Señor que no es solo un Dios exigente y justo ni uno que beneficencia indiscriminadamente. Agradece por la gracia de la cruz, que revela cómo Él puede ser al mismo tiempo infinitamente justo para castigar los pecados e infinitamente misericordioso para perdonar los pecados.

UNIENDO VERDAD Y AMOR

DÍA 265

Cuando una pareja aprende los movimientos de la gracia, tanto para arrepentirse como para perdonar, une los otros dos poderes, la verdad y el amor, de tal manera que conduce al crecimiento personal de todos. Arrepentirse es admitir la verdad porque estás seguro de que, en amor, tu cónyuge te perdonará. Si no estuvieras seguro del amor de tu cónyuge, no podrías admitir la verdad, simplemente te justificarías y defenderías. Perdonar es insistir en la verdad (no poner excusas para tu cónyuge) porque lo amas demasiado como para dejar que continúe en su pecado. De esta y muchas otras formas, el arrepentimiento y el perdón hacen que la verdad y el amor sean interdependientes, no contradictorios.

Reflexión:

«Amar sin decir la verdad no es realmente amar. Decir la verdad sin amor no es realmente transmitir la verdad». Defiende estas dos declaraciones.

Oración:

En presencia de tu cónyuge, agradece a Dios por los momentos en que han podido extenderse gracia mutuamente a través del arrepentimiento y el perdón, y pidan mayor habilidad y más oportunidades para hacer lo mismo.

La verdad sin amor arruina la unidad, y el amor sin verdad da la ilusión de unidad, pero en realidad detiene el viaje y el crecimiento. La solución es la gracia. La experiencia de la gracia de Jesús hace posible practicar las dos habilidades más importantes en el matrimonio: el perdón y el arrepentimiento. Solo si somos muy buenos para perdonar y muy buenos para arrepentirnos, la verdad y el amor pueden mantenerse unidos […]. O los cónyuges se mantienen alejados de la verdad […] o se atacan unos a otros [con ella] (pág. 183).

DÍA 266

«VERDAD» SIN AMOR

La Biblia enseña que debemos perdonar a las personas y luego enfrentarlas [...] porque [...] casi siempre [...] confrontamos a personas que nos han perjudicado como una forma de devolver la situación [...] de vengarse [...]. Realmente no estás diciendo la verdad por [el bien de la verdad o por] su bien; lo estás diciendo por tu bien. La persona con la que te enfrentas sabe que te estás vengando y él o ella estarán devastados, enfurecidos, o ambos (pág. 183-184).

La verdad sin amor deshonra la verdad. Decimos que solo estamos diciendo la verdad a nuestro cónyuge cuando realmente estamos tratando de castigarlo. Te hizo sentir mal y quieres hacerlo sentir mal, usando la verdad como un arma. En tales casos, la llamada «verdad» generalmente no está equilibrada, es unilateral y está diseñada para infringir dolor. La respuesta a la verdad sin amor rara vez es el arrepentimiento y no deja ver la verdad con claridad. La otra persona se desanimará o se enojará, porque sabrá que no estás tan comprometido con la verdad como con la venganza. Si realmente te importa que la persona se dé cuenta de la verdad, la transmitirás con amor para que pueda haber un cambio.

Reflexión:

¿Cuándo fue la última vez que usaron la verdad sin amor el uno con el otro?

Oración:

Medita en Gálatas 6:1, que enseña que solo debes corregir a alguien si, primero, es «sorprendido» en un pecado, haciéndolo repetidamente, y segundo, debes hacerlo gentil y humildemente. Ahora pídele a Dios la capacidad de criticar solo en este sentido.

«AMOR» SIN VERDAD

DÍA 267

Así como la verdad sin amor no honra realmente la verdad, el amor sin verdad no es realmente amor. Proverbios 13:24 señala que, si los padres no disciplinan a un hijo rebelde, no lo «quieren». Si permites que un niño crezca mintiendo, robando y abusando de otros, será lo más desagradable que puedes hacer. Muchos padres no disciplinan a sus hijos porque, dicen, que los «aman» demasiado como para hacerlos infelices. La realidad es que desean evitar la experiencia del disgusto de sus hijos más de lo que desean su crecimiento y su bien. Es lo mismo en el matrimonio que en la paternidad. Evitar decir la verdad porque será doloroso para ti es egoísmo, no amor.

Sin [...] el poder de la gracia para perdonar en tu vida: usarás la verdad para lastimar [y castigar cuando te perjudiquen]. La otra persona [entonces] te atacará o se retirará. Tu matrimonio entrará en un modo de verdad sin amor, con peleas constantes, o un modo superficial de amor sin verdad, en el que ambas partes simplemente evitan los problemas subyacentes (pág. 184).

Reflexión:

¿Cuándo fue la última vez que te permitiste amar sin decir la verdad? ¿Qué estabas evitando?

Oración:

Agradece a Dios por Su amor transformador en ti, por cómo Su amor se niega a permitirte aceptar tus defectos y pecados, e insiste en tu crecimiento. Recuerda lo doloroso que fue para Cristo amarte. Ahora pídele a Dios el valor para amar a los demás y a tu cónyuge de la misma manera.

DÍA 268

Esto no significa que no puedas expresar enojo. De hecho, si nunca expresas enojo, tu verdad nunca profundizará. Pero la gracia perdonadora siempre debe estar presente, y si es así, como la sal en la carne, evitará que el enojo se vuelva malo. Entonces, la verdad y el amor pueden vivir juntos porque, debajo de ambos, has perdonado a tu cónyuge como Cristo te perdonó (pág. 184).

ARREPENTIMIENTO

El perdón (ver el devocional de mañana) es mucho más fácil de dar si hay arrepentimiento. ¿Cómo te arrepientes? Primero, di lo que crees que has hecho mal. Segundo, pídele a tu cónyuge que añada a esa lista y luego escucha receptivamente las críticas que lo invitaste a hacer. No seas demasiado rápido para defenderte o explicarte. Muestra respeto por las preocupaciones de tu cónyuge. Tercero, pide perdón y, al mismo tiempo, ofrece un plan concreto para el cambio que evite que vuelva a ocurrir lo mismo (comp. Luc. 3:7-14). Si sientes que algunas de las quejas de tu cónyuge son injustificadas, espera hasta que haya hablado libremente, y luego, con humildad, ofrece tu perspectiva. Todo esto es difícil de hacer, así que ora en silencio y asume que Dios te está hablando a través de todo esto.

Reflexión:

¿Cuándo fue la última vez que te arrepentiste y pediste perdón a tu cónyuge? Mira la lista de arriba y evalúa qué tan bien hiciste esto.

Oración:

Confiésale a Jesús que, aunque se humilló a sí mismo sin la obligación de hacerlo, cuando nos humillamos y nos arrepentimos, tenemos una obligación y, sin embargo, nos resulta tremendamente difícil. Pide ayuda para que puedas arrepentirte de la manera correcta.

INDULGENTE

DÍA 269

¿Cómo perdonas a alguien? Primero, perdona a tu cónyuge en tu corazón incluso antes de hablar con él o ella (Mar. 11:25). De esa manera, evitas lo que hemos discutido: usar la verdad para lastimar, en lugar de corregir con amor. En segundo lugar, ve y di qué se hizo mal, pero debes estar abierto a la posibilidad de que no estés viendo las cosas claramente. Di algo como: «Me parece que hiciste esto______ y me afectó así_____. Corrígeme si me equivoco». Ataca el problema, no a la persona. Si tu cónyuge se disculpa, expresa tu perdón; si no, sigue hablando. Finalmente, recuerda que el perdón se otorga antes de que se sienta. El perdón es una promesa de no seguir trayendo el pasado a la memoria de tu conyugue, de los demás ni de ti mismo.

Reflexión:

¿Cuándo fue la última vez que confrontaste y le ofreciste perdón a tu cónyuge? Mira la lista de arriba y evalúa qué tan bien hiciste esto.

Oración:

Medita en Colosenses 3:12-13. Confiesen su falta de «bondad, humildad, amabilidad y paciencia» a la luz de cómo «el Señor los perdonó». Pidan por un corazón indulgente.

¿Qué se necesita para conocer el poder de la gracia? Primero se necesita humildad. Si tienes problemas para perdonar a alguien, es al menos en parte porque en el fondo de tu corazón estás pensando: «¡Nunca haría algo así!». Mientras te sientas superior a alguien, sientas que eres una mejor persona, te resultará muy difícil, si no imposible, perdonar [...] entonces, la verdad devorará al amor (págs. 184-185).

DÍA 270

Pero decir la verdad en amor también requiere [...] «riqueza emocional», gozo interno y confianza. Si te concentras demasiado en ti mismo [...] entonces puede ser muy importante para ti tener a tu cónyuge siempre satisfecho contigo. No serás capaz [...] de criticar a tu cónyuge o [recibir críticas] [...]. Permanecerás resentido, pero lo ocultarás [...]. En este caso, el amor acaba con la verdad (pág. 185).

EL EVANGELIO Y EL PERDÓN

La experiencia del evangelio nos brinda los dos requisitos para una vida de perdón. Primero, nos proporciona humildad emocional. Los que no perdonan muestran que no han aceptado el hecho de su propio pecado. Permanecer implacable significa que desconoces tu propia necesidad de perdón. En segundo lugar, proporciona riqueza emocional. No puedes ser amable con alguien si eres demasiado necesitado e inseguro. Si conoces el amor y el perdón de Dios, entonces hay un límite para cuánto puede lastimarte otra persona. Él o ella no pueden tocar tu verdadera identidad, riqueza e importancia. Cuanto más nos regocijemos en nuestro propio perdón, más rápidos seremos para perdonar a los demás. Ningún corazón que esté verdaderamente arrepentido hacia Dios puede ser implacable con los demás.

Reflexión:

¿Cuál de los dos requisitos para el perdón te hace falta más a menudo?

Oración:

Medita en el Salmo 130:4: «En ti se halla perdón, y por eso debes ser temido». La gracia libradora de Dios por nosotros debe llevarnos a maravillarnos y asombrarnos en «temor» ante Él. Piensa en eso hasta que puedas alabarlo por Su perdón de todo corazón.

LA CRUZ Y EL PERDÓN

DÍA 271

En la cruz, Jesús cumplió las demandas de la ley y la justicia, y obtuvo al mismo tiempo misericordia y perdón para nosotros. A nosotros también se nos exige perdonar de una manera que honre tanto la justicia como la verdad. «Los cristianos están llamados a abandonar la amargura, a la tolerancia, a tener una actitud indulgente, incluso cuando el arrepentimiento de la parte infractora esté ausente; por otro lado, tu pasión por la justicia centrada en Dios, tu preocupación por la gloria de Dios, aseguran que el odio horrible al pecado no se pase por alto».[1] Ama, pero habla la verdad. Habla la verdad, pero siempre en amor. Así es como muestras la gracia a tu cónyuge.

Reflexión:

¿Tu crianza enseñó y apoyó esta idea de perdón y arrepentimiento? ¿De qué manera te ayuda tu pasado familiar? ¿De qué manera te obstaculiza?

Oración:

Piensa en primer lugar cómo los antecedentes de tu familia te han orientado hacia el moralismo o hacia el relativismo. Si hay alguna forma en que tu pasado te encadena, pídele a Dios que te quebrante y te libere de la verdad en el amor.

Somos tan malvados, pecadores e imperfectos que Jesús tuvo que morir por nosotros [...]. Pero somos tan amados y valorados que se alegró de morir por nosotros. ¡El Señor del universo nos amó lo suficiente como para hacer eso! Entonces el evangelio nos humilla hasta el polvo y al mismo tiempo nos exalta a los cielos. Somos pecadores, pero al mismo tiempo somo amados y aceptados en Cristo [...]. Esto te da la humildad emocional y la riqueza para ejercer el poder de la gracia (págs. 185-186).

[1] Don Carson, *Love in Hard Places* [Amor en lugares difíciles], (Wheaton, IL: Crossway, 2002), 83.

DÍA 272

[Bajo] la influencia de la maldición en Génesis, cada cultura humana ha encontrado una manera de interpretar la autoridad masculina de una manera que ha marginado y oprimido a las mujeres, y generalmente son las mujeres las que siente y luchan contra este trato (pág. 191).

INTRODUCCIÓN AL «LIDERAZGO»

Con tremendo ingenio y creatividad, el pecado ha encontrado formas en todo momento y lugar de torcer el liderazgo de los hombres, prescrito en la Biblia (Ef. 5:23) y destinado para el bien, en formas culturalmente aprobadas para marginar a las mujeres, en lugar de para que ambos se asocien por el bienestar de la familia, la iglesia y el mundo. Con el fin de nutrir nuestro sentido de identidad ambriento de Dios, oprimimos y explotamos a aquellos que no pueden resistirse. En lugar de desplegar fuerza y poder para nutrir y proteger, como lo hizo Jesús, «dominamos» a otros para nuestra propia comodidad y beneficio. Vemos que los hombres lo hacen con las mujeres y leemos el término «cabeza» utilizado en la Biblia y rechazamos esa idea. No debemos hacer esto.

Reflexión:

¿Dirían tú y tu cónyuge que son socios en el matrimonio y en la vida a la que Dios los ha llamado? Si no, ¿cuál de ustedes se siente poco apreciado o poco útil?

Oración:

En presencia de tu cónyuge, ora por su capacidad como pareja para escuchar la enseñanza bíblica en medio del eco de las voces culturales en torno a este tema.

SUMISIÓN

DÍA 273

En estos tiempos, casi se puede provocar una manifestación usando las palabras «liderazgo» y «sumisión». Para muchos, significan opresión de los hombres y servilismo voluntario de las mujeres. Esto se debe en parte a la falta de comprensión de la dinámica de liderazgo / sumisión en el ministerio de Jesús. Además, parte de esto es una mala interpretación intencional a favor de las agendas políticas. Además, las malas experiencias con la autoridad nos llevan a la conclusión de que es mala en todas sus formas. En Mateo 20:26-28, Jesús explicó a sus discípulos que la autoridad se debe usar para servir, no para «dominar» a otros, algo que Pablo enseñó en Efesios 5:22-33. Vemos a Jesús como el esposo que sacrifica todo para llevar a su novia a la perfección (v. 25).

Reflexión:

Maridos, pregúntenles a sus esposas si su ejercicio de liderazgo las hace sentir seguras, amadas y cuidadas, o intimidadas y oprimidas. Ora primero para poder recibir la respuesta con gracia, ya sea que te la de con amor o no. Esposas, ¿están listas para imitar a Jesús, que dejó a un lado Su gloria como un regalo para Su Padre en el logro de nuestra salvación (y luego fue glorificado aún más como resultado)?

Oración:

Ora para que el orgullo y el temor en ambos corazones sean reprimidos por el Espíritu de Dios, de modo que el liderazgo y la sumisión en tu matrimonio sean vivificantes y no dolorosos.

No se puede negar que el tema de los roles de género en el matrimonio es mal entendido y controvertido […]. He visto versículos de la Biblia utilizados como armas de opresión y rebelión. También he visto la sanidad y el florecimiento que puede ocurrir en un matrimonio cuando las palabras clave como «liderazgo» y «sumisión» se entienden correctamente, con Jesús como modelo para ambos (pág. 192).

DÍA 274

Paso ahora a los asuntos que me plantearon por escrito: «Es mejor no tener relaciones sexuales». Pero, en vista de tanta inmoralidad, cada hombre debe tener su propia esposa, y cada mujer su propio esposo (1 Cor. 7:1-2).

CELIBATO

Por todas partes la Biblia supone que, si no están casados, los cristianos deben ser célibes (ver día 277). Sin embargo, algunos en Corinto enseñaron que el ideal era que los cristianos no tuvieran sexo en absoluto.[1] Pero esta visión se basaba en una visión del cuerpo como inferior al alma o al espíritu. Esa creencia puede conducir a discriminar la actividad sexual, ya que lo que haces con el cuerpo sería espiritualmente trivial (ver día 244). Pero también podría llevar a considerar el placer corporal como algo pecaminoso en sí mismo y algo que debe evitarse.[2] Pablo no veía la soltería y el celibato como llevar una vida inferior, pero tampoco quería enseñar que era lo ideal. Ambas opiniones rechazaban la revolución sexual cristiana, que consideraba el sexo no solo como un apetito, sino como algo de importancia cósmica.

Reflexión:

¿Cuál de estos puntos de vista, que el sexo es algo sucio o que «no es gran cosa», has tenido influencia en ti en el pasado? ¿Cómo podría estar afectando tu matrimonio?

Oración:

Señor, te agradezco por la sabiduría de tu Palabra, especialmente porque me habla sobre el propósito de tu don sexual. Tu elevada visión nos impide tener miedo al sexo o ser adictos a él. Dale forma a mi mente y corazón con esta sabiduría bíblica sobre la sexualidad. Amén.

---

[1] «La mayoría de los estudiosos creen que algunos en Corinto decían que era "bueno para un hombre no tener (ninguna) relación sexual con una mujer" (7: 1) y, en consecuencia, abogaban por el celibato en el matrimonio, el divorcio si el cónyuge era incrédulo y a permanecer solteros si eran vírgenes o viudos. En otras palabras, estaban promoviendo el celibato como una regla o norma y consideraban que el sexo era un pecado (comp. "pecado" en 7:28, 36)». Roy E. Ciampa y Brian S. Rosner, *The First Letter to the Corinthians* [La primera carta a los Corinnios], The Pillar New Testament Commentary (Grand Rapids; Eerdmans, 2010), 267.

[2] «… una visión degradante del cuerpo, que abundaba en el pensamiento griego y romano, puede haber impactado a los corintios […] a su movimiento en una dirección ascética. La filosofía estoica y cínica enseñaba que los solteros pueden tener una ventaja en la búsqueda de la sabiduría. Del mismo modo, la piedad popular griega veía la virginidad como un medio para el poder religioso, como, por ejemplo, con las sacerdotisas del Oráculo en Delfos. Por lo tanto, algunos en Corinto pueden haber llevado la irrelevancia del cuerpo a las cosas del espíritu (comp. "cuerpo y espíritu" en 7:34) para implicar licencia y libertinaje en asuntos sexuales (ver 6: 12-20), mientras que otros lo tomaban como un estímulo para el celibato y la negación de los placeres corporales (véase 7: 1-40)». Rosner, *The First Letter to the Corinthians*.

EL NACIMIENTO DEL CONSENTIMIENTO

DÍA 275

En la antigüedad, las esposas no podían cometer adulterio, pero los esposos eran libres de tener relaciones sexuales con otros, y especialmente con mujeres de rango social inferior que tenían poco voto en el asunto. Pablo condenó este doble estándar: el adulterio era igualmente un pecado para el esposo como para la esposa, pero fue mucho más allá. Dijo que tanto el esposo como la esposa tienen «autoridad» sobre el cuerpo de la otra persona; incluso en el matrimonio el sexo tenía que ser una cuestión de mutuo acuerdo. La idea moderna de que el sexo debe ser consensuado proviene del cristianismo.[1] Pero Pablo, al insistir en que el sexo también debe estar siempre dentro del matrimonio, argumentó que tenía que ser super consensual. Tanto la ética cristiana para el sexo como su elevada visión del mismo fueron exponencialmente mejores para las mujeres. Podría decirse que, en medio de la cultura actual, todavía lo es.

Reflexión:

Piensa en la tesis de que la ética cristiana sobre el sexo y su visión del significado cósmico del sexo es mejor para las mujeres. ¿Es eso cierto? ¿Cómo?

Oración:

Señor, te agradezco por la salud que llega a nuestro mundo a través de tu Palabra, incluso si solo llega a nuestro mundo de forma parcial. Y que este consentimiento amoroso sea el principio en nuestro matrimonio. No dejes que uno de nosotros intimide al otro con respecto al sexo ni a nada en absoluto. Amén.

El hombre debe cumplir su deber conyugal con su esposa, e igualmente la mujer con su esposo. La mujer ya no tiene derecho sobre su propio cuerpo, sino su esposo. Tampoco el hombre tiene derecho sobre su propio cuerpo, sino su esposa. No se nieguen el uno al otro, a no ser de común acuerdo, y solo por un tiempo, para dedicarse a la oración. No tarden en volver a unirse nuevamente; de lo contrario, pueden caer en tentación de Satanás, por falta de dominio propio (1 Cor. 7:3-5).

[1] Ver Harper, From Shame to Sin, 182–185. El emperador cristiano Teodosio II en 428 d. C. aprobó una ley que decía que los hombres no podían obligar a las hijas, esclavos u otras mujeres con menos estatus social a tener relaciones sexuales. Fue un primer paso notable hacia la idea de que el sexo tenía que ser consensuado, y también fue un baluarte importante contra la explotación de las mujeres.

DÍA 276

La mujer ya no tiene derecho sobre su propio cuerpo, sino su esposo. Tampoco el hombre tiene derecho sobre su propio cuerpo, sino su esposa (1 Cor. 7:4).

SIN CONSENTIMIENTO PARA «ESFUMARTE»

En *The New York Times*, una mujer describió haber tenido relaciones sexuales con un novio, pero después, cuando le envió un mensaje de texto al hombre, él no respondió: «se esfumó». Ella le dijo a sus compañeros de cuarto: «Pidió mi consentimiento una y otra vez. Entonces el sexo se sintió como un acto sagrado, y luego él desapareció». Se rieron de ella, pero ella argumentó: «Consentir no funciona si lo relegamos exclusivamente al ámbito sexual. Nuestros cuerpos son solo una parte de la compleja conexión de quiénes somos». Ella estaba experimentando la verdad bíblica de que dar nuestros cuerpos sin dar toda nuestra vida falla en reconocer que lo físico es una parte integral de uno mismo. Y es deshumanizante. «No creo que muchos de nosotros diríamos que sí a la pregunta, ¿está bien si actúo como si me importara y luego desapareciera?».[1] El sexo debe ser super consensual.

Reflexión:

Incluso en el sexo dentro del matrimonio, es posible en un momento particular dar tu cuerpo, pero no tu mente y corazón. Considera lo importante que es darse todo cuando tienen relaciones sexuales.

Oración:

Señor, nunca pensé que estaría en oración agradeciéndote por el acto sexual, ¡pero aquí estoy! Es una forma en que podemos entregarnos totalmente el uno al otro de la manera más poderosa posible. Ayúdanos a usarlo como tal. Amén.

[1] Courtney Sender, "He Asked Permission to Touch, but Not to Ghost." [«Me pidió permiso para tocarme, pero no para esfumarse], *The New York Times*, 7 de septiembre, 2018.

SEXO PREMATRIMONIAL

DÍA 277

Ahora bien, esto lo digo como una concesión y no como una orden. En realidad, preferiría que todos fueran como yo. No obstante, cada uno tiene de Dios su propio don: este posee uno; aquel, otro. A los solteros y a las viudas les digo que sería mejor que se quedaran como yo. Pero, si no pueden dominarse, que se casen, porque es preferible casarse que quemarse de pasión (1 Cor. 7:6-9).

La gente a menudo pregunta: «¿Dónde hay un versículo que diga que está mal tener sexo antes del matrimonio?». La respuesta es doble. Primero, la palabra griega porneia (traducida como «inmoralidad sexual») significa, específicamente, cualquier sexo fuera del matrimonio entre un hombre y una mujer (ver día 249). Pero en segundo lugar, la Biblia en todas partes supone que el sexo fuera del matrimonio es incorrecto, incluso cuando no se declara directamente. Por ejemplo, aquí Pablo dice que si las personas solteras «no pueden controlarse a sí mismas» deberían casarse en lugar de andar «ardiendo de pasión». En otras palabras, Pablo simplemente asume que una persona soltera debe ser célibe. El número de textos bíblicos que prohíben la porneia o el sexo fuera del matrimonio es considerable.[1]

Reflexión:

Imagina que alguien te dice: «Sé que es un pecado cometer adulterio, pero ¿dónde dice que no puedes tener relaciones sexuales antes del matrimonio (si ambos son solteros) aunque se amen?». Tomando como base lo que has aprendido en este devocional durante este año, ¿cuál sería tu respuesta?

Oración:

Señor, eres un Dios de pacto, porque nos amas lo suficiente como para unirte a nosotros. Haznos a tu imagen, para que nuestro amor sea cada vez más abnegado. Amén.

[1] Ver Mateo 15:19; Marcos 7:21; Hechos 15:20; Romanos 1:29; 1 Corintios, 6: 9-10, 18; Gálatas 5:19; Efesios 5: 3-5; Colosenses 3: 5; 1 Tesalonicenses.4: 3; 1 Timoteo 1:10; y Hebreos 13: 4.

DÍA 278

Pienso que, a causa de la crisis actual, es bueno que cada persona se quede como está. ¿Estás casado? No procures divorciarte. ¿Estás soltero? No busques esposa. Pero, si te casas, no pecas; y, si una joven se casa, tampoco comete pecado. Sin embargo, los que se casan tendrán que pasar por muchos aprietos, y yo quiero evitárselos (1 Cor. 7:26-28).

EL MATRIMONIO Y EL REINO

El cristianismo fue quizás la primera religión o cosmovisión que sostuvo que la soltería en la edad adulta era una vida viable.[1] La sociedad reconocía la seguridad económica a largo plazo al no tener hijos. ¿Pero quién recordaría tu nombre y tu legado? Pero Pablo no presionó a nadie para que se casara e incluso hizo una provisión financiera para las viudas para que no tuvieran que casarse a menos que quisieran (1 Tim. 5). ¿Por qué? «El sacrificio» hecho por los solteros no era [...] «renunciar al sexo», más bien renunciar a los herederos [...]. Esta fue una clara [señal para el mundo] de que el futuro no está garantizado por la familia, sino por [el reino de Dios]».[2] Los cristianos que eligen casarse, o no, deben saber que lo hacen no en base a la realización personal, sino para servir de la mejor manera como una señal del reino para el mundo.

Reflexión:

Cuando se casaron, ¿pensaron en absoluto en cómo, juntos, podrían ser una mejor revelación del reino para el mundo? Mediten en ello juntos.

Oración:

Señor, muchos de nuestros amigos que no creen en ti piensan que estábamos locos por casarnos. Permite que la calidad de nuestro matrimonio los impresione de tal manera que no solo nos crean, sino que se interesen más por tu Palabra y gracia. Amén.

[1] «Una [...] clara diferencia entre el cristianismo y el judaísmo [y todas las demás religiones tradicionales] es la idea de la soltería como la forma de vida paradigmática para sus seguidores». Hauerwas, *A Community of Character*, 174.

[2] Hauerwas, *A Community of Character*, 191.

EL TIEMPO ES FUGAZ

DÍA 279

Lo que quiero decir, hermanos, es que nos queda poco tiempo. De aquí en adelante los que tienen esposa deben vivir como si no la tuvieran; los que lloran, como si no lloraran; los que se alegran, como si no se alegraran; los que compran algo, como si no lo poseyeran; los que disfrutan de las cosas de este mundo, como si no disfrutaran de ellas; porque este mundo, en su forma actual, está por desaparecer (1 Cor. 7:29-31).

Detrás de la frase «el tiempo es fugaz» hay una visión sofisticada de la historia. El reino de Dios, el poder espiritual para renovar el mundo está aquí en un grado sustancial, pero solo de forma parcial (Rom. 13:11-14). Significa que no deberíamos estar demasiado eufóricos por el éxito o demasiado abatidos por la decepción, porque nuestro verdadero éxito está en Dios (Col. 3:1-4). Aunque tenemos posesiones, deberíamos vivir como si realmente no fueran nuestras, ya que nuestra verdadera riqueza está en Dios (Luc. 16:1). Pablo enseña que no deberíamos sentirnos mal al casarnos, ni decepcionarnos demasiado al no hacerlo, porque Cristo es el único cónyuge que realmente puede satisfacernos a nosotros y a la familia de Dios, la única familia que realmente nos abrazará y satisfará (Ef. 5:21).

Reflexión:

Toma este principio y aplícalo a otras partes de tu vida. ¿Puedes negarte a vincular demasiado tu alegría con tu carrera? ¿Cómo? ¿Qué pasa con el éxito de tus hijos?

Oración:

Señor, a veces «rompes nuestros esquemas de alegría terrenal» para que podamos «encontrar todo en ti».[1] Ayúdanos, sin necesidad de pruebas y decepciones, a descansar nuestros corazones en ti de tal manera que tengamos una paz duradera estando en este mundo. Amén.

[1] From John Newton, «I asked the Lord that I might grow» [«Le pido al Señor que me permita crecer»], en Himnos de Olney, https://hymnary.org/text/i_asked_the_lord_that_i_might_grow.

DÍA 280

La mujer está ligada a su esposo mientras él vive; pero, si el esposo muere, ella queda libre para casarse con quien quiera, con tal de que sea en el Señor (1 Cor. 7:39).

CASARSE «EN EL SEÑOR»

La ordenanza bíblica de que un cristiano debe casarse con otro creyente es vista por algunos como un mero prejuicio, como decir que debe casarse con alguien de la misma raza o clase. Pero en el contexto de este capítulo, observamos las razones. La Biblia te prohíbe casarte con alguien que no comparte tu fe por una razón. Porque uno de los propósitos principales del matrimonio es construir una comunidad que refleje el reino: mostrarle al mundo cómo Cristo transforma todo, incluyendo el matrimonio. Esto no puede suceder si ambos cónyuges no son creyentes. Un cristiano que se casa deliberadamente con un incrédulo muestra que su motivo no es la misión del reino o mostrarlo. Una de las formas principales (tal vez la principal) que los cristianos casados dan testimonio de Cristo es mostrando la diferencia que Cristo hace en el matrimonio.

Reflexión:

Por las mismas razones por las que los cónyuges deben ser cristianos, también deben ser cristianos que crezcan juntos y sean cada vez más maduros en su comprensión de la Palabra y la práctica de la fe. ¿Alguno de ustedes se está quedando atrás?

Oración:

Señor, ayúdanos a «crecer en la gracia y el conocimiento» juntos (2 Ped. 3:18). No permitas que ninguno de los dos se quede atrás, para que podamos amarnos de tal manera que los demás sepan que viniste al mundo (Juan 17:20-23). Amén.

¿TÍPICO DEL GÉNERO?

DÍA 281

Ni Tim ni yo nos describiríamos a nosotros mismos como «típicos del género». Yo, Kathy, soy más directa, contundente y agresiva; Tim es más conciliador, busca el consenso en lugar del conflicto. Dios no nos ha llamado a cambiar nuestros temperamentos para asemejarnos al comportamiento estereotípico masculino y femenino. En particular, no debemos imitar los pecados característicos de cada género. De hecho, hemos sido llamados a entrar en roles matrimoniales bíblicos que no se nos presentan de forma automática o fácil. Tim no está temperamentalmente ansioso por ser un líder. Sin embargo, seguimos las Escrituras para modelar ante el mundo la forma en que Jesús ama a Su Novia, la Iglesia. Para someternos a nuestros roles, hemos tenido que confiar de manera más profunda en la gracia de Dios, ya que no nos nace naturalmente.

Tim y yo [...] descubrimos que al someternos a nuestros propios roles de género asignados divinamente descubrimos uno de los grandes dones de Dios para ponernos en contacto con nuestro ser más profundo, así como para entrar en la Gran Sinfonía del universo. Y no, esto no me implicó desarrollar un gusto por la ropa con olanes, ni que Tim se ocupara del mantenimiento del automóvil (pág. 193).

Reflexión:

Esposos, ¿pueden asumir el «papel de Jesús» de amar a su esposa como Cristo ama a la Iglesia? Esposas, ¿pueden asumir el papel de siervo sumiso, como lo hizo Jesús en Filipenses 2, aún conscientes de su igualdad, pero dejándola a un lado para glorificar a Dios?

Oración:

Juntos, compartan entre sí las formas particulares en que cada uno de ustedes luchan con estas pautas bíblicas. Entonces oren el uno por el otro.

DÍA 282

EL GÉNERO Y SUS MOLESTIAS

Génesis 1:26 [...] indica que nuestra masculinidad o nuestra feminidad no es incidental para nuestra humanidad, sino que constituye su esencia misma. Dios no nos convierte en una humanidad genérica que luego se diferencia; más bien desde el principio somos hombres o mujeres. Cada célula de nuestro cuerpo está estampada como XX o XY. Esto significa que no puedo entenderme a mí mismo si trato de ignorar la forma en que Dios me diseñó o si desprecio los dones que me ha dado para ayudarme a cumplir mi llamado (pág. 193-194).

Algunas personas se sienten incómodas con su sexo físico al nacer y no pueden sentirse como en casa en sus propios cuerpos. Tener tus sentimientos totalmente fuera de acuerdo con tu cuerpo es un dolor que frena la libertad de por vida. Como cristianos, nosotros, más que todas las personas, deberíamos ser capaces de mostrar comprensión y compasión, sabiendo cómo la caída (Gén. 3) ha torcido lo que Dios pronunció como «bueno» cuando convirtió a la humanidad en un reflejo de Su naturaleza de género binario. Pero también sabemos que solo a través de estar en el Cuerpo de Cristo, a través del cambio de identidad que resulta de ser un hijo en Su familia, se encuentra un alivio final del sentido de desolación en el mundo (Ef. 1:9-10,22). Por lo tanto, se comprensivo, pero también guía a las personas, y a tu propio corazón, hacia Dios, «nuestro hogar eterno» (Juan 14:1-4).

Reflexión:

¿Conoces a alguien que exprese molestias sobre su género? ¿Has demostrado comprensión y compasión? ¿Los amas lo suficiente como para hablarles sobre Jesús y la identidad en Él?

Oración:

Ora por cualquiera que conozcas en esta situación y por todos aquellos que no conoces. Pídele a Dios que les brinde alivio de la manera más alineada con la sabiduría y la compasión.

DIVERSIDAD DE GÉNERO

DÍA 283

Es común decir que la diversidad siempre fortalece a un equipo. La diferencia en los puntos de vista conduce a la creatividad; la variación en las habilidades significa que todo el grupo es mucho más fuerte que cualquier miembro. En lugar de crear dos humanos idénticos, Dios creó a dos humanos por igual a Su imagen y les dio a cada uno un espectro diverso de dones y habilidades. Dado que se expresan de manera diferente en diversas culturas y personalidades, la diversidad es aún mayor. Dios quiso que utilizáramos los conocimientos y la eficacia que los hombres y las mujeres producen cuando trabajan juntos: en el matrimonio, la familia, la iglesia y la sociedad. Para cuidar Su creación y ser «sub-creadores» bajo Su reinado, los hombres y las mujeres deben esforzarse por sacar lo mejor de cada uno, valorando y alabando la contribución distintiva de cada persona.

Reflexión:

¿Valoras las contribuciones que hace tu cónyuge a tu matrimonio? ¿Consideras sus ideas, trabajo, sacrificio y críticas tan valiosas como las tuyas? ¿Hay maneras en que podrías hacer esto aún mejor?

Oración:

Pídele a Dios la paciencia y la humildad que se necesita para recibir este regalo de diversidad de género, y a no desear que la persona que amas sea tan profundamente diferente.

Al mismo tiempo, Génesis nos muestra que los hombres y las mujeres fueron creados con absoluta igualdad. Ambos están igualmente hechos a imagen de Dios, igualmente bendecidos y con igual «dominio» sobre la tierra. Esto significa que los hombres y las mujeres juntos, en plena colaboración, deben cumplir el mandato de Dios de construir civilización y cultura. Tanto los hombres como las mujeres son llamados a hacer ciencia y arte, a construir familias y comunidades humanas (pág. 194).

DÍA 284

Dios nos dice que seamos «fructíferos» y que «llenemos la tierra». Aquí Dios le da a la raza humana el mandato de procrear [...], un reflejo de su propia creatividad ilimitada que da vida. Pero, obviamente, este maravilloso regalo de crear nueva vida humana es algo que solo podemos llevar a cabo juntos [...] ambos sexos, aunque iguales en dignidad y valor, son complementarios [...]. Génesis 2, en donde una parte del hombre es retirada para crear a la mujer, implica que cada uno está incompleto sin el otro [...]. Cada sexo está dotado para diferentes pasos en el gran baile (págs. 194–95).

GÉNERO E IMAGEN DE DIOS

Vivimos en un mundo de color, no uno con tonos de blanco y negro. La música depende de la armonía de todas sus partes para su expresión más bella, y la fecundidad de la vida vegetal y animal es asombrosa. Solo esta variedad puede «habla[r] de la grandeza de Dios» (Sal. 19:1, TLA). Ningún árbol, flor, nota o criatura puede capturar toda la creatividad y la alegría del Creador. De la misma manera, un género no podría haber reflejado la imagen de un Dios personal, que ha sido Amor creador desde toda la eternidad (Gén. 1:26-27). Aparentemente, las polaridades del hombre y de la mujer reflejan la riqueza del Dios Trino de una manera que ninguna persona o género podría hacerlo.

Reflexión:

¿Valoras las formas en que tu cónyuge difiere de ti o te resulta molesto? Ya sea que tengan hijos o no, ¿apoyan el desarrollo de la próxima generación? ¿Cómo puedes hacer aún más respecto a esto?

Oración:

Gracias a Dios que ha prescrito la diversidad de género para el matrimonio. Admite que apenas puedes comprender cómo es posible, pero agradece por el privilegio de reflejar Su carácter al mundo a través de su relación.

LA MALDICIÓN SOBRE EL GÉNERO (PARTE 1)

DÍA 285

Cuando Adán y Eva desobedecieron a Dios, deshicieron lo que se había declarado «bueno» y lo volvieron agrio, corrupto y corrosivo. El compañerismo se convirtió en opresión, las declaraciones de amor extático se convirtieron en acusaciones, y la masculinidad tóxica nació en los primeros momentos de un mundo nuevo totalmente roto. Uno de los resultados del pecado es que los esposos buscarán tiranizar a sus esposas y mujeres en general (Gén. 3:16).[1] Jesús es considerado como la autoridad que nunca domina, solo sirve (Luc. 22:27). Sin embargo, la imagen de Dios permanece en todo ser humano, no importa cuán degradado esté por el pecado. Tampoco debemos pensar que el pecado ha afectado a un género más que al otro.

[En] Génesis 3 […] tanto el hombre como la mujer pecan contra Dios y son expulsados del jardín del Edén. Inmediatamente vemos el cambio catastrófico en la unidad entre el hombre y la mujer. El aire está lleno de culpa, se señala con el dedo y acusan. En lugar de que su diferencia se convirtiera en una fuente de realización, se convierte en una ocasión para la opresión y la explotación (págs. 195-196).

Reflexión:

Hablen, con franqueza y gracia, sobre las formas en que la personalidad masculina del esposo necesita ser refinada o cambiada.

Oración:

Oren juntos para que Jesús, con Su amor sacrificial por la Iglesia, pueda ser una inspiración para el esposo en su matrimonio, a fin de que se hagan los cambios que sean necesarios.

[1] Génesis 3:16 indica que uno de los resultados del pecado es que el esposo «gobernará» a su esposa. En el contexto, es el consenso de los intérpretes, independientemente de su visión de los roles en el matrimonio, que esto no se trata de autoridad amorosa sino de tiranía.

DÍA 286

En la persona y la obra de Jesucristo, comenzamos a ver una restauración de la unidad y el amor originales entre los sexos. Jesús eleva y subraya la igualdad de las mujeres como co-portadoras de la imagen de Dios y el mandato de la creación, y también redime los roles otorgados al hombre y a la mujer al principio cuando los creo, tanto como la cabeza que sirve, como la 'ezer-subordinada (pág. 196).

LA MALDICIÓN SOBRE EL GÉNERO (PARTE 2)

Lee el Evangelio de Juan y observa todos los pasajes donde Jesús se llama a sí mismo igual a Dios, así como los pasajes donde dice que ha venido solo para hacer la voluntad de Dios, no la suya (5:17-18,19-23,30; 6:38; 7:16-18; 8:16,19,28-29,54-58; 10:29-30; 12:49-50; 13:3; 14:31; 16:15; 17:1-5,10,24-25). Bueno, ¿cuál de las dos perspectivas es la correcta? ¿Es Jesús igual a Dios desde toda la eternidad, o es sumiso a las palabras del Padre y ejecuta los planes del Padre? ¡Sí! Jesús es a la vez Dios y también el servidor sumiso. Con Él como nuestro modelo, ni la esposa debe usar la sumisión como excusa para la debilidad, ni el esposo debe usar la sumisión como excusa para la dominación.

Reflexión:

Hablen, con franqueza y gracia, sobre las formas en que la personalidad femenina de la esposa necesita ser refinada o cambiada.

Oración:

Oren juntos para que Jesús, con Su voluntad de someterse al Padre, pueda ser una inspiración para la esposa en su matrimonio, a fin de hacer los cambios que sean necesarios.

MENTORES DE GÉNERO

DÍA 287

Entonces los esposos y las esposas reconocen la igualdad y celebran la diferencia. Más importante aún, cada uno es mentor del otro. Si bien la Biblia no nos da listas detalladas de las diferencias de género, porque en cada cultura y pareja se expresan de manera diferente, en cada caso habrá cosas en las que cada uno de ustedes, en su género, es más débil y, por lo tanto, necesitará la ayuda del otro. En el cielo, todos (hombres y mujeres) seremos hijos de Dios, y también (hombres y mujeres) Su amada Novia. Estas cosas son misterios que van más allá de nuestra comprensión, pero al vivirlas en nuestros matrimonios experimentamos una pequeña medida de la alegría que recibiremos cuando todo sea revelado completamente.

Reflexión:

Marido, ¿cómo celebras la igualdad de tu esposa? Esposa, ¿cómo ofreces voluntariamente tu rol como regalo?

Oración:

Juntos pidan al Señor que les muestre las formas particulares en que pueden ser mentores uno del otro.

En Filipenses 2:5-11 observamos que se enseña tanto la igualdad esencial de la Primera y Segunda Persona de la Deidad, como la sumisión voluntaria del Hijo al Padre para asegurar nuestra salvación. Permítanme enfatizar que la aceptación voluntaria de este papel por parte de Jesús fue totalmente voluntaria, un regalo para Su Padre. Descubrí aquí que mi sumisión en el matrimonio era un regalo que ofrecía, no un deber forzado (pág. 196).

DÍA 288

El liderazgo del Padre [1 Cor. 11:3] es dado y recibido [por el Hijo con] deleite, respeto y amor. No hay desigualdad de habilidad o dignidad. Tenemos un género diferente para reflejar esta vida dentro de la Trinidad. Hombres y mujeres son invitados a mostrar y reflejar la «danza» de la Trinidad, la autoridad amorosa, sacrificada y la sumisión amorosa y valiente. El Hijo toma un papel subordinado, y en ese movimiento no muestra Su debilidad, sino Su grandeza (pág. 197-198).

LA DANZA DEL GÉNERO

Bailar es una buena metáfora para comprender las diferencias de género. Por lo general, una persona se mueve hacia adelante y la otra hacia atrás para que la pareja pueda ejecutar los pasos de baile. También hay tradicionalmente uno que es el líder. Si ambas partes lucharan por ser el líder, no habría baile. Cuando bailas bien, es una alegría. La mayor parte de la vida cotidiana es más como correr un maratón. Hay quehaceres, carreras profesionales, crisis diversas en el hogar, decisiones financieras y muy poco tiempo para hacerlo todo. Se hace más fácil hacer todas nuestras tareas por separado en lugar de uno con el otro. Cuando no trabajamos cooperativamente perdemos el baile.

Reflexión:

¿Cómo puedes traer de vuelta el «baile» a tu matrimonio? Piensen en cosas que pueden hacer juntos en lugar de hacerlas por separado. Piensen en formas de experimentar intimidad para recuperar el baile en su vida.

Oración:

Después de hacer las listas a través de la reflexión anterior, oren a Dios para que les dé la sabiduría y el autocontrol para seguir adelante, para reinyectar la cooperación y la alegría en su matrimonio.

EL SIERVO

DÍA 289

En el camino a Jerusalén para dar Su vida por Su pueblo, Jesús dejó en claro que el poder y la autoridad en el mundo fueron redefinidos para siempre por sus acciones. En Mateo 20:25-26 y 28, Jesús los reunió y dijo: «Como ustedes saben, los gobernantes de las naciones oprimen a los súbditos, y los altos oficiales abusan de su autoridad. Pero entre ustedes no debe ser así. Al contrario, el que quiera hacerse grande entre ustedes deberá ser su servidor [...] así como el Hijo del hombre no vino para que le sirvan, sino para servir y para dar su vida en rescate por muchos». Esta declaración exige que los líderes sacrifiquen sus propios intereses y el bien por aquellos a quienes les sirven.

Reflexión:

Juntos, evalúen honesta y gentilmente dónde el esposo puede estar fallando en sacrificar sus intereses y el bien por la esposa.

Oración:

Ora con tu cónyuge para que al evaluar la autoridad del esposo puedan tener una sola opinión, que vean las cosas igual y, por lo tanto, puedan trabajar juntos en ellas.

Jesús redefinió, o, mejor dicho, definió adecuadamente, la jefatura y la autoridad, eliminando así la toxicidad, al menos para aquellos que viven según Su definición en lugar de la comprensión del mundo [...]. Se ha llamado al esposo [cristiano] a someterse [al papel de] líder servicial, quien usa su autoridad y poder para expresar un amor que ni siquiera se detiene al morir por el amado. En Jesús vemos todo el autoritarismo del liderazgo puesto a descansar y toda la humildad de la sumisión glorificada (págs. 199-200).

DÍA 290

¿Cómo funciona esta autoridad en el contexto del servicio mutuo de personas con igual dignidad? La respuesta es que el esposo como la cabeza solo puede anular la autoridad de su esposa si está seguro de que su elección sería destructiva para ella o para la familia. Él no usa su liderazgo de manera egoísta, para obtener su propio beneficio sobre el color del automóvil que comprarán […] si tiene una «noche de fiesta con los amigos» o si se queda en casa para ayudar con los niños cuando su esposa se lo pide (págs. 272-273).

BARRERAS

Existen barreras para adoptar el modelo de Jesús del esposo líder-siervo. Primero, está tu propio corazón. Es difícil servir cuando preferimos relajarnos y pensar en nadie más que en nosotros mismos. Pero en segundo lugar, tendrás que nadar contra la fuerte marea de puntos de vista culturales. La mayoría de las personas consideran el matrimonio como dos individuos idénticos que negocian entre sí para satisfacer las necesidades de cada uno. La idea de que uno es un líder y, por lo tanto, debe renunciar a sus intereses para satisfacer las necesidades de su esposa es completamente extraña. Los esposos que aspiran a esto podrían ser rechazados por sus amigos. En esto, están junto con su Salvador, y no hay un llamado más grande que este.

Reflexión:

Maridos, ¿con qué frecuencia piensan de qué manera pueden ayudar a su esposa a crecer? ¿Qué costos están dispuesto a pagar para que eso suceda? Esposas, ¿aprecian y alientan a sus esposos cuando ellos, temblando, ejercen su liderazgo en nombre de ustedes?

Oración:

Con tu cónyuge, agradezcan a Dios por los sacrificios y esfuerzos de cada uno en esta área de liderazgo y sumisión. Sean específicos.

AUTOENGAÑO

DÍA 291

Tenemos tal capacidad para el autoengaño que lo que comienza como una gestión bien intencionada puede convertirse con facilidad en un poder acumulativo para disfrutar de las ventajas de que otros te sirvan. El novelista Patrick O'Brian puso en boca de uno de sus personajes su disgusto por este tipo de autoridad: «Me opongo a la autoridad [...]. Me opongo en gran medida por lo que le hace a quienes la ejercen».[1] Pero en el modelo de Jesús, el poder se utiliza para servir a los demás, no a uno mismo. Los esposos nunca deben decir, «mis necesidades antes que las tuyas», sino «las tuyas antes que las mías». Cuando una esposa ve a un esposo que maneja su papel con temor piadoso y usa su autoridad solo para servir en lugar de oprimir, puede regocijarse en su liderazgo.

Reflexión:

¿Las afirmaciones anteriores describen cómo se lleva acabo tu autoridad en tu relación? ¿Qué cambios se pueden hacer?

Oración:

Juntos, al orar por el esposo, pídanle a Dios que evite este autoengaño sobre la autoridad de operar en su matrimonio.

En un matrimonio, donde solo hay dos «votos», ¿cómo se puede romper un empate sin que alguien tenga que ceder? En la gran mayoría de los casos, el empate se rompe porque cada uno intentará darle placer al otro. La esposa tratará de respetar el liderazgo del esposo y, a su vez, él tratará de complacer a su esposa. Si esta dinámica es frecuente, en el curso de un matrimonio bíblico saludable, la «anulación» será extraña (pág. 273).

[1] Patrick O'Brian, Post Captain [Post Capitán], (New York: W. W. Norton, 1990), 249.

DÍA 292

AYUDA IDÓNEA

¿Qué pasa en caso de que ambas partes no puedan ponerse de acuerdo, pero se debe tomar algún tipo de decisión? Alguien debe tener derecho a emitir el voto decisivo [...]. Cuando sucede, ambas personas «se someten» a su rol [...]. Un líder servicial debe sacrificar sus deseos y necesidades para complacer y edificar a su cónyuge (Ef. 5:21) [...]. Una esposa nunca [...] solo se queja [...], sino que es la amiga y consejera más confiable de su esposo (Prov. 2:17) [...]. Complementarse es un arduo trabajo e involucra una contención amorosa (Prov. 27:17), con afecto (1 Ped. 3:3-5) (págs. 273 y 271-272).

Para ser cualquier tipo de ayuda, una «'ezer», una esposa debe aportar todos sus dones y habilidades para enfrentar los problemas y cuestiones que ella y su esposo enfrentan juntos. Tú no eres de ayuda si retienes un sabio consejo, incluso una reprimenda, cuando estás destinado a informar y corregir una decisión. Yo (Kathy) descubrí a través de las décadas que Tim aprecia mi imperante aporte, pero también debo saber cuándo he dicho todo lo que se puede decir y es hora de permitirle tomar la decisión. ¡Que nadie olvide que fui yo quien se opuso firmemente a nuestro traslado a la ciudad de Nueva York para comenzar un nuevo ministerio! Pero al apoyar a Tim en la toma de una decisión que él sabía que sería difícil, nuestra familia y muchas otras personas fueron bendecidas.

Reflexión:

¿Los momentos en los que el esposo debe tomar la decisión final ocurren de manera rutinaria o rara vez en tu matrimonio? ¿Por qué? Recuerda que, a veces, el debate se resuelve con el esposo accediendo a los deseos de la esposa, como una forma de servirla.

Oración:

Ora por sabiduría para saber cuándo, en los buenos debates y contiendas que tendrán, debes de dejar de tratar de imponer tu punto de vista.

EL CARÁCTER DE DIOS

DÍA 293

«Sabía Jesús que el Padre había puesto todas las cosas bajo su dominio, y que había salido de Dios y a él volvía; así que se levantó de la mesa, se quitó el manto y se ató una toalla a la cintura. Luego echó agua en un recipiente y comenzó a lavarles los pies a sus discípulos y a secárselos con la toalla que llevaba a la cintura» (Juan 13:3-5). Esto podría parafrasearse de la siguiente manera: «Porque soy el Dios todopoderoso, te lavo los pies como tu siervo». La humildad y la entrega de Jesús no fue una excepción, sino una expresión del carácter de Dios. Luego agregó: «Les he puesto el ejemplo, para que hagan lo mismo que yo he hecho con ustedes» (v. 15). Jesús enfatizó, en vísperas de Su arresto, tortura y muerte, que el poder debe ser usado para servir, y que la sumisión revela gloria. Aquí, tanto los esposos como las esposas tienen su modelo y el poder para cumplirlo.

Reflexión:

Esposos, usen el ejemplo de Jesús como la base para que sirvan a aquellos sobre quienes tienen autoridad, incluso hasta la muerte. Esposas, actúen como «ayudas idóneas» con el conocimiento de su identidad en Cristo.

Oración:

Alaba a Dios por el misterio de Su gloria: porque Él, siendo Dios y teniendo toda la autoridad, te da poder para servir. Luego pídele que permita que este mismo tipo de amor y gloria caracterice tu matrimonio.

Tanto las mujeres como los hombres pueden «desempeñar el papel de Jesús» en el matrimonio: Jesús en Su autoridad sacrificial, Jesús en Su sumisión sacrificial. Al aceptar nuestros roles de género y operar dentro de ellos, podemos demostrar al mundo conceptos que son tan contradictorios que son completamente incomprensibles a menos que sean vividos por hombres y mujeres en matrimonios cristianos (págs. 200-201).

DÍA 294

FORMA Y LIBERTAD

Dado que Dios llamó a la mujer específicamente para ser una «ayuda» idónea para su esposo, sería extraño que no dotara a hombres y mujeres con habilidades distinguibles para cumplir mejor sus llamados. Lo más obvio son las características físicas que permiten a las mujeres tener y criar hijos, pero las dotaciones emocionales y psicológicas más sutiles serían acompañamientos naturales a esas diferencias físicas, aunque solo de cierto modo (pág. 201).

La Biblia establece los roles de liderazgo y sumisión en el matrimonio, utilizando a Jesús como modelo para ambos. Pero luego no proporciona una lista específica de trabajos, tareas o empleos que sean (in)apropiados para los esposos y las esposas en todo momento y lugar. Aquí tenemos «forma y libertad». Hay órdenes inmutables, pero dentro de ese marco, libertad para expresar nuestra obediencia de maneras que sean culturalmente comprensible y personalmente apropiadas. No se trata de que «así era antes, hoy es distinto». Lo que dice la Biblia, lo seguimos en todo momento y lugar (reconociendo el progreso de la historia redentora, es decir, las cosas que Jesús ha cumplido, como el sistema de sacrificios). Pero la Biblia ofrece suficiente flexibilidad para que en cada siglo y cultura podamos encontrar formas de obedecer lo que se ordena claramente en las Escrituras.

Reflexión:

Hombres, ¿sus rasgos de personalidad se acercan o alejan de la masculinidad tradicional? ¿Cómo estudiar a Jesús refina para ti lo que significa ser «masculino»? Mujeres, ¿en qué piensan cuando encuentran la palabra «femenino»? ¿Es tu definición moldeada por estereotipos o por las Escrituras?

Oración:

Agradece a Dios por la consumada sabiduría de Su Palabra, que siempre es relevante, nunca pasa de época, siempre es aplicable y una base sólida para la vida en cualquier momento.

RECHAZAR LOS DONES DE DIOS (PARTE 1)

DÍA 295

El don del género que Dios no dio puede ser rechazado de muchas maneras. Puede haber una negación absoluta de la verdad de que Dios hizo a los seres humanos en dos géneros binarios. También puede haber subculturas que exageran el regalo de Dios en hipermasculinidad o hiperfeminidad, que mucha gente siente (con razón) como si fuera una camisa de fuerza. Todo esto se aparta de la intención de Dios de hacernos «a su imagen» (Gén. 1:27), «iguales, pero opuestos», hombres y mujeres. Si bien el pecado ha torcido y contaminado el contenido de lo que significa vivir juntos como hombres y mujeres, no podemos dejar de ser creados a imagen de Dios más de lo que podemos decidir hacernos crecer un tercer ojo o brotar alas.

Reflexión:

Hombres, ¿han adoptado una comprensión de su sexo biológico y a su género que no sea bíblica? ¿De qué forma? Mujeres, ¿han sido moldeadas por las expectativas de comportamiento y pensamiento del mundo, en lugar de las de Dios? ¿De qué forma?

Oración:

Gracias a Dios por la libertad que tienes en el evangelio para no estar limitado por estereotipos de género rígidos. Pero pídele a Dios que te muestre las formas particulares en que te ha llamado a ser hombre o mujer.

Utilizando todos los calificativos del mundo, en general, en su conjunto y en todo el espectro, los hombres tienen un don de independencia. Miran hacia afuera. Ellos toman la iniciativa. Bajo el pecado, estos rasgos pueden convertirse en un individualismo machista si esta capacidad se convierte en un ídolo, o en una dependencia, si el llamado se rechaza por completo y se abraza la rebelión. El primer pecado es hipermasculinidad, mientras que el segundo pecado es un rechazo de la masculinidad (pág. 202).

DÍA 296

RECHAZAR LOS DONES DE DIOS (PARTE 2)

Cuando Dios creó a la humanidad en dos géneros, lo hizo muy bien (Gén.1:28,31). Hoy hay algunos que, contradiciendo a Dios, argumentan que la división binaria de hombre y la mujer es mala, o al menos está incompleta. Debido a que nuestro mundo está roto, «gimiendo» bajo los efectos del pecado humano (Rom. 8:20-22), no debería sorprender a los creyentes que los humanos a veces nazcan con condiciones físicas y mentales que no encajan con el original que Dios diseñó. Después de todo, la muerte en sí misma no era parte del mundo de Dios. Sin embargo, no es un buen argumento decir que las excepciones refutan la existencia de la regla. Ayudemos con toda compasión a aquellos que no sienten que «encajan», pero no les ayuda a ellos ni a nosotros negar que los dos géneros sean un maravilloso regalo de Dios.

Usando todos los calificadores en el mundo, en general y en todo el espectro, las mujeres tienen un don de interdependencia, un don de «recibir». Son interiormente perceptivas. Ellas nutren. Bajo el pecado, estos rasgos pueden convertirse en una dependencia que se aferra, si el apego se convierte en un ídolo, o en el individualismo, si el llamado se rechaza por completo y se abraza la rebelión. El primer pecado es la hiperfeminidad, mientras que el segundo pecado es el rechazo de la feminidad (págs. 202-203).

Reflexión:

Hombres, viendo a Jesús como modelo, ¿qué formas se les ocurren de cambiar la manera en que han estado usando sus dones de género? Mujeres, viendo a Jesús como modelo, ¿qué formas se les ocurren de cambiar la manera en que han estado usando sus dones de género?

Oración:

Pídele a Dios que te ayude, como cristiano, a «estrechar la brecha» en nuestra cultura entre aquellos que ven el género con estereotipos y aquellos que ven la idea de dos géneros como opresión. Pídele aún más que te ayude a modelar esto en tu matrimonio.

RECHAZAR LOS DONES DE DIOS (PARTE 3)

DÍA 297

El la diversa diferencia de género entre hombres y mujeres, en lugar de unirnos en armonía, se ha convertido en una fuente de desprecio y burla, incluso de opresión y violencia. El otro sexo ya no es nuestro complemento, sino nuestra competencia. De hecho, cuando Génesis 3:16 describe los resultados del pecado y dice que las mujeres «desearán» al hombre y el hombre «dominará» a la mujer, el significado probable es que ambos están tratando de dominar y controlar a la otra persona, aunque utilizando diferentes formas de manipulación.[1] Dado que nuestra humanidad dividida en dos géneros es una de las formas en que más fielmente reflejamos la imagen de Dios, esto nos perjudica no solo a nosotros mismos como individuos, sino también a aquellos cercanos a nosotros y al mundo en general.

Reflexión:

Hombres, ¿hay maneras en las que degraden mentalmente a las mujeres o las traten físicamente como si no hubieran sido hechas a imagen de Dios? Mujeres, ¿han alimentado la ira y planean la venganza contra los hombres por no haber apreciado su igualdad?

Oración:

Pídele a Dios que te perdone por las formas en que luchas con tu cónyuge por el poder en el matrimonio, en lugar de servirse el uno al otro. Pídele la sabiduría para discernir en el futuro estos juegos de poder ocultos.

Nuestro impulso pecaminoso de autojustificación a menudo nos lleva a despreciar a quienes piensan, sienten y se comportan de manera diferente a nosotros. El orgullo personal, racial y de clase surge naturalmente de la alienación del corazón humano de Dios y, por lo tanto, nuestra necesidad de demostrarnos a nosotros mismos y ganar una identidad basada en nuestra especialidad, superioridad y rendimiento. Uno de los principales lugares donde ocurre la «exclusión del otro» es entre los sexos. Amar a alguien del mismo sexo es difícil (págs. 203-204).

[1] Génesis 3:16 señala que uno de los resultados del pecado es que el esposo «gobernará» a su esposa. En el contexto, es el consenso de los intérpretes, independientemente de su visión de los roles en el matrimonio, que esto no se trata de autoridad amorosa sino de tiranía.

DÍA 298

CULPAR AL GÉNERO

Sin embargo, aquí es donde entra en juego la comprensión cristiana del matrimonio. El matrimonio, en la visión bíblica, aborda el abismo entre los sexos. El matrimonio es un abrazo completo del otro sexo. Aceptamos y luchamos con el «otro» género de nuestro cónyuge, y en el proceso, crecemos y florecemos de maneras imposibles. Porque, como dice Génesis, el hombre y la mujer son «como opuestos» entre sí, ambos radicalmente diferentes y, sin embargo, incompletos el uno sin el otro (pág. 204).

Un matrimonio inevitablemente tendrá decepciones, ira, resentimiento y conflictos. A veces respondemos diciendo que nos casamos con la persona equivocada, pero otra forma de responder es concluir que estamos casados con el género equivocado. Es decir, algunos culpan del conflicto a la alienación que a menudo sentimos del otro género y buscan refugio con alguien de su propio sexo. Pero este razonamiento es erróneo. En general, las peleas dentro del matrimonio se deben a que ambos son pecadores. La prueba de esto es que continuarán, sin importar a quién más recurras. Con las herramientas del arrepentimiento y el perdón, el Espíritu Santo puede usar un matrimonio como escenario principal para sanar nuestras alienaciones.

Reflexión:

Hombres, ¿han identificado las formas en que lastiman a su esposa? ¿Cómo se han sacrificado para sanarla? Mujeres, ¿pueden ver las necesidades de su esposo antes de que él mismo pueda hacerlo? ¿Usan ese conocimiento para criticar y menospreciar, o para ministrarle?

Oración:

Oren primero a Dios para que tengan suficiente amor y sabiduría para no entristecer a su cónyuge. Luego oren para que, cuando lo hagan, ambos tengan la gracia de reconciliarse y hacerse más fuertes a través del dolor.

BENDICIÓN DE GÉNERO

DÍA 299

El mundo está construido en gran medida en polaridades emparejadas. Hay protones y electrones, que llevan cargas eléctricas positivas y negativas que van desde el nivel atómico al campo magnético interestelar. Hay luz y oscuridad, calor y frío. Algunas religiones incluso han consagrado estas polaridades como yin y yang. En el nivel biológico, el esperma y el óvulo, y en las plantas el polen y ólvulo, representan la gran mayoría de la reproducción compleja. Solo con esta unión de diferencias, donde solo hombres y mujeres pueden producir juntos, Dios ha otorgado la bendición de la creación de una nueva vida humana. Escrito tanto en lo pequeño como en lo grande, se encuentra la visión de Dios de recibir al Otro, siendo el ejemplo más glorioso la santa adopción de Su pueblo, Su Novia.

Pero el plan de Dios para las parejas casadas implica abrazar al otro para unirse, y eso solo puede suceder entre un hombre y una mujer. Incluso a nivel atómico, todo el universo se mantiene unido por la atracción de fuerzas positivas y negativas. Resulta que abrazar al Otro es lo que realmente hace girar al mundo (pág. 205).

Reflexión:

Parejas casadas, ¿alguna vez pensaron en su unión sexual como un testimonio sagrado del plan final de Dios para el universo? ¿Cambiarías la forma en que abrazan a su cónyuge si lo hicieran? ¿Habría más alegría, más libertad, más amabilidad, más sacrificio?

Oración:

Juntos, respondan las preguntas en la sección de Reflexión, y cuando terminen, siéntense ante Dios maravillados de cómo el sexo participa en Su plan. Alaben y agradezcan por ello.

DÍA 300

No es simplemente que el otro género sea diferente; es que sus diferencias no tienen sentido. Y una vez que nos encontramos con este muro de incomprensibilidad, el pecado en nuestro corazón tiende a responder asignando un significado moral a lo que es simplemente una profunda diferencia de temperamento […]. Los esposos y las esposas se alejan unos de otros porque se permiten participar en un constante y diario golpe de pensamientos de desorden interno por la diferencia de género de su cónyuge (pág. 205).

DESDÉN DE GÉNERO

Una de las formas en que nos justificamos es reforzar nuestra autoestima al despreciar las diferencias de las personas. Por lo tanto, las personas más puntuales desprecian a los que son menos «responsables». Las personas más habladoras descartan a las personas más calladas como poco amigables. Hacemos lo mismo con las diferencias de género. Cuando los hombres o las mujeres están con su propio sexo, a menudo se burlan del otro género a pesar de que las diferencias son solo eso: diferencias. Un enfoque tan moralizante y autojustificativo puede ser tóxico en el matrimonio, dificulta la verdadera amistad con tu cónyuge y hace que la crianza de los hijos sea un campo minado. Sé humilde.

Reflexión:
Maridos, hagan una lista de las cosas sobre las mujeres de las que se han burlado en el pasado. Esposas, hagan la misma lista sobre los hombres. Compartan las listas y, si es posible, expliquen un poco más sobre su género a su cónyuge.

Oración:
Confiesa a Dios las formas típicas en las que has criticado y desacreditado a otras personas o tipos de personas.

ATAQUES

DÍA 301

La cita anterior del libro *El significado del matrimonio*, si se toma de forma aislada, podría leerse como un consejo de permanecer en un matrimonio incluso cuando ha habido abuso físico o sexual. El abuso físico y la violación en el matrimonio no son solo pecados que deben ser confrontados (Mat. 18:15-17), sino que también son crímenes (Rom. 15:1-5), y los cristianos son llamados a someterse a las autoridades gubernamentales. Por lo tanto, no aceptes este tipo de abuso. Habiendo dicho esto, nuestra cultura ha bajado el estándar para incluir razones para dejar una relación por muchas cosas que no son incorrectas ni peligrosas, sino que simplemente son los enfrentamientos y luchas que experimentan los pecadores cuando viven en comunión cercana. El matrimonio necesita un compromiso profundo y permanente que «cubra multitud de pecados» (1 Ped. 4:8).

Reflexión:

En tu matrimonio, ¿cubres el pecado de tu cónyuge, o haces de ello toda una ocasión para comenzar una discusión?

Oración:

Ora por la sabiduría, tanto para ti en tu matrimonio como para tus amigos en sus matrimonios, para saber la diferencia entre los crímenes que deben ser confrontados y denunciados y los enfrentamientos que deben resolverse mediante el arrepentimiento y el perdón.

Cristo abrazó al «Otro»: la humanidad pecaminosa. No nos excluyó […] nos abrazó al morir en la Cruz por nuestros pecados. Amar al Otro […] significa experimentar traición, rechazo y ataques. Lo más fácil es irse. Pero Jesús no hizo eso […]. Conocer este tipo de amor amable y que cubre el pecado da a los creyentes en el evangelio de Cristo la base para una identidad que no necesita superioridad y exclusión (pág. 206).

DÍA 302

LA MARAVILLA DEL GÉNERO

Esto no tiene nada que ver con quién trae a casa el mayor salario o hace los mayores sacrificios para cuidar a los niños [...]. Los detalles externos de la división del trabajo de una familia pueden resolverse de manera diferente en los matrimonios y las sociedades. Pero la autoridad tierna y servicial del liderazgo de un esposo y el fuerte y generoso don de la sumisión de una esposa nos devuelven a quienes debemos ser en la creación (pág. 207).

El asombroso misterio del amor de Dios por nosotros va más allá de nuestra imaginación más alocada. Solo podemos recurrir a la metáfora y al simbolismo, y Dios recurre con mayor frecuencia al simbolismo del género: la unión del esposo y la esposa. Dios es el tierno y amoroso Novio, Esposo y Amante de nuestras almas; nosotros, la Iglesia, somos Su Novia, por quien Él murió para salvarla. Con ese modelo, los matrimonios cristianos pueden representar una alegoría del amor de Dios por Su pueblo al «desempeñar los roles» de marido y líder sirviente y esposa alegre y sumisa. En palabras de Eowyn Stoddard, la Iglesia es la segunda Eva del segundo Adán (Jesús), destinada a dar la luz Su fruto al mundo.

Reflexión:

¿Hace algún bien este tipo de lenguaje de metáforas y alegorías para comprender el tema con mayor facilidad? ¿Tiene alguna implicación concreta en la vida diaria de tu matrimonio?

Oración:

Recuerda que cuando hemos recibido gran ayuda o un gran regalo de alguien, existe el deseo de imitarlo. Pídele a Dios que te muestre cómo puedes imitar Su amor conyugal por ti en tu matrimonio.

ELEGIR SABIAMENTE

DÍA 303

La primera de las maldiciones que se observó sobre los seres humanos después de que el pecado entró en el mundo fue el deterioro de la relación entre hombres y mujeres (Gén. 3:16), pero la Biblia nos da herramientas para sanar la relación. Tenemos una caja de herramientas con verdad, amor y gracia que utilizamos en el arrepentimiento y el perdón. Esto cierra la brecha entre dos personas pecaminosas. También tenemos las herramientas de los roles bíblicos de género. No debemos adoptar los roles con estereotipos de la cultura tradicional que disminuyen la igualdad entre hombres y mujeres, ni la visión de la cultura moderna de que el género se construye socialmente y que no hay roles en el matrimonio. ¿Qué significa esto? Significa que debemos elegir a nuestros cónyuges sabiamente. Únete a alguien que quiera lo mismo que tú, que tenga la misma visión.

Reflexión:

Discutan cuánto más trabajo implica utilizar la «caja de herramientas bíblica de los roles de género» ya que deben definir los detalles de sus tareas ustedes mismos. ¿Han hecho esto? ¿Cuánto?

Oración:

Agradezcan a Dios por los dones de su género y pídanle que los ayude a recibir esos dones. Pidan ayuda para comprender lo que significa para ustedes, en particular, ser hombre o mujer en su matrimonio, en su tiempo y lugar.

Tienes que encontrar un lugar muy seguro para practicar liderazgo y sumisión. Digo esto porque soy consciente de la advertencia de Dios de que el pecado llevará a los hombres a tratar de dominar a las mujeres [...] [y, a veces], manejan definiciones retorcidas y no bíblicas de «liderazgo» y «sumisión» como sus armas principales [...]. Por lo tanto, es crucial que las mujeres que desean aceptar roles diferenciados por género dentro del matrimonio encuentren un esposo que realmente sea un líder de servicio que la valore como una gran ayuda (pág. 207).

DÍA 304

Ningún ser humano debe dar obediencia incondicional a otro ser humano. Como dijo Pedro: «Debemos obedecer a Dios antes que a los hombres» (Hch 5:29) […]. No debes obedecer a la esposa o ayudar a un esposo a hacer cosas que Dios prohíbe, como vender drogas o abusar físicamente de ella. Si […] el esposo golpea a su esposa, la «ayuda idónea» que ella debe ejercer es amarlo y perdonarlo en su corazón, pero el esposo debe ser arrestado. Nunca debes ser amable o amoroso con nadie para facilitarle hacer el mal (pág. 272).

TODO O NADA

Los matices se pierden en una cultura que solo ve a otros como un aliado o un enemigo, buenos o malos, revolucionario por la justicia social u opresores. Realmente no creemos que algo pueda ser bueno y, sin embargo, mal utilizado. Si algo puede ser mal utilizado, no deberíamos tener nada que ver con eso. Pero todo puede ser usado incorrectamente. Se culpa habitualmente por fomentar la opresión y el abuso a la enseñanza de que hay roles distintos a los que se les llama géneros. Yo (Kathy) no tengo dudas de que en nombre de la «enseñanza bíblica» ha habido abusos y maldad. Sin embargo, los dones de Dios para nosotros son buenos y están destinados para nuestro gozo. Cuando esos dones se usan al servicio del pecado, nunca debemos creer la mentira de que fue culpa del don, en lugar de su mal uso.

Reflexión:

¿Tu punto de vista sobre los roles de género está basado en tus experiencias pasadas (buenas o malas) o en la Biblia?

Oración:

Medita en Colosenses 3:16, para que el mensaje de Cristo, el evangelio bíblico, «habite en ustedes […] con toda su riqueza». Pídele a Dios que te muestre lo que eso significa para ti, cómo hacer que Su Palabra moldee no solo tus pensamientos sino también tus deseos.

LA CANCIÓN DE AMOR BÍBLICA

DÍA 305

Ah, si me besaras con los besos de tu boca[...] ¡grato en verdad es tu amor, más que el vino! Grata es también, de tus perfumes, la fragancia; tú mismo eres bálsamo fragante. ¡Con razón te aman las doncellas!
(Cant. 1:2-3).

Paul McCartney señaló que las personas «quieren llenar el mundo con canciones de amor tontas».[1] Una canción de amor es más una explosión que una enseñanza. Celebra el amor y el romance. Es sorprendente que la Biblia contiene un libro que es una canción de amor prolongada. La canción de Salomón nos cuenta la historia de dos amantes que se buscan y se encuentran, y luego consuman su amor en matrimonio. Muchos intérpretes han tratado de encontrar un «significado más profundo» en la historia. Por supuesto, cada matrimonio amoroso apunta a nuestra unión con Cristo a través de Su amor. Pero este libro en sí mismo es una celebración del amor y el matrimonio como un bien en sí mismo. Y eso nos dice mucho. «La canción tiene la intención de enseñarnos que el sexo es bueno y puro dentro del matrimonio y que es apropiado anhelarlo y desearlo antes del matrimonio».[2]

Reflexión:

¿Qué nos dice la Biblia sobre el matrimonio para darnos un libro que es un poema de amor y una historia romántica? ¿Cuáles son las implicaciones para tu matrimonio?

Oración:

Señor, cuán maravilloso es que tu Palabra no solo regula el sexo y el romance, sino que los celebra poderosamente y nos llama a disfrutarlos. Te alabo porque eres un Dios de alegría que quiere que la tengamos. Amén.

---

[1] Esto se refiere a «Silly Love Songs» [«canciones tontas de amor»] de Paul y Linda McCartney, que aparece en el álbum de 1976, *Wings at the Speed of Sound.*

[2] Iain M. Duguid, *The Song of Songs: An Introduction and Commentary*, [Cantar de Cantares: Introducción y comentarios], Tyndale Old Testament Commentaries (Downers Grove, IL: IVP Academic, 2015), 40.

DÍA 306

Ah, si me besaras con los besos de tu boca […]. ¡Grato en verdad es tu amor, más que el vino! Grata es también, de tus perfumes, la fragancia; tú mismo eres bálsamo fragante. ¡Con razón te aman las doncellas!¡Hazme del todo tuya! ¡Date prisa! ¡Llévame, oh rey, a tu alcoba! (Cant. 1:1-4).

ROMANCE CONTRACULTURAL

El erudito bíblico Iain Duguid escribió: «Cantares sugiere un ejemplo para las relaciones entre hombres y mujeres que no es ni tradicionalista ni radical». Ella lo insta: «Llévame contigo», un término que suena muy tradicional. Sin embargo, ella no es «emocionalmente dependiente […] esperando por siempre que el hombre haga el primer movimiento». Ella toma su propia iniciativa. No hay un «modelo machista de relaciones hombre-mujer» en el que los únicos deseos sexuales sean los suyos, y ella simplemente los acepte».[1] Las figuras bíblicas, de alguna manera, por supuesto, reflejan las culturas de su tiempo, pero en formas importantes también alteran las normas culturales y proporcionan a los lectores de la Palabra de Dios, instrucciones para todos los tiempos y lugares. La mujer aquí no es solo objeto de atención masculina. Ella tiene sus propios deseos.

Reflexión:

¿Cómo podría este paradigma desafiar y, sin embargo, encajar en varios modelos culturales para las relaciones hombre-mujer?

Oración:

Señor, gracias por la verdad permanente y la profunda perspicuidad de tu Palabra. Gracias porque no es producto de ninguna cultura, sino que pone a prueba cada cultura y mi corazón también. Amén.

---

[1] Duguid, *The Song of Songs*, 82–83.

TEMORES SOBRE LA BELLEZA

DÍA 307

Morena soy, pero hermosa, hijas de Jerusalén; morena como las carpas de Cedar, hermosa como los pabellones de Salmá. No se fijen en mi tez morena, ni en que el sol me bronceó la piel. Mis hermanos se enfadaron contra mí, y me obligaron a cuidar las viñas; ¡y mi propia viña descuidé! (Cant. 1:5-6).

El temor de la mujer es ser rechazada porque no coincide con el estereotipo de belleza cultural. Los ricos podían permanecer en el interior de sus casas y los pobres tenían que trabajar en los campos, por lo que la piel más oscura en esa cultura representaba a la clase trabajadora. También lo hizo la delgadez porque significaba que no comías bien. ¡El hecho de que hoy la esbeltez y un bronceado agradable signifiquen lo contrario debería recordarnos cuán fugaces y, en última instancia, poco importantes son las opiniones culturales! En cambio, la Biblia habla del carácter interno como la única «belleza incorruptible» (1 Ped. 3:3-4). Rompiendo los estereotipos, la mujer afirma que es encantadora. Esto no es timidez. Ella llama a su amante para que la halle atractiva. Sin embargo, el texto nos recuerda cómo luchamos con conformarnos a la imagen de belleza de la cultura. Y no deberíamos de hacerlo.

Reflexión:

En tu matrimonio, ¿cómo pueden ayudarse mutuamente en esta área? ¿Cómo pueden apoyar la mayordomía del cuerpo, pero también reforzar el concepto de «belleza incorruptible»?

Oración:

Señor, existe la fealdad y la belleza, pero tu Palabra me muestra que es más una cuestión de espíritu que de cuerpo. Ayúdame a no ser cautivo de ninguna otra definición de belleza que no sea la tuya. Amén.

DÍA 308

[Amigos:] Si no lo sabes, bella entre las bellas [...]. [Él:] ¡Qué hermosas lucen tus mejillas entre los pendientes!¡Qué hermoso luce tu cuello entre los collares! ¡Haremos para ti pendientes de oro con incrustaciones de plata! (Cant. 1:8,10-11).

ATRACCIÓN MUTUA

Por primera vez escuchamos al hombre hablar. Él responde a su llamado, considerándola la mujer más bella. Tal afirmación es, literalmente, una exageración, pero subjetivamente es auténtica. Es la forma de expresarse cuando uno está enamorado. «Si el único consejo bíblico para buscar un cónyuge fuera Proverbios 31:30: "Engañoso es el encanto y pasajera la belleza; la mujer que teme al Señor es digna de alabanza", podríamos pensar que la química no importa en las relaciones». El punto de Proverbios es que el atractivo físico no debe ser el factor decisivo para elegir una pareja. Si es así, e inevitablemente cambias y pierdes tu aspecto a medida que envejeces, entonces tu matrimonio comenzará a ir mal. Pero el Cantar de los Cantares nos trae el equilibrio: «la atracción mutua es importante».[1]

Reflexión:

¿Cómo pueden honrar el principio de Proverbios 31 y el principio de Cantares 1?

Oración:

Gracias, Señor, por hacer posible que nuestro cuerpo «decaigan externamente», mientras se renueva internamente a semejanza de nuestro Salvador (2 Cor. 4:16). Dame ojos para ver a esta persona interna en mi cónyuge y sentirme atraído por ella. Amén.

[1] Duguid, *The Song of Songs*, 93.

LOS OJOS DE DIOS

DÍA 309

«Hay cierto indicio de inseguridad en el desafiante reclamo de la mujer de ser bella». Pero el hombre responde «afirmando su belleza y acentuándola con sus regalos de joyería». Aquí hay un eco de la desnudez y la vergüenza que tanto Adán como Eva sintieron cuando cayeron. En el fondo, sabemos que a los ojos de Dios no somos espiritualmente hermosos, sino desfigurados por el pecado. Sin embargo, como este hombre, aunque con un poder infinitamente mayor, Dios «nos eligió, a pesar de quiénes somos y, aunque desfiguramos a Su propio Hijo en la cruz para pagar nuestros pecados, ahora nos viste con las gloriosas vestiduras reales de su justicia, adornándonos con una belleza deslumbrante».[1] Parte de nuestra inseguridad sobre nuestra apariencia se verá disminuida por el conocimiento de que somos hermosos, en Cristo, quien en todo el universo tiene más importancia.

[Ella:] Morena soy, pero hermosa, hijas de Jerusalén; morena como las carpas de Cedar, hermosa como los pabellones de Salmá. [Él:] ¡Qué hermosas lucen tus mejillas entre los pendientes!¡Qué hermoso luce tu cuello entre los collares! ¡Haremos para ti pendientes de oro con incrustaciones de plata! (Cant 1:5,10-11).

Reflexión:

¿Afirman el atractivo interno y externo del otro? ¿Cómo sería diferente si creyeras y entendieras con mayor profundidad cómo nos ve Dios en Cristo?

Oración:

Señor, mi razón y mi imaginación están abrumadas por saber que nos amas, así como amas a Jesús, de modo que a tus ojos somos más hermosos que todas las joyas en la tierra. Pero ayúdame a comprender incluso una pequeña parte de esta verdad, para que pueda cambiar para siempre. Amén.

[1] Duguid, *The Song of Songs*, 87.

DÍA 310

[Ella:] Yo soy una rosa de Sarón, una azucena de los valles. [Él:] Como azucena entre las espinas es mi amada entre las mujeres. [Ella:] Cual manzano entre los árboles del bosque es mi amado entre los hombres (Cant. 2:1-3).

AFIRMACIÓN DE SINGULARIDAD

Cuando la mujer se autodenomina «azucena de los valles», describe una flor silvestre muy común que florece en el desierto. Es como decir: «No soy nadie especial». Pero el hombre responde que ella es excepcionalmente atractiva y, en comparación con otras que la rodean, es como una «azucena entre las espinas». La mujer responde de la misma manera, diciendo que él es como un manzano único entre los árboles ordinarios del bosque. Así es como debería ser. «Una forma de mantener la llama encendida en nuestros matrimonios es afirmar repetidamente lo que nos atrajo de la otra persona de manera única en primer lugar y que lo seguimos viendo en ellos ahora».[1]

Reflexión:

¿Haces esto? Tómate el tiempo para hablar con tu cónyuge sobre lo que te resulta inusual o singularmente atractivo sobre él o ella.

Oración:

Señor, todas las cosas que nos suceden son para nuestro bien (Rom. 8:28) y eso incluye al cónyuge que me has dado. Ayúdame a afirmar regularmente los dones y cualidades distintivos y únicos de mi cónyuge porque eso también te honrará y mejorará nuestra alegría. Amén.

[1] Duguid, *The Song of Songs*, 92-93.

EL PODER DEL AMOR

DÍA 311

¡Fortalézcanme con pasas, susténtenme con manzanas, porque desfallezco de amor! ¡Ojalá pudiera mi cabeza reposar sobre su izquierda! ¡Ojalá su derecha me abrazara! Yo les ruego, mujeres de Jerusalén, por las gacelas y cervatillas del bosque, que no desvelen ni molesten a mi amada hasta que ella quiera despertar
(Cant. 2:5-7).

La mujer está abrumada, literalmente enferma de amor. El amor a menudo se ha descrito como una experiencia de locura o borrachera, en la que hacemos cosas que luego consideramos con horror o vergüenza. Entonces, la mujer advierte a «aquellos que aún no están casados sobre los peligros de provocar tales sentimientos antes de tiempo». Aquí hay otra perspectiva sobre no tener relaciones sexuales antes de casarse. Ella les insta a que no permitan que tales sentimientos se eleven a gran altura antes del matrimonio «no porque el sexo sea sucio o insípido, sino precisamente porque es tan hermoso y potente» y «está destinado a unir a dos personas inseparablemente para la vida por su poder singular y abrumador».[1]

Reflexión:

Teniendo en cuenta tu propia experiencia o la de tus amigos, piensa en formas en que el poder desatado del amor sexual te condujo a un comportamiento necio u otras decisiones equivocadas.

Oración:

Señor, tú nos diste nuestros sentimientos, pero a menudo nublan el juicio. No permitas que mis sentimientos, atracciones y repulsiones me impidan amarte y servirte a ti y a mi cónyuge. Amén.

[1] Duguid, *The Song of Songs*, 96.

DÍA 312

Si bien el principio es claro, el marido debe tener al final [...] autoridad en la familia: la Biblia casi no da detalles sobre cómo se expresa esto concretamente en la vida diaria [...]. ¿Deben las mujeres [cuidar] a los niños mientras los hombres supervisan las finanzas? [Algunos] están tentados a asentir [...] hasta que se señala que en ningún lugar la Biblia dice tal cosa. La Escritura no nos da una lista de [...] instrucciones específicas de lo que el hombre y la mujer deben y no deben hacer (pág. 209).

UNA MEZCLA

La mujer de Proverbios 31 a menudo se presenta como modelo para la «feminidad bíblica», ya sea en aprobación o en forma de rechazo. Realiza inversiones inmobiliarias y lanza un negocio de ropa (v. 16-19). Sin embargo, ella cocina y viste a su familia, decora la casa (v. 15,21-22). Ella también hace esto bajo la autoridad de su esposo (v. 11 y 23). Esta es una mezcla de visiones tradicionales y progresivas de actividades apropiadas para las mujeres. Nuevamente vemos que lo que dice la Biblia sobre los roles de género es lo suficientemente básico como para aplicarlo a todas las culturas, lo suficientemente afilado como para criticar cada cultura y lo suficientemente flexible como para tener diferentes expresiones en cada una de ellas. La Biblia no proporciona una lista única de actividades que las mujeres pueden y no pueden hacer.

Reflexión:

Es común que las parejas casadas cristianas de la actualidad reflejen una manera de vivir con «mezcla de formas tradicionales y progresistas». ¿Cómo refleja tu matrimonio esto?

Oración:

Ora para que Dios te dé la libertad espiritual para idear patrones de vida matrimonial que no estén limitados por prejuicios culturales, sino que estén formados por tus propios dones y la Escritura.

LA FUERZA DE LA «AYUDA»

DÍA 315

Cuando Lydia persuadió a Pablo de usar su hogar como su base de plantación de iglesias en Filipos (Hech. 16:15) y cuando Priscilla y Aquila le mostraron a Apolos una mejor manera (Hech. 18:26), vemos a las mujeres como el 'ezer: la palabra en Génesis solía describir la creación de Eva como una «ayuda» para Adán. ¡Mira lo fuerte que es esto! ¡Lydia cambió la mente de un apóstol! En el deporte existe un «entrenador de jugadores», que es alguien que juega, pero también entrena a los otros jugadores. Sean así el uno para el otro, a veces incluso en medio de una pelea, llamen un tiempo fuera y di: «Espera un momento, déjame decirte cómo puedes hacerme adoptar tu punto de vista». O «Déjame ayudarte a ver por qué me estoy enojando tanto». ¡Y entonces, vuelvan al campo!

Reflexión:

«Ayudar» no es simplemente asistir en algo sino cuestionar toda la iniciativa, para mostrar una mejor manera de llevar a cabo algo. Casados, ¿qué les gustaría poder decirle a su cónyuge sobre su relación? Háganlo en oración.

Oración:

Agradécele a Dios esta ideabíblica altamente matizada de cómo el esposo y la esposa pueden guiarse, criticarse y afirmarse mutuamente, todo dentro del marco del liderazgo amoroso y la sumisión.

[Kathy escribe:] En cierto modo, Tim no muestra características típicas de su género (como en su deseo de no ofender a los demás). Pero en otros aspectos es bastante masculino [...]. Yo penaría: «¿Cómo puede un adulto estar tan desconectados de sus sentimientos?». Tiende a mirar hacia afuera; él no mira hacia adentro de sus propios sentimientos. Con los años, he necesitado enseñarle respetuosamente (pág. 213).

DÍA 316

La sumisión al patrón de Dios en el matrimonio te pone más en contacto [...] con tu masculinidad o feminidad primaria, sin embargo, el matrimonio te equilibra y te expande [...]. Tim [dice] que a menudo se encuentra en situaciones en las que está a punto de responder, pero sabe instintivamente lo que diría o haría si estuviera allí [...]. «Y ahora tengo una mayor variedad de respuestas y una mayor probabilidad de hacer lo correcto». Por lo tanto, el matrimonio nos expande y profundiza (págs. 212-213).

SUMISIÓN

Como hemos dicho, la unión del matrimonio en una sola carne no es solo una referencia al sexo y lo físico. Significa la unión del complejo de dos seres completos: física, emocional, social, espiritualmente. A medida que vivimos con el cónyuge, nuestros ideales, nuestras esperanzas, nuestros pensamientos comienzan a envolverse unos con otros y nos convertimos en algo nuevo. Eso nos cambia a ambos y, en cierto sentido, ambos cónyuges someten sus deseos e intereses al matrimonio. Conocí a un hombre que a sangre fría se dispuso a buscar una pareja para casarse porque se dio cuenta de que se estaba convirtiendo en una persona egoísta y rígida, y que necesitaba a alguien para equilibrarlo y agudizarlo. Estaba enamorado cuando se casó con ella, pero su motivación al principio fue corregir el rumbo de en quién se estaba convirtiendo.

Reflexión:

¿Has considerado quién serías si no estuvieras casado con tu cónyuge? ¿Qué tipo de persona crees que serías?

Oración:

Pídele a Dios que les ayude a ambos a aceptar la sumisión, la fusión y el cambio que el matrimonio naturalmente conlleva, y que no permita que se egoísmo y orgullo los alejen del amor y las vidas cambiadas que pueden resultar a través de ello.

ROLES COMO EN EL *BALLET*

DÍA 317

Lo que yo disfruto del *ballet*, Tim lo ve en el baloncesto: la maestría física y la gracia, el tiempo de una fracción de segundo, las horas de práctica detrás de las maniobras sin esfuerzo. Para que tu matrimonio realice el baile, se necesitará el mismo nivel de compromiso y esfuerzo, pero sin duda la belleza, la diferencia a las necesidades de los demás, la sólida sensación de estar en contacto con una realidad que va más allá de uno mismo vale la pena la inversión. El liderazgo y la sumisión en un matrimonio deben estar tan llenos de gracia como la de dos bailarines o dos jugadores de un equipo, siempre deseando lo mejor, llegar al objetivo, el logro de la vida familiar, el ministerio en el mundo, y (para no ser demasiado exagerado al respecto) la continuación de la civilización.

El resultado del complemento es la paz personal. Adán y Eva no conocían la vergüenza antes de la caída. No había ansiedad, no se escondían. Había una sensación de unidad y acuerdo primordial que Adán y Eva tenían en la antigüedad que no hemos experimentado desde entonces, porque el pecado entró e interrumpió la unidad que tenían. Cuando ves el matrimonio como un complemento, la sumisión encuentra su lugar (págs. 214).

Reflexión:

¿Los roles de siervo-líder y sirviente-ayudante se desempeñan con gracia en tu matrimonio, como una sumisión de ambos cónyuges al llamado de Dios?

Oración:

Una razón para que ambos cónyuges se sometan a roles de género es la obediencia a la Palabra de Dios. Pero otra razón es que es una respuesta natural, alegre y humilde a la gracia de Dios. Pídele a Dios que te moldee y fortalezca en ambos motivos.

DÍA 318

NO ESPERES EL PERMISO

Imagina un esposo en un matrimonio supuestamente cristiano tiene una esposa que no quiere ser parte de un rol de género que requiere que sea «sumisa» a su esposo, la «cabeza». O una esposa cuyo esposo usa una lectura bíblica errónea para descartar y marginar su opinión, su contribución, incluso su persona (pág. 215).

Es comprensible que quisiéramos que nuestro cónyuge esté tan ansioso por crecer y hacer cambios para mejorar el matrimonio como nosotros. Pero no debes esperar a que la otra persona haga algo sin antes hacer lo que debes hacer. Dado que el papel de «liderazgo» es tanto de liderazgo como de servicio, el esposo no necesita permiso para servir a su esposa. Y las esposas cuyos esposos no entienden su papel de siervos pueden ayudar (*'ezer*) a sus esposos, manteniéndose firmes y constantes en su posición y «mostrándoles que existe una mejor manera de liderazgo». Puede ser de gran ayuda insistir en la consejería (o ir sola, si es necesario). No esperes el permiso. Hacer tus propios cambios es la mejor manera de alentar al otro a hacer lo mismo.

Reflexión:

Hombres, ¿están convencidos de que la definición de liderazgo de Jesús es un rol de servicio como el que Él mismo asumió? Mujeres, ¿tienen la confianza suficiente en la enseñanza de las Escrituras para tomar su posición y no ser intimidadas o desalentadas?

Oración:

Evalúa honestamente dónde no te encuentras en la misma página con tu conyugue y comparte esas áreas y oren juntos al respecto, u ora tú mismo para que Dios les ayude a «tener la misma mente».

SIEMPRE HAY ESPERANZA

DÍA 319

La verdad de que no puedes cambiar el comportamiento de nadie sino el tuyo debe estar sujeta a una gran advertencia: Dios puede cambiar el corazón de cualquiera. Cuando tu matrimonio esté en un lugar difícil, concéntrate en la oración para que tu propio corazón tenga el coraje, el conocimiento propio, el perdón, el amor y la sabiduría necesarios para proceder. Los problemas en un matrimonio, incluso los graves, no son razones para perder la esperanza. (Aunque hemos discutido los fundamentos bíblicos para el divorcio en otras ocasiones). Dios puede resucitar las relaciones tanto como puede resucitar a las personas. Así que cumple con tu voto de pacto y has lo que sea necesario para resolver los problemas en tu matrimonio.

Reflexión:

¿Has perdido la esperanza en tu matrimonio? Incluso si no temes su fin, ¿te has conformado con muy poco amor y alegría en tu matrimonio?

Oración:

Medita en Romanos 15:13 y luego pídele a Dios que te dé esperanza para crecer en tu matrimonio.

No puedes cambiar el comportamiento de nadie más que el tuyo. Si un hombre o una mujer desean involucrarse con mayor plenitud en los roles de género definidos bíblicamente, en realidad no requiere el consentimiento de la otra persona. Dado que tanto la función de liderazgo de un esposo como la función de sumisión de la esposa son funciones de siervos, siempre se puede comenzar a servir sin esperar permiso. A menudo, este será un cambio de actitud invisible antes de que sea visible en la acción (pág. 215).

DÍA 320

JESÚS NUESTRO ESPOSO

Las personas solteras no pueden vivir bien como solteros sin una visión equilibrada e informada del matrimonio. Si no tienen esto, desearán de más o desmeritarán de más el matrimonio, y cualquiera de esas formas de pensar distorsionará sus vidas […]. [En 1 Corintios 7] Pablo declaró […] que no deberíamos estar demasiado eufóricos al casarnos ni decepcionarnos demasiado por no hacerlo, porque Cristo es el único cónyuge que realmente puede satisfacernos a nosotros y a la familia de Dios; la única familia que realmente nos abrazará y satisfará (págs. 217 y 219-220).

Los solteros se cansan de escuchar «Jesús es tu verdadero esposo» de sus amigos ya casados. Pero la articulación torpe (y a menudo en mal momento) no lo hace falso. Jesús es el verdadero esposo de cada uno de nosotros, hombre o mujer, casados o solteros. Somos su Novia, por quien murió para salvarla. En una cultura que ha eliminado en gran medida una relación con Dios de la lista de cosas a las que los humanos deberían aspirar, los supuestos éxtasis del amor romántico se han convertido en la experiencia sustituta. No fue hecho para eso, y ninguna relación humana puede soportar el peso de ese nivel de necesidad y expectativa. Todo cristiano está en el mejor matrimonio y la mejor familia: la familia de Dios.

Reflexión:

Si son una pareja que aún no está casada, ¿su relación con Cristo es tal que corrige a amigos solteros y casados que esperan que el romance satisfaga todas sus necesidades?

Oración:

Pídele a Dios que haga de su iglesia una familia genuina, y no solo de nombre, en la que todos los miembros se sientan adoptados, cuidados y protegidos como lo hacen los miembros de cualquier familia fuerte.

LA MEJOR FAMILIA

DÍA 321

En Marcos 3:33-34, Jesús dijo que su verdadera familia no eran sus parientes biológicos, sino «el que hace la voluntad de Dios», aquellos unidos a Él por fe. Este principio radical significa que estar casado y tener hijos, maravillosos dones divinos, no son cosas que todo el mundo necesita para amar y llevar una vida plena. El único cónyuge que debemos tener es Jesús y la única familia en la que debemos estar es la comunidad de creyentes. La iglesia tiene que encontrar formas de vivir esta realidad. No podemos permitir que nuestras iglesias sean solo un club, una escuela o un centro de servicio comunitario. Ninguna de estas cosas llega a ser una familia, con amor incondicional, que comparte el espacio vital y las finanzas, el sufrimiento y las cargas. Tanto los solteros como los casados necesitan que la iglesia sea una verdadera familia si queremos prosperar.

Reflexión:

Casados, ¿incluyen a los miembros solteros de la iglesia en la vida de su familia? Líderes y pastores de la iglesia, ¿están todos sus programas y sermones orientados hacia las familias, dejando a los solteros sintiéndose invisibles y excluidos? ¿Es tu iglesia una familia?

Oración:

Medita en 1 Timoteo 5:1-2. Alaba a Dios porque la Iglesia es capaz de ser mucho más que una institución, también es una familia que da vida y cambia la vida. Pídele a Dios que te ayude a darte cuenta de esta capacidad en tu propia iglesia.

En culturas no occidentales sigue habiendo una fuerte presión social para construir nuestra esperanza en la familia y los herederos [...]. La cultura occidental [nos da] innumerables historias estilo Disney *[...] que comienzan a contar las historias de vida solo cuando dos partes están a punto de encontrar el amor verdadero y luego, una vez que lo hacen, la historia se desvanece. El mensaje es que lo que importa en la vida es encontrar el romance y el matrimonio. Todo lo demás es prólogo y conclusión. Entonces, tanto las culturas tradicionales como las occidentales pueden hacer que la soltería parezca una* condición sombría y subhumana (pág. 223).

DÍA 322

ELEGIR LA VIDA DE SOLTERO

Los hombres y las mujeres pueden elegir deliberadamente una vida de soltería, como lo hizo Pablo, para dar más tiempo y energía al reino de Dios. Para esto necesitarán el don de la castidad, ya que el matrimonio es el «único contexto correcto» para nuestra sexualidad. Aquellos que se encuentran solteros involuntariamente no deben pensar que están reprimiendo o negando una parte crucial de su identidad, sino ofreciendo su capacidad sexual a Dios como un sacrificio. En esto Jesús, su hermano mayor, será de ayuda, ya que ha hecho el mismo sacrificio.

Reflexión:

Los hombres y mujeres solteros deben perseguir la castidad como se describe en 1 Tesalonicenses 4:3-8. Hombres y mujeres casados, ¿son castos en mente, cuerpo, pensamiento y comportamiento en sus matrimonios?

Oración:

Ora por los adultos solteros que conoces, para que puedan tener el don de castidad, y para que puedan encontrar una iglesia en la que conozcan la intimidad y el amor de la amistad espiritual.

El cristianismo fue la primera religión que consideró que los solteros adultos tenían una forma de vida viable […]. En las culturas antiguas, se consideraba que los adultos solteros a vivían una vida humana sin plenitud […]. Pero el fundador del cristianismo, Jesucristo, y el destacado teólogo, San Pablo, estuvieron solteros toda su vida. Los adultos solteros no pueden ser vistos como seres humanos inferiores a las personas casadas porque Jesucristo, un hombre soltero, era el hombre perfecto (Heb. 4:15, 1 Ped. 2:22) (pág. 220).

TENTACIONES EN AMBOS LADOS

DÍA 323

El Nuevo Testamento tiene una visión notablemente equilibrada de la soltería y el matrimonio. En 1 Corintios 7 (ver días 274-280) se reconoce las desventajas de cada uno. Los solteros tal vez estén más sujetos a las tentaciones sexuales, las personas casadas tienen sus propios desafíos. John Newton afirmó que el mayor peligro de un matrimonio feliz era la idolatría. La idolatría de la familia perfecta conduce al miedo y la ansiedad si algo parece amenazar a ese ídolo. El amor a la familia no es pecado, por supuesto, pero el amor excesivo a la familia fácilmente puede darse en familias cristianas fuertes. Los cristianos casados y solteros necesitan darse la bienvenida, ayudarse y socorrerse mutuamente contra sus desafíos espirituales distintivos.

Reflexión:

Hombres y mujeres casados, ¿de qué manera podría su familia convertirse en un ídolo? ¿Ya ha sucedido? Si son una pareja soltera, ¿te das cuenta de que hay nuevos desafíos por delante?

Oración:

Pídele a Dios que te recuerde que la idolatría, el pecado principal (Ex. 20:3, el primero de todos los mandamientos), no es hacer cosas malas, sino convertir las cosas buenas en sustitutos de Dios. Pídele a Dios que te ayude a dejar de lado todos los ídolos, y que no conviertas tu propio matrimonio en uno.

La conclusión de Pablo [...] es que la soltería es una buena condición, bendecida por Dios, y en muchas circunstancias, en realidad es mejor que el matrimonio [...]. El evangelio cristiano tiene la esperanza en matrimonio-reino futuro libre de idolatría [...]. Tener hijos era la forma principal de significado para un adulto, ya que los niños te recordarían. También te darían seguridad, ya que te cuidarían en la vejez. Los cristianos que permanecieron solteros, entonces, estaban haciendo la declaración de que nuestro futuro no está garantizado por la familia, sino por Dios (págs. 220-221).

DÍA 324

Los cristianos adultos solteros estaban dando testimonio de que [...] el reino de Dios sería su verdadero legado. Las cosas que hicieron en nombre de Dios «no fueron en vano» (1 Cor. 15:58). Dios garantizaría su futuro, primero dándoles una verdadera familia, la Iglesia, para que nunca les falten hermanos y hermanas, padres y madres, en Cristo, y finalmente dándoles el reino de Dios en los cielos nuevos y la tierra nueva (pág. 221).

CREYENTES INEXPLICABLES

Nuestra cultura moderna está profundamente en conflicto sobre el sexo y el amor. Se compadece de las personas casadas que se han limitado por no tener la libertad al tener relaciones sexuales con otras personas. Se compadece de los solteros que no tienen pareja porque ven el amor sexual como la forma principal de obtener intimidad. Cuando los cristianos realmente viven la verdad de que su ciudadanía está en el cielo y que la comunidad de creyentes es su verdadera familia, el mundo que mira queda perplejo, confundido y atraído por ello (1 Ped. 2:11-12). Los humanos se aferran tan desesperadamente a la felicidad que ofrece este mundo que cualquiera que viva con satisfacción en las riquezas del mundo que se avecina perturba su visión del mundo de una manera poderosa.

Reflexión:

Casado o soltero, ¿cómo muestras en tu vida la capacidad de estar contento con lo que sea que te depare la vida? ¿Hay formas en que no estás contento? ¿Qué, como Pablo, necesitas aprender para estar contento?

Oración:

Medita en Filipenses 4:11-13. Luego ora para que Dios te dé el mismo «secreto de satisfacción» del que habló Pablo.

DÍA 325

LOS MÚLTIPLES USOS DE LA ESPERANZA

Menos parejas casadas están teniendo hijos. Muchos dicen que no debemos traer nuevas personas a un mundo cada vez más oscuro. Otros simplemente no quieren las limitaciones de libertad que los niños traen a su vida. Pero en todas partes de la Escritura que se mencionan niños, se les llama una «bendición» de Dios. Yo (Kathy) tuve que confiar en la Palabra de Dios, ya que era una de las personas que nunca disfrutaba de los bebés y pensaba que los niños parecían quitarles tiempo a sus padres. ¡Cuánto habría perdido si no hubiera abrazado la maternidad simplemente por la confianza que tenía en Dios! Confiar en la promesa de Dios, de que todos viviremos para siempre en amor en un universo nuevo y renovado, les da a los solteros la esperanza de que su futuro está seguro sin hijos, y a las personas casadas esperanza de que el futuro de sus hijos también está seguro.

[Los autores cristianos han] señalado que la esperanza cristiana no solo hizo posible que los solteros vivan una vida plena sin cónyuge e hijos, sino que también fue un impulso para que las personas se casaran y tuvieran hijos y no temieran traerlos a este mundo oscuro. «Porque los cristianos no depositan su esperanza en sus hijos, sino que sus hijos son un signo de su esperanza [...] que Dios no ha abandonado este mundo» (pág. 221).

Reflexión:

La definición de sufrimiento de Elisabeth Elliot es «tener lo que no quieres o querer lo que no tienes». Algunas personas quieren hijos (solteros o infértiles); otros los tienen y están cansados. ¿Cómo se dirige la palabra de Dios a cada grupo?

Oración:

Medita en Romanos 8:18-25, donde se menciona nuestra esperanza en un mundo futuro restaurado. Pídele a Dios que te llene de alegría ante esta perspectiva, y que sea una base de paz en tu vida, independientemente de cómo estén las cosas en este momento.

DÍA 326

La iglesia cristiana en occidente [...] ha etiquetado [a la soltería] como el «plan B para la vida cristiana» [...]. Detrás de estas declaraciones está la premisa de que la vida de soltero es un estado de privación para las personas que aún no están lo suficientemente formadas para el matrimonio. [Paige Benton señaló:] «No soy soltera porque soy demasiado inestable espiritualmente como para merecer un cónyuge [...] ni demasiado madura como para necesitarlo. Estoy soltera porque Dios es muy bueno conmigo, porque esto es lo mejor para mí» (págs. 222).

NO ES UNA PRIVACIÓN

Si eres soltero, o si quiere ser buen hermano o hermana para adultos solteros cristianos, no conozco un mejor lugar para dirigir tus pensamientos que el artículo de Paige Benton, «Singled Out for Good» [«Solteros para bien»], el artículo de donde se tomó la cita en el párrafo anterior.[1] Ya sea que nuestras circunstancias de vida sean de soltería o matrimonio, enfermedad o salud, felicidad o dolor, todas nos dan la oportunidad de dar testimonio de la sabiduría de Dios y de Su amor al servirle con gusto donde nos encontramos, en lugar de pensar que podría servirle mucho mejor si tan solo cambiaran las cosas. La soltería no es una privación, y todos nosotros en la comunidad cristiana debemos entender eso si queremos ser hermanos y hermanas juntos en la familia de la iglesia local.

Reflexión:

¿Crees que Dios no te ama al diseñar las circunstancias de tu vida actual? ¿Qué consuelo te da poder glorificarlo en esas circunstancias, o saber que la plenitud de la gloria de Dios te espera?

Oración:

Medita en Génesis 50:20, en el pasaje donde José dice que todas las circunstancias de su vida, incluso aquellas que sus hermanos diseñaron para su daño, fueron lugares en los que José pudo servir a Dios. Ora por esta misma mentalidad, teniendo una amable aceptación de las circunstancias.

[1] El artículo puede ser encontrado en internet: https://static.pcpc.org/articles/singles/singledout.pdf.

IMÁGENES DE DIOS EN TODAS PARTES

DÍA 327

Solo los seres humanos están hechos a imagen de Dios (Gén. 1:26-27) y, sin embargo, todo tipo de cosas en Su creación «hablan de él», y reflejan algo de Su gloria (Sal. 19:1). Dios se aseguró de que hubiera ovejas, pastores, hijos, puertas, pan, novias y novios, todo lo que usaría para enseñarnos cosas sobre Él y Su relación con nosotros. No es que estemos «antropomorfizando» a Dios, sino que Dios llenó tu mundo con tipos, signos y alegorías que nos enseñarían sobre nuestro Creador y Redentor. El libro de Apocalipsis termina con la presentación de la Novia, pura e impecable, el pueblo de Dios se unió a Él para siempre. Nuestros matrimonios terrenales están destinados a darnos (y al mundo) una pista y una idea de cómo será esa unión eterna.

Reflexión:

¿Tu matrimonio te da a ti y a quienes te ven un anticipo del matrimonio celestial?

Oración:

Medita en el Salmo 119:64. Agradece a Dios por un mundo lleno de Su amor, con signos e imágenes de Su gracia salvadora y de sus cuidados. Pídele que traiga a tu mente Su presencia durante el día, para que tu vida diaria se pueda vivir en un contexto de alabanza constante, tranquila y agradecida.

Efesios 5 nos enseña que el matrimonio no se trata en última instancia del sexo o la estabilidad social o la realización personal. El matrimonio fue creado para ser un reflejo en el nivel humano de nuestra relación de amor y unión con el Señor. Es una señal y un anticipo del futuro reino de Dios. Pero esta alta visión del matrimonio nos dice, entonces, que el matrimonio no es el fin en sí mismo. Nos señala hacia el matrimonio real que nuestras almas necesitan y la familia real para la que fueron creados nuestros corazones (págs. 223-224).

DÍA 328

Las parejas casadas harán un mal trabajo al conducir su matrimonio si no consideran que el matrimonio no es el fin. El matrimonio, incluso el mejor matrimonio, no puede por sí solo llenar el vacío en nuestras almas dejadas por Dios. Sin una relación de amor profundamente satisfactoria con Cristo, y la esperanza de una relación de amor perfecta con Él en el futuro, los cristianos casados ejercerán demasiada presión sobre su matrimonio, y eso siempre creará desastres en sus vidas (pág. 224).

FORMAS DE APLASTAR

Hemos mencionado que ningún ser humano puede brindarte el amor que necesitas y que solo Dios puede darte. Buscarlo en una persona es aplastarla, pero ¿cómo? Una forma es no permitirles tener momentos de dificultad en los que es comprensible estén pensando en de sí mismos y no tan atentos a nuestras necesidades. Por ejemplo, en alguna enfermedad crónica. Otra forma en que los aplastamos es que debido a que no podemos soportar sus errores, fallamos en criticarlos amorosamente. Una tercera forma es que los corregimos en exceso, porque necesitamos que tengan una vida prácticamente perfecta. Solo si estás lleno de un sentido del amor de Dios por ti, puedes arriesgarte a tener relaciones con personas imperfectas (¡no hay otro tipo!).

Reflexión:

Evalúen si se han presionado mutuamente en alguna de estas tres formas, en algún grado. Perdonen y hablen sobre cómo mejorar.

Oración:

Medita en Efesios 3:17-19. Pídele a Dios que te ayude no solo a conocer Su amor. sino a conocerlo a Él.

LA SOLEDAD DENTRO DEL MATRIMONIO

DÍA 329

Hay muchas razones por las que puedes sentirte muy solo, incluso si estás casado; tantas que ni siquiera podemos enumerarlas en este breve devocional. Pero aquí hay una que generalmente no se distingue. La misma priorización del amor de Dios sobre todos los amores humanos es necesaria tanto para las personas casadas como para los solteros. De lo contrario, las personas solteras podrían acercarse al matrimonio pensando algo así como: «Finalmente, esto me va a curar de todos mis problemas y tristezas». No tienes idea de lo solitario que puedes estar en un matrimonio si no es lo que esperabas que fuera. Reordena tus esperanzas de felicidad para que descansen en Jesús; si no lo haces, ya sea dentro o fuera del matrimonio, nunca estarás listo para el mismo.

Reflexión:

¿Cómo puede una persona convertirse en un dispensador del amor de Dios, en lugar de una persona necesitada de una constante afirmación humana? ¿Cómo puedes lograrlo?

Oración:

Pídele a Dios que te impida esperar demasiado del matrimonio, olvidando sus límites, o esperar muy poco del matrimonio, olvidando su significado cósmico.

Si los solteros cristianos [...] desarrollarán una relación de amor profundamente satisfactoria con Jesús, lo haría [...] capaces de manejar la vida de soltero sin la devastadora sensación de estar insatisfecho e incompleto. Y también podrían abordar este proyecto espiritual de inmediato. ¿Por qué? Porque la misma idolatría del matrimonio que está distorsionando sus vidas individuales eventualmente distorsionará sus vidas de casados si encuentran pareja. Entonces, no hay razón para esperar. Degrada el matrimonio y la familia en tu corazón, pon a Dios primero y comienza a disfrutar la bondad de la vida de soltero
(págs. 224).

DÍA 330

COMUNIDAD ÍNTIMA

¿Cómo podemos afirmar que la soltería a largo plazo es una buena condición a la luz del [...] argumento de que los hombres y las mujeres están de alguna manera «incompletos» uno sin el otro? La respuesta es la misma. Tiene que ver, nuevamente, con nuestra esperanza en Cristo y nuestra experiencia de comunidad cristiana. Así como los solteros cristianos encuentran a sus «herederos» y familiares dentro de la Iglesia, también los hermanos encuentran a sus hermanas y las hermanas encuentran a sus hermanos (pág. 224).

En 1 Timoteo 5:1-2 se nos exhorta a tratar a los cristianos como familia, como hermanos y hermanas. Eso significa buscar el mismo tipo de apoyo y amistad que esperarías de un buen hermano biológico, pero con la comprensión espiritual y el apoyo agregado. Como evidencia de que Él quiere que nuestras relaciones con los creyentes sean extremadamente íntimas, Pablo agrega «con toda pureza» (comp. 1 Tes. 4:1-8). Nuestros corazones son engañosos y debemos estar en guardia, pero esta pequeña frase es testimonio de cuán maravillosamente cercanas pueden ser nuestras amistades en Cristo. Una medida de precaución es recordar que nuestras relaciones hermano-hermana siempre deben ser comunitarias y no aisladas ni exclusivas.

Reflexión:

Se nos ordena tratarnos como hermanos y hermanas, sabiendo las trampas que el pecado puede introducir en esas relaciones. ¿Cómo puedes obedecer el mandato de Dios, cosechar las recompensas de las relaciones de apoyo y seguir siendo puro?

Oración:

Pasa un momento pensando en dos hermanos o hermanas cristianos que han sido de gran ayuda e influencia para ti. Ahora agradece a Dios por ellos y pídele que te convierta en el mismo tipo de amigo, no solo para tu cónyuge, sino también para los demás.

«COMPLETOS» EN COMUNIDAD

DÍA 331

Los cristianos expresan cómo el matrimonio con otro género nos «complementa» y cómo nuestros cónyuges son nuestras mejores mitades. Esto implica que las personas solteras son personas incompletas. Sin embargo, aunque Génesis 1 y 2 indican que los hombres y las mujeres reflejan la gloria de Dios juntos, y que ambos tienen glorias y fortalezas únicas que el otro género no tiene, el matrimonio no es la única forma en que los géneros se ayudan y se completan mutuamente. Debido a que la Iglesia es una familia, y porque nuestro vínculo en Cristo es más profundo que cualquier vínculo biológico, racial y cultural, los solteros en una buena iglesia pueden conocer el «enriquecimiento único» (ver arriba) en las relaciones entre géneros en una familia.

Reflexión:

¿Tuviste buenas relaciones con tus hermanos? ¿Tienes relaciones con los hermanos dentro de la iglesia? ¿Alguna vez has tenido dificultades por superar? ¿Cómo fue y cómo se introdujo la gracia de Dios en esa relación?

Oración:

Agradece a Dios por las formas en que tú y tu cónyuge se ayudan y se completan mutuamente como hombre y mujer, y pídele al Señor oportunidades para establecer lazos familiares fuertes dentro de tu iglesia, de modo que corporativamente puedan completarse mutuamente como hombres y mujeres.

Las creencias y la experiencia del evangelio crean un vínculo entre los cristianos que es más fuerte que cualquier […] relación de sangre, o identidad racial y nacional (Ef. 2; 1 Ped. 2:9-10) […]. Amo a mis hermanos biológicos, a mis vecinos y a los demás miembros de mi grupo étnico o racial, pero ya no compartimos nuestros instintos y creencias más profundos sobre la realidad […]. Esto significa que las personas solteras dentro de una comunidad cristiana fuerte pueden experimentar gran parte del enriquecimiento único de las relaciones entre géneros dentro de una familia, particularmente las relaciones entre hermanos y hermanas
(págs. 225-226).

DÍA 332

A lo largo de los años [el matrimonio cristiano] te obliga a aprender cómo una persona del otro sexo mira y reacciona habitualmente a personas y situaciones […]. Llamemos a esto «enriquecimiento de género» […]. Pero en una comunidad cristiana fuerte, donde compartir nuestros corazones y nuestras vidas va más allá de lo superficial hasta lo que Dios nos está enseñando y cómo nos está formando y haciendo crecer en ministerio mutuo «uno al otro», una especie de «enriquecimiento de género» para ambos lados ocurre de forma natural
(págs. 226-227).

DISTINTOS DONES DIFERENTES

La Biblia nos dice que los cristianos tienen dones diferentes: nadie puede hacer todo bien (1 Cor. 12:4-7). Pero las iglesias a menudo no reconocen que un hombre y una mujer que comparten el mismo don lo ejercerán de manera algo distinta, con ideas diversas que a menudo alcanzan y ayudan a diferentes personas. La mayoría de las ocasiones, necesitamos que hombres y mujeres hagan el mismo ministerio en sociedad, uno al lado del otro. Dado que todos tenemos un Creador que nos hizo, hombre y mujer, a Su imagen, sería un error descuidar los dones que Él ha dado a hombres y mujeres para fortalecer Su cuerpo. Debemos honrarnos unos a otros viviendo los roles que Dios nos ha dado para ejercer nuestros dones.

Reflexión:

Hombres, ¿honran los dones que las mujeres aportan a una reunión, una conversación o algún ministerio? Mujeres, ¿honran los dones que los hombres aportan a una situación? ¿Cómo podrías hacerlo mejor?

Oración:

Tómate un tiempo para pensar en al menos un hombre y una mujer que te ministraron de maneras diferente pero profundas. Agradece a Dios por los dos y pídele a Dios que ayude a tu iglesia a usar completamente los dones de hombres y mujeres por igual.

UNA COMUNIDAD ORGÁNICA

DÍA 333

Si la Iglesia va a ser nuestra verdadera familia, debemos reconocer que no es solo una organización, sino un organismo, un Cuerpo. En un cuerpo, cada parte apoya a la otra, y cada parte siente el dolor de los demás. ¿Alguna vez has notado que cuando te lastimas el dedo del pie o la mano, de repente este se convierte en el centro de atención? Tu iglesia se está convirtiendo en una comunidad orgánica cuando es el mejor lugar para estar cuando estás pasando por un momento de sufrimiento. Si estas sufriendo, ¿se dan cuenta? ¿cuidan de ti? Las familias nucleares, y los solteros, a menudo sufren demasiado como para sobrevivir sin la ayuda de la familia de Dios.

Por supuesto, es menos intenso que en el matrimonio. Y, sin embargo, la experiencia corporativa no es «nada» como el matrimonio, ya que en el matrimonio se junta con un solo miembro del sexo opuesto, lo que limita y debe limitar el alcance de las amistades con otras personas del sexo opuesto. En la comunidad cristiana [...] puedes tener una mayor variedad de amistades entre ambos sexos (pág. 227).

Reflexión:

El objetivo de estos devocionales es ver que el matrimonio no es el fin; que estar casado no te proporciona todo lo que necesitas y todo lo que debes ser como parte de la familia de Dios. ¿Estás convencido de esto? Si es así, ¿qué significa eso concretamente para ti en tu matrimonio?

Oración:

Pídele a Dios que derrame Su Espíritu en tu iglesia y en la Iglesia en general, para que realmente puedan convertirse en la familia de Dios.

DÍA 334

A diferencia de las sociedades tradicionales, el cristianismo considera la soltería como buena porque el reino de Dios proporciona el legado y los herederos más duraderos posibles. A diferencia de la sociedad occidental saturada de sexo y romance, los cristianos ven la soltería como buena porque nuestra unión con Cristo puede cumplir nuestros anhelos más profundos. Y, sin embargo, a diferencia de nuestra sociedad posmoderna, reacia al compromiso, el cristianismo tampoco teme ni evita el matrimonio. Los adultos en la sociedad occidental están profundamente moldeados por el individualismo, el miedo e incluso el odio a limitar las opciones por el bien de los demás (pág. 227-228).

AMIGOS

He conocido mujeres y hombres que no pueden comprometerse a casarse con alguien que realmente aman por miedo a perderse algo mejor. Dudan porque puede surgir un mejor prospecto. Las personas casadas deberían ser buenos amigos para los solteros, no empujándolos hacia el matrimonio ni permitiéndoles llevar una actitud tan consumista. Los solteros a su vez tienen mucho que ofrecer a los amigos casados. Pueden dirigir a las personas casadas, a menudo absortas en el mantenimiento de la familia, a lo que está sucediendo en el mundo en general. Desde nuestros puntos de vista diferentes, todos llegamos a conocer un aspecto de la bondad de Dios que nadie más ha visto nunca, y en el cielo nunca nos cansaremos de contarnos sobre Su bondad.

Reflexión:

Piensa en cómo tus amigos casados y solteros enriquecen tu vida de diferentes maneras. ¿Cuáles son esas formas? ¿Necesitas agregar más de un tipo de amigo a tus relaciones?

Oración:

Pídele a Dios que aumente en ti la sinceridad, la sabiduría, la disposición a ser vulnerable y la disposición a dedicar tiempo, cosas necesarias para ser un buen amigo.

UNIÓN

DÍA 335

Cautivaste mi corazón, hermana y novia mía, con una mirada de tus ojos; con una vuelta de tu collar cautivaste mi corazón (Cant. 4:9).

Aquí, en el Cantar de los Cantares, por primera vez la mujer es llamada «novia mía» y, por tanto, los amantes se han casado. Sin embargo, no solo se le llama novia, sino «hermana». En la antigüedad, «la relación [...] entre un hermano y una hermana era el lazo más cercano de amistad [...] posible con una persona del género opuesto».[1] Esta es una forma bíblica de señalar que «la unión sexual nunca tuvo la intención de existir por sí misma». Debería ser parte de una unión completa de cuerpo y alma que incluye «cuidado mutuo, respeto y entregarse el uno al otro en todas las áreas de la vida».[2] El sexo está destinado a hacerte una carne y a tejer el uno al otro de forma tan real como un brazo está unido a un cuerpo.

Reflexión:

¿Qué nos enseña la Biblia cuando declara que tu cónyuge no solo debe ser un amante y un amigo, sino un hermano? ¿Qué agrega eso a nuestra comprensión del matrimonio?

Oración:

Señor, gracias por darnos en el matrimonio la relación más cercana posible que dos seres humanos pueden tener en esta vida. Reconcílianos y sana tanto como sea posible la soledad que nos aflige espiritualmente. Gracias por mi amante, amiga y hermana (o amigo y hermano) en Cristo. Amén.

[1] Duguid, *The Song of Songs*, 116.
[2] Duguid, *The Song of Songs*, 116.

DÍA 336

¡Cuán delicioso es tu amor, hermana y novia mía! ¡Más agradable que el vino es tu amor, y más que toda especia la fragancia de tu perfume! (Cant. 4:10).

VINO MADURO

En los capítulos intermedios, el hombre comparó el cuerpo de la mujer con una viña que comenzaba a dar fruto (1:6; 2:13), y ahora habla de su consumación sexual como el mejor vino. La metáfora extendida es de mucha enseñanza. No cosechas un viñedo cuando el fruto apenas está brotando, sino cuando su fruto está completamente maduro.[1] Hasta que tu amor te haya llevado a una disposición plena y reflexiva para comprometer toda tu vida con el otro en el matrimonio, el vino de tu relación aún no es maduro. «Ahora, en el día de su boda, el amor de la pareja es completamente maduro, como un buen vino, listo para ser consumado».[2] De nuevo observamos la insistencia de la Biblia de que la sexualidad se integre con el resto de la vida, en lugar de estar aislada como algo que pueda ser consumido cuando deseemos.

Reflexión:

¿Qué nos enseña esta imagen del amor como vino maduro y fino, sobre el matrimonio?

Oración:

Señor, tu meta para mí es que llegue a ser «perfecto en él [Cristo]» (Col. 1:28). También quiero eso para nuestro amor matrimonial. Enriquece nuestro amor con sabiduría y discernimiento, con misericordia y gracia, y con un compromiso a muerte para que podamos regocijarnos en el regalo del otro y en ti, el Dador. Amén.

---

[1] Duguid, *The Song of Songs*, 117.
[2] Duguid, *The Song of Songs*, 117.

DELÉITATE EN EL CUERPO

DÍA 337

Cuán bella eres, amor mío, ¡cuán encantadora en tus delicias! Tu talle se asemeja al talle de la palmera, y tus pechos a sus racimos. Me dije: «Me treparé a la palmera; de sus racimos me adueñaré». Sean tus pechos como racimos de uvas… (Cant. 7:6-8).

En los primeros tres capítulos del Cantar de Cantares, los amantes se persiguen y anhelan el uno al otro, sin embargo, hay una exhortación reiterada al autocontrol: «no desvelen ni molesten a mi amada hasta que ella quiera» (2:7; 3:5). Finalmente llega la boda en el capítulo 4. Ahora el hombre toma los senos de su esposa en un abrazo sexual. Ya no los está admirando simplemente, ahora participará. «Dios inventó nuestros cuerpos y se deleita en ellos, y quiere que hagamos lo mismo».[1] La Biblia es subversiva tanto para el hedonismo como para el ascetismo. En ella vemos un abierto regocijo en la belleza sexual y el placer. Y, sin embargo, como hemos visto, el hombre y la mujer han esperado el sexo hasta que su amor los ha hecho capaces de invertir toda la vida el uno en el otro.

Reflexión:

¿Hay una nota de celebración en la relación sexual con tu cónyuge? ¿Alguna vez has dejado que tu cónyuge sienta que te regocijas en su cuerpo?

Oración:

Señor, protégeme de la falsa adoración del sexo, como en la pornografía, o de aborrecerlo por completo. En cambio, en mi matrimonio, muéstrame cómo deleitarme con el tacto físico, mientras amo a mi cónyuge como nos amaste. Amén.

[1] Duguid, *The Song of Songs*, 46.

DÍA 338

¡Cuán bella eres, amada mía! ¡Cuán bella eres! Tus ojos, tras el velo, son dos palomas [...]. Cautivaste mi corazón, hermana y novia mía, con una mirada de tus ojos; con una vuelta de tu collar cautivaste mi corazón (Cant. 4:1,9).

CAUTIVADO POR LA PERSONA INTERIOR

A pesar de todo el regocijo de Cantar de los Cantares en lo físico, la parte del cuerpo que recibe más atención es, curiosamente, los ojos. Por supuesto, los ojos de una persona pueden tener una forma atractiva, pero en el versículo 9 es la mirada de los ojos lo que revela la vida interior del corazón. Ser cautivado por los ojos es ser cautivado por toda la persona. Aquí nuevamente tenemos un concepto bíblico de atracción romántica que no ignora la belleza física, pero que no la convierte en el componente más importante. De hecho, los cónyuges mayores han aprendido que incluso cuando los cuerpos pierden lentamente su belleza, los ojos pueden volverse más atractivos. ¿Por qué? Porque detrás de ellos se encuentran profundos pozos de alegría y sabiduría, y de amor por Dios y por los demás.

Reflexión:

Se necesita un corazón hermoso para capturar otro corazón. ¿Qué te parece hermoso del interior de tu cónyuge? Comparte tu respuesta.

Oración:

Señor, a medida que mi cónyuge y yo envejecemos, ayúdanos a encontrarnos cada vez más atractivos, incluso mientras nuestros cuerpos externos se desgastan. Amén.

ASERTIVIDAD SEXUAL

DÍA 339

Mi amado es apuesto y trigueño, y entre diez mil hombres se le distingue […]. Sus brazos son barras de oro montadas sobre topacios. Su cuerpo es pulido marfil incrustado de zafiros […]. ¡Él es todo un encanto! ¡Tal es mi amado, tal es mi amigo, mujeres de Jerusalén! […]. Yo soy de mi amado, y él me busca con pasión (Cant. 5:10,14,16; 7:10).

«El papel de la mujer […] es realmente sorprendente, en especial a la luz de sus orígenes antiguos […]. En Cantares 5:10-16, exclama valientemente su atracción física. ["Su cuerpo es pulido marfil incrustado de zafiros" (v. 14)]. El hebreo es bastante erótico, y la mayoría de los traductores no pueden mostrar el significado obvio».[1] Sin embargo, en Cantares 7:10 esta mujer sexualmente asertiva expresa su sumisión a su esposo: «Yo soy de mi amado». Esta mujer bíblica es sexualmente asertiva. Como en el libro de Proverbios, la mujer representada no encaja ni en el modelo tradicional de esposa como posesión o sirvienta, ni con la visión moderna de marido y mujer como parejas intercambiables sin roles distintos.

Reflexión:

¿Tienen claros sus roles dentro del matrimonio y la familia? ¿Esos roles reflejan el equilibrio representado aquí?

Oración:

Señor, tu Palabra pone todo tipo de setos alrededor del sexo, pero también se regocija en él. Nos muestra el sexo no como un bien ni un mal en sí mismo, sino como consagración o profanación, dependiendo de a quién se lo ofrezcamos. Ayúdenos como pareja y ayudemos a los cristianos como pueblo a ofrecértelo. Amén.

---

[1] Dan Allendar y Tremper Longman, *Intimate Allies: Rediscovering God's Design for Marriage and Becoming Soul Mates for Life* [Aliados íntimos: Redescubrir el diseño divino para el matrimonio y convertirse en almas gemelas para siempre], (Wheaton, Illinois: Tyndale House Publishers), 254.

DÍA 340

¿A dónde se ha ido tu amado, tú, bella entre las bellas? ¿Hacia dónde se ha encaminado? ¡Iremos contigo a buscarlo! (Cant. 6:1).

REALISMO MARITAL

En el Cantar de los Cantares, apenas hay unión matrimonial (3:6–5:1) y llega la separación. El hombre se fue y la mujer lo está buscando nuevamente con la ayuda de sus amigos (6:1), pero en el 6:3 se reencuentran. Las razones de esta pérdida y hallazgo no son obvias, pero el mensaje es claro. La Biblia nunca ve el matrimonio como una historia de «y vivieron felices para siempre». Como la relación prematrimonial tuvo sus altibajos, también los tendrá el matrimonio. De hecho, si los cónyuges no continúan buscándose constantemente, se separarán. ¿Por qué? Porque el matrimonio es entregar todo lo que sabes de ti mismo al otro, y eso cambia constantemente. El matrimonio es como andar en bicicleta: avanzas o te caes.

Reflexión:

¿Qué cosas importantes has aprendido sobre ti desde que te casaste? ¿Cómo ha afectado eso tu matrimonio? ¿Todavía están «buscándose» uno al otro?

Oración:

Señor, te agradecemos por hacer del matrimonio una unión de pacto, y por cómo nos ha mantenido unidos a través de las pruebas y nos ha llevado a un lugar de amor más profundo de lo que podríamos haber conocido. Amén.

AMOR QUE SUPERA LA MUERTE

DÍA 341

Grábame como un sello sobre tu corazón; llévame como una marca sobre tu brazo. Fuerte es el amor, como la muerte, y tenaz la pasión, como el sepulcro. Como llama divina es el fuego ardiente del amor. Ni las muchas aguas pueden apagarlo, ni los ríos pueden extinguirlo. Si alguien ofreciera todas sus riquezas a cambio del amor, solo conseguiría el desprecio (Cant. 8:6-7).

La mujer afirma que nada, ni las inundaciones ni la muerte ni la tumba, podrá terminar con su amor. ¿Pero no mencionan los votos matrimoniales «hasta que la muerte nos separe»? ¿Es esta una hipérbole? Sí, pero el texto sugiere algo más. El amor del Señor es literalmente más fuerte que la muerte, y nos protege tanto del agua como de las llamas (Isa. 43:2). Entonces, las referencias sutiles en estos versículos «nos señalan más allá de esta vida al mayor amor [del Señor] que nunca nos dejará ir, triunfando incluso sobre la muerte, el supremo enemigo».[1] ¿Qué pasa si los cónyuges se aman en Cristo, con el amor de Cristo que no puede terminar? Entonces, aunque en el día de nuestra boda digamos: «hasta que la muerte nos separe», en nuestro lecho de muerte podremos decir: «Hasta pronto».

Reflexión:

¿Cómo puedes prepararte con tu cónyuge para la muerte, no solo de una forma financiera, sino también emocional y espiritual? ¿Lo has discutido sinceramente con tu cónyuge?

Oración:

Señor, cómo te alabamos por darnos un amor que es más fuerte que la muerte, un amor que sobrevivirá a la tumba. ¿Qué mayor consuelo podría haber? Te agradecemos el precio que pagaste por ese privilegio cuando fuiste a la cruz por nosotros. Amén.

[1] Duguid, *The Song of Songs*, 156.

DÍA 342

Mientras que las sociedades tradicionales tienden a hacer un ídolo del matrimonio […] y de la familia, las sociedades contemporáneas tienden a hacer un ídolo de la independencia, de la elección individual y de la felicidad. Mientras que el motivo tradicional para el matrimonio es el deber social […], el motivo contemporáneo del matrimonio es la realización personal. Ambos motivos son parcialmente correctos, por supuesto, pero tienden a convertirse en lo más importante si el evangelio no ha cambiado su corazón (págs. 228).

SIEMPRE FUERA DE LUGAR

El evangelio desafía a todas las culturas humanas en algún momento. Los cristianos siempre estarán algo fuera de lugar. En cuanto al sexo y el matrimonio, serán demasiado tradicionales para la gente moderna y demasiado laxos para las culturas tradicionales. Esto puede crear sospecha y desconfianza por parte de los no creyentes si actuamos con orgullo. Si, en cambio, damos una cálida bienvenida a aquellos que no creen, en nuestros hogares y nuestras vidas, permitiéndoles ser testigos de lo peor de nosotros, y después observan nuestro arrepentimiento y cómo nos perdonarmos unos a otros, el poder del evangelio para cambiar vidas puede hacer que estas mismas diferencias sean atractivas e intrigantes.

Reflexión:

¿Tu matrimonio intrigaría a un incrédulo si tuviera la oportunidad de observarlo de cerca? ¿Tu vida amorosa como soltero crearía curiosidad e interés entre tus amigos?

Oración:

Pídele a Dios que te ayude a no sentirte resentido y desdeñoso hacia los valores de la cultura circundante, ni demasiado influenciado por ella.

CONFIAR EN DIOS PARA EL MATRIMONIO

DÍA 343

Es natural estar nervioso por hacer un compromiso matrimonial. A veces queremos tener la seguridad total de que, si nos casamos, todo en la vida será maravilloso. Pero decodificado, esto se traduce en miedo a confiar en Dios cuando entramos en territorio desconocido. No cedas ante eso. Incluso si una persona permanece soltera, tendrá que confiar en Dios para su futuro, porque no sabe lo que le espera: salud o enfermedad, éxito o fracaso, felicidad o tristeza. Por lo tanto, permanecer soltero no es una protección contra las incógnitas del matrimonio. Dios tendrá que ser tu guía, protector y Padre en cualquier caso.

Reflexión:

¿Has evitado el matrimonio por temor a las complicaciones que el matrimonio podría traer a tu vida? ¿El matrimonio te asustó alguna vez porque pensaste que complicaría tu vida? Por el contrario, como persona casada, ¿anhelas regresar a la vida de soltero, pensando que sería más simple y, por lo tanto, más feliz que estar casado?

Oración:

Medita en Proverbios 3:5-6. Luego pídele a Dios que te ayude a confiar en Él completamente, poniendo tu tiempo en sus manos (Sal. 31:15).

[La cultura tradicional dice a los solteros:] «No eres una persona completa hasta que te casas». [La cultura moderna les dice a los que no están casados:] «No deberías casarte hasta que hayas triunfado profesionalmente y encuentres la pareja perfecta que no intente cambiarte de ninguna manera». La primera cultura nos hace demasiado deseosos del matrimonio. La segunda cultura nos hace tener demasiado miedo al matrimonio (págs. 228-229).

DÍA 344

Algunos estudios empíricos muestran que los hombres buscarán casi la perfección en el aspecto físico, mientras que las mujeres buscarán parejas que estén económicamente estables [...]. Los factores sexuales y financieros dominan el pensamiento. Como resultado, las citas modernas pueden convertirse en una forma notablemente grosera de autopromoción. Debes lucir bien y tener dinero si deseas obtener citas, una pareja o un cónyuge. Y la razón por la que quieres una pareja hermosa o rica es por tu propia autoestima (pág. 229).

SOLO NECESITAS DOS COSAS

Los matrimonios exitosos y felices deben construirse sobre una base mucho más estable que la apariencia física o la solvencia financiera, que están sujetas a cambios, incluso repentinos. ¿Qué necesitamos entonces? Dos cosas. Primero, necesitamos dos personas que se amen lo suficiente como para hacerse una promesa. La vida tiene tantos giros inesperados que cualquier cosa que no esté basada en una vida de pacto común ante Dios siempre será frágil. Una boda no es tanto una declaración de amor presente como una promesa de amor futuro, cuando la euforia de los sentimientos puede haber disminuido. Segundo, necesitamos dos personas que crean y entiendan el evangelio lo suficientemente bien como para resolver problemas con él, arrepentirse, perdonar y cambiar.

Reflexión:

Solteros, ¿qué buscas en un cónyuge? ¿Un compañero de viaje que se unirá a ti para buscar una vida agradable a Dios? ¿O algo más? Casados, ¿de qué manera tus votos matrimoniales han apoyado y enriquecido tu amor en los momentos difíciles?

Oración:

Si el florecimiento de tu matrimonio depende de la fortaleza de tu promesa y la capacidad de arrepentirte y perdonar, pídele a Dios que derrame Su gracia para que crezcas en ambas cosas.

BÚSQUEDA DE MATRIMONIO

DÍA 345

Tanto estar soltero como casado tiene sus ventajas y desventajas espirituales, como San Pablo señaló de manera extensa en 1 Corintios 7. Si decides buscar el matrimonio, debes usar la sabiduría para elegir a la persona con quien compartirás tu vida, tu ministerio y tu corazón. ¿Cómo evalúas a una persona en búsqueda de esas cualidades? No mediante el uso de números, ya sea de estadística corporal o de resultados financieros, y no desde la distancia. En vez de eso, entrégate al ministerio y al servicio de los demás. Alguien con quien sirves (viaje misionero, evangelismo, equipo de oración) es alguien que conocerás de adentro hacia afuera. Mientras tanto, llenarás tu vida con actividades en obediencia a Dios, en lugar de obsesionarse con quién o cuándo podrías casarte.

Reflexión:

Parejas no casadas, ¿han podido conocerse uno al otro en el contexto de servir a los demás juntos? Si es así, aprenderán mucho más el uno del otro. Casados, ¿cómo puede tu hogar y tu familia proporcionar ocasiones sin presión para que los solteros se conozcan?

Oración:

Recuerda que tú y tu cónyuge no son solo amantes, o incluso amigos, sino constructores de la comunidad cristiana y testigos del evangelio y el reino. Confiesa a Dios dónde eres débil y pídele que fortalezca tu matrimonio en cada área.

Muchos solteros buscan una pareja altamente compatible, brillante y hermosa. Para otros, la soltería es, en el mejor de los casos, un purgatorio, donde viven esperando que comience su vida real o, en el peor, una miseria. El primer tipo de soltero deja pasar todo tipo de buenos candidatos debido al miedo y al perfeccionismo. El segundo tipo de soltero puede ahuyentar a las personas debido a su necesidad y, a veces, puede tomar decisiones terribles por desesperación (pág. 230).

DÍA 346

Cuán diferente sería la búsqueda de matrimonio si [...] nos enamoráramos especialmente de lo que Dios está haciendo en la vida de nuestro cónyuge, y si luego nos comprometiéramos con la gloria futura de nuestro cónyuge [...]. Irónicamente, esta visión del matrimonio eventualmente proporciona una realización personal increíble, pero no de la manera superficial y sin sacrificios que la gente contemporánea desea que llegue. Es el cumplimiento único e impresionante del crecimiento visible del carácter (Ef. 5:25-27) en amor, paz, alegría y esperanza (Col. 1; Gál. 5; 1 Cor. 13) (pág. 230).

MOTIVOS PARA CAMBIAR

Esta visión es muy diferente a la de casarse con una persona con la expectativa de que la cambies a lo que tú concibes como su «mejor yo». Debes ser capaz de ver en la vida de un cónyuge potencial algo sobre los dones y el llamado que Dios le ha dado, y desear apoyarlo en el crecimiento en esas áreas. Se necesita una gran sabiduría para conocerte lo suficiente como para discernir la diferencia entre «apoyar el crecimiento de tu cónyuge» y «manipular a tu cónyuge para que se convierta en la persona que TÚ quieres que sea». La humildad, una desconfianza razonable (estoy sugiriendo esto porque me beneficia o porque lo beneficiará a él o a ella), y orar juntos es vitalmente necesario.

Reflexión:

¿Oran juntos lo suficiente como para conocer sus corazones? ¿Hay una mejor manera de tener más intimidad entre ustedes que tener una vida de oración juntos?

Oración:

Medita en 1 Samuel 12:23 para ver que es un pecado contra Dios y tu cónyuge no orar con él y por él (o con ella y por ella) regularmente. Confiesa a Dios tu falta de una vida de oración matrimonial y pídele Su gran ayuda.

TU VIDA, UN SACRIFICIO

DÍA 347

Dios nos ha redimido y nos ha dado todo. A cambio, le damos nuestras vidas, reconociéndolo como Señor sobre todo. A medida que celebremos las circunstancias de nuestra vida (soltería, matrimonio, paternidad, infertilidad, viudez, salud, enfermedad, luchas), Dios las usará, como hizo con los cinco panes y los dos peces, para hacer cosas mejores de lo que podemos imaginar. A menudo, lo único que se interpone en el camino de nuestra utilidad es nuestra propia infelicidad sobre lo que tenemos para ofrecerle a Dios; podríamos ofrecerle una vida de matrimonio, pero no una de soltería. O una vida sana, pero no una comprometida por alguna enfermedad. Sin embargo, Dios puede y será glorificado por cualquier cosa que le entreguemos para que haga cosas más grandes de lo que podemos imaginar.

Reflexión:

¿Cuál es la diferencia entre simplemente soportar una situación con los dientes apretados y ofrecerla a Dios como un sacrificio? ¿Qué actitudes requiere? ¿Qué prácticas?

Oración:

Medita en Romanos 12:1-2. Luego pídele a Dios que te ayude a hacer de tu vida una ofrenda quemada, un sacrificio vivo.

[¿Cuál es el «don» de la soltería en 1 Corintios 7:7?] Es ser fructífero en la vida y en el ministerio a través de estar soltero. Cuando tienes este don, puede haber luchas, pero Dios te ayuda a crecer espiritualmente y a ser fructífero en la vida de los demás a pesar de ellas. Eso significa que el don de la soltería no es solo para unos pocos seleccionados, y no necesariamente es de por vida, aunque puede serlo. Puede también ser una gracia dada por un período determinado de tiempo (pág. 235).

DÍA 348

[En las citas], actúa según tu edad. Los adolescentes generalmente no deberían tratar de despertar deseos emocionales y físicos que no pueden [...] encontrar responsablemente su cumplimiento en el matrimonio. Sin embargo, si eres soltero y tienes más de treinta años, debes reconocer que, si insistes en tratar de continuar con citas con otras personas de tu edad, a menudo jugarás con las emociones de las personas. Cuanto mayor sean, y cuanto más «salgan», más rápido deben ser ambas personas para reconocer que están buscando el matrimonio (pág. 236).

AUTO CONTROL

No tiene sentido despertar deliberadamente un deseo sexual que, fuera de un pacto matrimonial, se frustrará o se consumará injustamente (ver día 311). A menos que puedas adoptar la castidad de por vida (y la mayoría de la gente no puede), busca un cónyuge con el que puedas deleitarte en el don de la sexualidad, y si Dios quiere, la creación de una nueva vida. Si alguien te regalara un hermoso y costoso automóvil, ¿lo encenderías en la entrada de tu casa y solo acelerarías el motor mientras permanece estacionado? Eso sería terrible para el motor, además de no ser para lo que fue construido el automóvil. Entonces, de manera similar, no despiertes deliberadamente el deseo sexual con lo que miras, escuchas o fantaseas, a menos que estés excitando legítimamente a tu cónyuge para tener un vínculo sexual.

Reflexión:

Solteros, ¿están teniendo cuidado de no despertar deliberadamente un fuerte deseo sexual antes de casarse?

Oración:

Recuerda que ante Dios el autocontrol no es simplemente una cuestión de fuerza de voluntad estoica, sino de amar lo importante más que lo urgente. Luego pídele al Señor que aumente en ti el fruto espiritual del autocontrol en cada área de tu vida (2 Tim. 1:7).

CÁSATE SOLO CON UN CREYENTE

DÍA 349

No te involucres sentimentalmente con una persona no creyente […]. La Biblia indica que los cristianos deben casarse con otros cristianos […]. Si tu pareja no comparte tu fe cristiana […] y si Jesús es central para ti, significa que tu compañero no te entenderá realmente. Él o ella no entiende la fuente principal de tu vida, el motivo básico de todo lo que haces […]. Repetidamente tomarás decisiones que tu pareja no podrá comprender en absoluto
(págs. 236-237).

Te recomiendo un abordaje más amplio sobre este tema en *Don't Take It from Me* de Kathy Keller, que se encuentra fácilmente en Internet.[1] Para ese artículo, desearía haber filmado o tomado declaraciones de todos los hombres y mujeres que he conocido a lo largo de los años y que han sufrido las consecuencias que conlleva el matrimonio con un incrédulo (a veces como resultado de la ignorancia, otras veces de una conversión posterior al matrimonio o, más a menudo, debido a la desobediencia). Toma un momento para leer todo el artículo. Los pronunciamientos de los felizmente casados a menudo tienen poco peso para aquellos ansiosos por casarse con la persona de su elección, incluso si él o ella es incrédulo. Necesita conocer de aquellos que han vivido con esa elección.

Reflexión:

Cuando estabas soltero, ¿estabas convencido de que es mejor permanecer soltero que casarte con una persona que no comparte tu fe? Si estás casado con alguien que no comparte tu fe, ¿cómo te mantienes fiel a tu verdadero Novio sin herir a tu cónyuge terrenal?

Oración:

Pídele a Dios que los ayude como pareja, para que no solo se conozcan emocionalmente, sino que se comprendan espiritualmente y estén familiarizados con su fe en el Señor, tanto en sus fortalezas como en sus debilidades.

---

[1] Kathy Keller, «Don't Take It from Me: Reasons You Should Not Marry an Unbeliever» [«No lo digo yo: Razones para no casarse con un incrédulo»], *The Gospel Coalition* [Coalición por el evangelio], 22 de enero, 2012, https://www.thegospelcoalition.org/article/dont-take-it-from-me-reasons-you-should-not-marry-an-unbeliever/.

DÍA 350

CÓMO GANAR EN REALIDAD

Si te casas con alguien que no comparte tu fe, entonces solo hay dos formas de proceder. Una es que perderás tu transparencia. En la vida cristiana normal, relacionas a Cristo [...] a todo [...]. Basarás las decisiones en principios cristianos. Pensarás en lo que leíste en la Biblia ese día. Pero si eres natural y transparente sobre todos estos pensamientos, tu pareja te encontrará al menos tedioso o molesto e incluso ofensivo [...]. Simplemente tendrás que ocultar todo (pág. 237).

Pedro les da consejos a las mujeres casadas con esposos incrédulos en 1 Pedro 3:1-4. A la gente moderna puede no gustarle la sugerencia de que las mujeres se sometan a sus esposos, pero si el objetivo de esa sumisión es una vida de pureza y reverencia que será tan atractiva que podría ganar a su cónyuge para Cristo, muy pocas mujeres se negarían. Esta no es una sugerencia de que las mujeres permitan el abuso (aunque muchas quieran confundir la sumisión con una invitación al abuso), sino más bien una muestra de un «espíritu suave y apacible». Los cónyuges que fastidian a su esposo o esposa para que crea en Jesús descubrirán que solo obtendrán resentimiento y resistencia.

Reflexión:

Mujeres casadas, ¿cómo se expresa ese «espíritu suave y apacible» en su matrimonio? ¿Bien, no tan bien o nada? Hombres casados, cuando su esposa es sincera con ustedes, ¿su corazón se ablanda hacia ella o se llena de resentimiento? ¿Cómo pueden hacerle saber que les resulta atractiva su amabilidad?

Oración:

Pídele a Dios que aumente las cualidades de Cristo en ti, principalmente para complacerlo y honrarlo, pero también para atraer a tu cónyuge hacia Jesús.

YUGO DESIGUAL

DÍA 351

La descripción anterior puede suceder no solo en los matrimonios en los que un cónyuge no es cristiano, sino también en aquellos en los que una pareja se queda muy atrás de la otra en interés espiritual y crecimiento. El resultado final es que el cónyuge que está «al frente» siente presión para degradar a Cristo para que sea menos central en la vida. Nadie realmente cree que esto sucederá. El compañero promete al creyente que él o ella tendrá libertad para practicar y creer según lo elija. Puede expresar esto de forma sincera, pero no se puede implementar. Debido a que el matrimonio crea una unidad de una sola carne, ambos cónyuges deben acordar qué cosas son de importancia crítica en todas las elecciones de la vida. Como Jesús es el Señor en la vida de una persona y no en la de la otra, eso es imposible.

La otra posibilidad es que simplemente saques a Cristo de un lugar central en tu conciencia. Tendrás que dejar que tu corazón por Cristo se enfríe. Tendrás que dejar de pensar deliberadamente cómo se relaciona tu compromiso cristiano con cada área de tu vida. Degradarás a Cristo en tu mente y en tu corazón, porque si lo mantienes central, te sentirás aislado de tu cónyuge (págs. 237-238).

Reflexión:

Responde a esta pregunta: ¿Te está desanimando de alguna manera tu cónyuge a seguir adelante en tu caminar cristiano? ¿Si es así, cómo? ¿Qué se puede hacer para cambiar esto?

Oración:

Pídele a Dios que, cualquiera sea la situación en tu matrimonio, Él continúe transformándote, de un grado a otro, a la semejanza de tu Salvador (2 Cor. 3:18).

DÍA 352

LA NUEVA CREACIÓN

La atracción física es algo que definitivamente debe crecer entre los cónyuges y crecerá (en lugar de disminuir) a medida que pasa el tiempo si practican [...] «atracción integral» [...]. En parte, te sientes atraído por el carácter o el fruto espiritual de la persona. [...]. Por otra parte es un «hilo secreto» que une [...] tus libros, música, lugares o pasatiempos favoritos: [cosas que] te conmueven profundamente [...]. A veces te encontrarás con una persona que comparte en gran medida el mismo «hilo secreto» [...]. La atracción integral es [...] se basa en el carácter, la misión y el futuro-ser (págs. 238-239).

El término que usamos en *El significado del matrimonio* («atracción integral») es casi incomprensible para la gente de hoy. Solo reconocen la atracción sexual, o por separado y claramente, una química basada en ideales políticas, causas sociales o entusiasmo por pasatiempos. La atracción integral incluye los intereses físicos e incluso «comunes», pero reconoce que estas cosas son superficiales y, debido al tiempo y las circunstancias, pueden cambiar. Sin embargo, si estás enamorado de la nueva creación que Dios está haciendo en la vida de tu amado, te sentirás cada vez más atraído a medida que esa persona crezca y emerja a lo largo de los años.

Reflexión:

¿Qué te atrae del ser interior de tu pareja? ¿Puedes identificar las semillas de la obra de Dios para hacer a tu pareja gloriosa?

Oración:

Piensa en las formas en que ya has visto a Dios cambiar a tu cónyuge hacia la semejanza de Cristo durante el tiempo que lo has conocido. Alaba y agradece a Dios por ellas, y pídele más de este crecimiento en ambos, mucho más.

AMOR DURADERO

DÍA 353

El enamoramiento y la obsesión se basan en la fantasía. Nunca sobrevivirán a la realidad, a veces dura, de la vida en nuestro mundo caído. ¿Qué tipo de amor lo hará? El tipo que Jesús dio y que ordenó que sus seguidores mostraran unos a otros. Ese tipo de amor fue tan radical que tuvo que usarse una nueva palabra para describirlo: amor ágape. CS Lewis utiliza «caridad» o la palabra griega ágape en su libro *Los cuatro amores* para describir un amor que se entrega con sacrificio al bienestar de los demás.[1] Dentro del matrimonio, es un apego profundo que une, producto de promesas, juicios enfrentados, reconciliaciones, sacrificios y tiempo.

Reflexión:

Parejas solteras, ¿pueden decir si sus sentimientos por la otra persona son generosos y sacrificados, o son principalmente sobre lo bien que la otra persona los hace sentir? Parejas casadas, piensen en los sacrificios que han hecho para mantener sus sentimientos vivos y cálidos el uno con el otro. ¿Qué sacrificios has hecho para promover el crecimiento de tu cónyuge en Cristo?

Oración:

Agradece a Dios porque Su amor por nosotros no se basa en nuestra perfección, sino en la suya, y pídele que cree en ambos un creciente amor ágape el uno por el otro.

En ocasiones [...] las fervientes emociones [...] superficiales aparentan ser un amor profundo [...]. El hecho de que estas infatuaciones puedan volverse tan hostiles y amargas tan rápidamente muestra que la atracción y el amor integral nunca estuvieron allí. [Para saber si] has pasado la etapa de enamoramiento debes responder una serie de preguntas. ¿Han pasado y resuelto algunos conflictos? ¿Han pasado por un ciclo de arrepentimiento y perdón? ¿Han mostrado al otro que pueden hacer cambios por amor al otro? (págs. 240-242).

[1] La palabra griega *ágape* es utilizada ampliamente en el Nuevo Testamento y con frecuencia denota el amor de Dios hacia nosotros, algo similar a la palabra hebrea *chesedh* que significa el amor de pacto, constante, de Dios. Sin embargo, la palabra griega no siempre significa «amor incondicional» en el Nuevo Testamento como un término técnico cada vez que se utiliza, como se piensa comúnmente. Para más información sobre esto ver el artículo de Mark Ward «What Agape Really Means» [«Lo que ágape realmente significa»], *Logos Talk*, 4 de noviembre, 2015, consultado en https://blog.logos.com/2015/11/how-to-pronounce-logos-and-what-agape-really-means/.

DÍA 354

Dos tipos de parejas responden «no» [a la pregunta de si pueden resolver bien los conflictos]. El primer tipo son aquellos que nunca tienen ningún conflicto. Puede ser que no han pasado la etapa del enamoramiento. El segundo tipo de pareja ha tenido una relación tormentosa y tiene las mismas peleas sin resolver una y otra vez. Ni siquiera han aprendido las habilidades rudimentarias del arrepentimiento, el perdón y el cambio. Ninguna de estas parejas puede estar lista para el matrimonio (pág. 242).

LA CADENA QUE NOS UNE

Malcolm Gladwell dijo que se necesitaban diez mil horas de práctica para alcanzar la competencia. En el asesoramiento prematrimonial nos horrorizamos al escuchar al pastor decir que después de quince años de matrimonio, su esposa y él pensaron que «podrían estar a punto de dominar la vida matrimonial». Yo (Kathy) ahora creo que su estándar era demasiado bajo. La dureza del matrimonio se debe en gran medida a cuánto cambiamos. Justo cuando crees que has «aprendido» a amar a alguien sin hijos, tienes que aprender a amar a alguien con ellos. Pero recuerda a Lewis Smedes (17 de junio) quien dijo: «Mi esposa ha estado casada con cinco hombres y todos he sido yo». La cadena que une a todos los diferentes «yo» y situaciones es la promesa matrimonial de amarse a pesar de todo.

Reflexión:

¿Cómo te preparas para los cambios que ocurrirán en tu matrimonio y en ti mismo en el transcurso de tu matrimonio? ¿Tus votos son útiles en esta situación?

Oración:

Pídele a Dios que te ayude a ver que los cambios de tu cónyuge son parte de Su plan para él o ella, para que no estés demasiado temeroso o enojado. Luego pídele ayuda para amar a tu cónyuge como se necesita ahora.

ESPLENDOR EN LO ORDINARIO

DÍA 355

Una vez que están casados y la expresión sexual no solo es permisible, sino que es profundamente nutritiva, ¿cómo evitan que el sexo se vuelva rutinario y aburrido? Volviendo a las mismas expresiones y caricias e infundiéndoles una nueva ternura y un nuevo significado, basado en una mejor comprensión de su pareja. Cuando sostengo la mano de Tim ahora, significa mucho más que cuando nos tomamos de la mano por primera vez. Y si son una pareja no casada, ¿por qué no comenzar ahora, antes del matrimonio, imbuyendo esas expresiones de anhelo y ternura que son sabias y prudentes (no despierten al amor hasta que quiera) con un significado siempre nuevo, en lugar de intentar obtener una nueva emoción yendo un poco más lejos?

Considera y sométete al consejo de la comunidad […]. El matrimonio no debe ser una decisión estrictamente individual o unilateral. Es demasiado importante y nuestra perspectiva personal se distorsiona con facilidad. La comunidad tiene muchas personas casadas sabias a quienes los solteros deben escuchar. Los solteros deben recibir aportes de la comunidad en cada paso del camino al buscar el matrimonio (págs. 244-245).

Reflexión:

Solteros, ¿están tratando de caminar lo más cerca posible de «la línea» sin caer en pecado? O, conociendo su propio corazón, ¿se están dando un amplio margen de error? Casados, ¿qué tan bien han logrado agregar nuevos niveles de ternura amorosa a su forma de hacer el amor a través de los años? ¿Cómo podrías hacerlo aún mejor?

Oración:

Medita en Efesios 5:19-20. Debemos cantar con agradecimiento en nuestros corazones al Señor. Por lo tanto, pídele a Dios que te dé el mismo espíritu y la misma capacidad para agradecerle por tu cónyuge y tu matrimonio hasta que tu corazón cante.

DÍA 356

Según Pablo, el sexo con una prostituta está mal porque se supone que cada acto sexual es un acto de unión. Pablo insiste en que es radicalmente disonante entregar tu cuerpo a alguien con quien no comprometerás toda tu vida. C. S. Lewis comparó el sexo sin matrimonio con probar comida sin tragar y digerir. La analogía es adecuada […]. Pablo, entonces, está denunciando la monstruosidad de la unidad física sin todos los otros tipos de unidad que el acto sexual debería reflejar (págs. 253-254).

CÓMO MEDIR EL AMOR

En nuestra cultura es común hacer una distinción entre una simple encuentro para el placer sexual y dos personas que duermen juntas porque «realmente se aman». Pero incluso un simple encuentro ocurre porque hay atracción, ¿no es eso amor? El problema surge cuando definimos el amor como simplemente una emoción sentimental. El hecho es que ese sentimiento puede ser una función de tu deseo de poseer y experimentar la afirmación de la otra persona más que un deseo por el bien y la felicidad de la otra persona. ¿Cómo podemos medir el amor verdadero, entonces? Una buena prueba es esta: ¿amas a la otra persona lo suficiente como para casarte con ella? ¿Para renunciar a tu independencia para estar con ella? Si no puedes hacer esto, no puedes decir que amas a alguien lo suficiente como para acostarte con él o ella.

Reflexión:

Solteros, ¿están dispuestos a evaluar su amor con esta prueba y abstenerse de tener relaciones sexuales hasta que hayan hecho la promesa de matrimonio? Casados, ¿pueden consolarse con que, cuando tienen altibajos sentimentales, su fidelidad a su promesa de matrimonio sigue siendo una forma constante de amarse?

Oración:

Gracias a Dios que nos salvó a través de una promesa, una promesa de redimirnos incluso al mayor costo (Gén. 15; Gál. 3:10-14). Luego pídele que les permita continuar amándose al ser fieles a su promesa.

EL SEXO COMO PRUEBA

DÍA 357

Hemos visto que el sexo es, en cierto sentido, una «ceremonia de renovación del matrimonio», en la que se entregan de nuevo como lo hicieron al principio. Su unión corporal es al mismo tiempo una forma de dar testimonio de la entrega de toda la vida del pasado, así como una forma de profundizar el vínculo espiritual y emocional en ese momento. No es de extrañar que, si algo está mal en otro lugar del matrimonio, tendrá un efecto en el sexo. «Aparecerá en la cama». El sexo es una prueba. La pérdida de la intimidad sexual suele ser una señal no de que la química ha desaparecido misteriosamente, sino de que en alguna parte de su matrimonio no se están amando como deberían.

A menos que tu relación matrimonial esté en buenas condiciones, el sexo no funcionará. Así que, observa más allá de la superficie. La falta de «compatibilidad sexual» podría no ser una falta de habilidad para hacer el amor. Puede ser un signo de problemas más profundos en la relación. Con frecuencia, si se abordan los problemas, la intimidad sexual mejora (págs. 264-265).

Reflexión:

Juntos, miren su pasado y vean si, por así decirlo, los problemas fuera de la cama aparecieron en la cama. ¿Eso está sucediendo ahora?

Oración:

Medita en el Salmo 139:23-24. Después aplica esto a tu matrimonio. Pídele a Dios que te muestre tensiones ocultas, o formas en que se están fallando mutuamente. Luego pide ayuda para amarse mejor.

DÍA 358

Mientras que el primer punto de vista considera el sexo como un impulso inevitable y el segundo como un mal necesario, el último punto de vista ve el sexo como una forma crítica de autoexpresión, una forma de «ser uno mismo» y «encontrarse a sí mismo» [...]. El sexo está allí principalmente para la realización y la autorrealización de un individuo [...]. Se piensa popularmente que la actitud bíblica hacia el sexo es la segunda visión: el sexo como degradante y sucio. Pero definitivamente no lo es. Difiere radicalmente de cada uno de estos otros entendimientos (pág. 248).

LA PERSPECTIVA MÁS POSITIVA

En el antiguo mundo grecorromano, el sexo era visto como un apetito físico o como una distracción contaminante de objetivos más elevados y más espirituales. Nuestra propia cultura moderna tiene una visión del sexo mucho más positiva que la que tenían los antiguos, lo que, según algunos estudiosos, se atribuye al cristianismo.[1] Sin embargo, incluso hoy en día, el sexo se considera no solo un apetito físico de placer que debe satisfacerse, sino un apetito emocional de intimidad que debemos satisfacer. Tanto los antiguos como los modernos dicen que el propósito del sexo es satisfacer sus propias necesidades. El cristianismo rechaza estos dos puntos de vista, proclamando que el sexo es una forma de servir al otro, construir comunidad e imaginar a Dios y Su amor salvador. No te conformes con ninguna perspectiva inferior a esta.

Reflexión:

En la mente popular, ¿cuál es la visión cristiana del sexo? ¿Por qué es esa la perspectiva?

Oración:

Medita en Mateo 5:13-16. Pídele a Dios que te ayude a ser «sal» y «luz».

[1] Harper, «The First Sexual Revolution».

DÍA 359

DAR REGALOS

Dios amó tanto al mundo que se entregó a nosotros en Jesucristo (Juan 3:16). La Navidad se trata de dar regalos y eso es apropiado. La encarnación, en la que Dios se hizo humano y perdió su gloria e invulnerabilidad, es el gran acto de entrega. Donde el cristianismo difiere de nuestra sociedad con respecto al matrimonio es en este mismo punto. Muchos quieren amor, sexo e intimidad, pero no quieren regalar su independencia a través del matrimonio. Pero Jesús perdió la independencia cuando se entregó a nosotros, y nosotros perdemos la nuestra cuando nos entregamos a Él, pero en esa entrega mutua vienen gloria y libertad. La unión matrimonial debe ser una imagen de nuestra unión con Cristo (Ef. 5: 25) y brinda libertad de la misma manera.

Reflexión:

Algunos señalan que el cristianismo tiene muchas reglas sobre el sexo porque tiene una visión muy negativa. Plantea un argumento que indique que las reglas reflejan una visión más elevada del sexo y no una más degradante.

Oración:

En este día de Navidad, agradece a Dios por Su regalo del matrimonio, incluso con todos sus altibajos y desafíos.

El pecado, que es ante todo un trastorno del corazón […] tiene un gran impacto en el sexo. Nuestras pasiones y deseos de sexo ahora están muy distorsionados. El sexo es para la entrega de toda la vida. Sin embargo, el corazón pecaminoso quiere usar el sexo por razones egoístas, no para darse a sí mismo y, por lo tanto, la Biblia pone muchas reglas a su alrededor para indicarnos que lo usemos de manera correcta. La ética sexual cristiana se puede resumir así: el sexo se usa dentro del matrimonio entre un hombre y una mujer (pág. 249).

DÍA 360

El cristianismo bíblico puede ser la religión más positiva para el cuerpo en el mundo. Enseña que Dios hizo la materia y los cuerpos físicos y vio que todo estaba bien (Gén. 1:31) […] que en Jesucristo, Dios mismo tomó un cuerpo humano […] y que algún día nos dará cuerpos perfectos y resucitados. Señala que Dios creó la sexualidad y se la entregó a una mujer y un hombre en el principio (pág. 249).

LA MOJIGATERÍA ES MALA TEOLOGÍA

La gente moderna piensa que el cristianismo tiene una actitud negativa hacia el cuerpo físico, pero eso no es cierto. Los historiadores han demostrado que el cristianismo le dio a la cultura occidental la idea de la bondad y la realidad del cuerpo y de la creación física.[1] Dios creó el mundo físico y fue «bueno». Cuando el Dios de la Biblia entró al mundo, adquirió un cuerpo humano. Está tan comprometido a restaurar Su creación física a su belleza y brillo original, que expió el pecado y resucitó en un nuevo cuerpo de resurrección, algo que todos los creyentes recibirán algún día. La bondad del sexo es una implicación de todo esto. Los cristianos deberían ser los últimos en ser mojigatos.

Reflexión:

Piensen en otras implicaciones de esta doctrina de la creación (que el mundo físico es bueno) para otros aspectos de su vida.

Oración:

Dedica un tiempo para agradecerle a Dios por el regalo de tu cuerpo, por todos los placeres y sensaciones de los que es capaz, y por Su compromiso de redimir nuestros cuerpos (Rom. 8:23), una perspectiva maravillosa más allá de nuestra imaginación.

[1] Por ejemplo, ve Charles Taylor, *A Secular Age* [Una era secular], (Cambridge, MA: Harvard University Press, 2018), 276-279.

UNA SUBLIME VISIÓN DEL SEXO

DÍA 361

Hay una paradoja en la actitud bíblica hacia el sexo. Pablo declara: «entre ustedes ni siquiera debe mencionarse la inmoralidad sexual, ni ninguna clase de impureza...» (Ef. 5:3), y: «Huyan de la inmoralidad sexual» (1 Cor. 6:18). Sin embargo, los textos citados anteriormente (día 337) celebran el sexo de manera abierta. ¿Cómo explicamos esto? La respuesta es que la sublime visión del sexo en la Biblia, que es una señal y participación en la restauración del mundo de Dios, explica ambos énfasis. Si nuestra visión del sexo no es elevada, podríamos ser mojigatos o podríamos ser casuales al respecto. Debido a que el sexo es un bien tan increíble, no debe ser tomado a la ligera por los cristianos.

Reflexión:

¿Qué actitudes hacia el sexo has tenido en tu pasado? ¿Cómo te afectan ahora? ¿Qué parte de la enseñanza cristiana sobre esto necesitas tener más en cuenta?

Oración:

Recuerda que la visión de los primeros cristianos sobre el sexo era una parte importante de su testimonio al mundo (ver días 244-250 y 274-275). Pídele a Dios que te dé una actitud apropiada del sexo, de tal forma que sea una señal del reino para los demás.

Dios no solo permite el sexo dentro del matrimonio, sino que lo ordena (1 Cor. 7:3-5). En el libro de Proverbios, se alienta a los esposos a dejar que los senos de sus esposas los llenen de deleite y se intoxiquen con su amor sexual (Prov. 5:19; comp. Deuteronomio 24:5). Cantares se regocija en las delicias del amor sexual en el matrimonio [...]. ¡La Biblia es un libro muy incómodo para los mojigatos! (pág. 250).

DÍA 362

[Cuando Jane Eyre fue tentada] ella ignoró lo que su corazón decía y consideró lo establecido por Dios. Las leyes morales de Dios en ese mismo momento no tenían sentido para su corazón y su mente [...]. Pero piensa, si pudiera romperlos cuando me parecen inconvenientes, ¿de qué valdrían? *La ley de Dios es para tiempos de tentación, cuando «el cuerpo y el alma se levantan en un motín contra su rigor». Entonces, en la Palabra de Dios, no en sus sentimientos y pasiones, se mantiene firme* (pág. 260).

LA VERDADERA AUTOESTIMA

El discurso interno de Jane Eyre se produce cuando el Sr. Rochester le pide que viva con él, aunque todavía está legalmente casado. Jane lo rechaza y declara: «Cuanto más solitaria, más sin amigos, más insostenible esté, más me respetaré a mí misma. Mantendré la ley dada por Dios».[1] La gente moderna diría que el respeto a uno mismo significa seguir tu corazón y tus deseos en lugar de cualquier otra cosa. Pero Jane sabe que, si no obedece la ley de Dios, realmente no está siguiendo su corazón, sino la agenda del Sr. Rochester para ella. Del mismo modo, si creemos que estamos siguiendo nuestro corazón cuando tenemos relaciones sexuales fuera del matrimonio, en realidad somos solo un peón de nuestra cultura, que ha definido una «vida auténtica» para nosotros. Obedece a Dios y respétate a ti mismo.

Reflexión:

Piensa en otras formas en que obedecer a Dios a pesar de tus deseos puede ser una forma de respetarte a ti mismo.

Oración:

Pídele a Dios que te muestre todas las formas en que las agendas de nuestra cultura pueden haberse infiltrado en tu mente y corazón, alegando al mismo tiempo que realmente eran tus deseos y necesidades. Pídele al Señor que te salve de la mundanalidad (1 Jn. 2:15-17).

[1] Bronte, *Jane Eyre*, 450-51.

TENERLO TODO

DÍA 363

Esta es otra versión de un profundo principio cristiano, formulado en la frase de C. S. Lewis: «Apunta al cielo y acertarás en la tierra. Apunta a la tierra y no acertarás en ninguno de los dos». Considera el sexo como algo que no practicas para ti mismo. Eso significa, primero, que no lo haces fuera del matrimonio. En segundo lugar, significa que dentro del matrimonio lo haces incluso cuando no te apetece, como una forma de celebrar y amar a tu cónyuge. Sin embargo, para satisfacer verdaderamente las necesidades de tu cónyuge de esta manera, necesitas tener relaciones sexuales con alegría, para aprender a hacer el amor de una manera que los deleite a ambos. Por lo tanto, apunta a entregarte a ti mismo en el sexo, no a satisfacerte a ti mismo, y obtendrás ambas cosas.

Reflexión:

¿Qué puedes aprender de esta forma de ver el sexo para tu propio matrimonio? ¿Qué diferencia podría hacer en ti este concepto?

Oración:

En nuestra cultura no es fácil creer que priorizar la santidad sobre la felicidad producirá ambas cosas, pero si pones la felicidad primero no obtendrás ninguna. Pídele a Dios que grabe esta verdad en tu conciencia y corazón para que puedas vivir de acuerdo a ella y prosperar.

¿Es el sexo principalmente un medio de felicidad y satisfacción individual? No, pero eso no significa que el sexo no se trate de alegría y solo de deber. La enseñanza cristiana es que el sexo es principalmente una forma de conocer a Dios y construir comunidad y, si lo usas para esas cosas en lugar de para tu propia satisfacción, conducirá a una mayor satisfacción de lo que puedas imaginar (pág. 250-251).

DÍA 364

Considerar el matrimonio una sola carne *supone que la relación sexual se entiende como símbolo de esa unión polifacética y asimismo como medio para hacerla real y efectiva. La Biblia advierte acerca del peligro de la unión física si no estamos dispuestos a comprometernos en lo emocional, en lo social, en lo económico y en lo legal. No expongas tu cuerpo, desnudo y vulnerable, sin que haya una vulnerabilidad mutua en todo posible aspecto, porque en la unión en pareja se renuncia a una libertad para un compromiso real y sincero* (págs. 251-252).

AMOR Y LIBERTAD

La frase «se renuncia a una libertad para un compromiso real y sincero», utiliza la palabra libertad en el sentido moderno. Hoy la definimos como independencia, la ausencia de restricciones en nuestras elecciones. Pero Jesús dice que cuanto más nos sometemos a Su verdad, más seremos libres (Juan 8:32; comp. Sal. 119:45). Así como un pez no es libre cuando se deja caer en la playa, sino solo cuando se limita al agua para la que fue diseñado, los humanos solo son verdaderamente libres de ser ellos mismos cuando obedecen al Dios que los diseñó. La definición moderna de libertad es antitética al amor, porque amar es permitir que el ser querido influya en tu vida. Pero el punto de vista bíblico encaja perfectamente. Renuncia a tu independencia para amar a tu cónyuge y aprenderás una mayor libertad.

Reflexión:

¿Te has irritado por la pérdida de independencia que trae el matrimonio? ¿Cómo puede ayudarte este principio?

Oración:

Medita en el Salmo 119:45. Luego, pídele a Dios que te dé esa libertad más profunda que se encuentra en el otro lado de la promesa, la obediencia y la autodisciplina.

SEGURIDAD E INTIMIDAD

DÍA 365

La relación entre el pacto matrimonial y el sexo es interdependiente y simbiótica. Cada miembro de una pareja no casada sabe que la otra persona puede alejarse en cualquier momento con un mínimo de problemas. No ha habido promesa ni vínculo. Pero un pacto matrimonial crea una cuna de seguridad mucho mayor en la que podemos revelarnos el uno al otro. No hay mayor intimidad que la transparencia vulnerable, y eso se traduce fácilmente en ternura sexual y deleite mutuo. La unión física conduce a un sentido mucho mayor de unión emocional y personal. Entonces, el pacto nos da el sexo en una nueva dimensión de profundidad, y el sexo fortalece y renueva la fuerza vital del pacto.

Reflexión:

Discute el principio de que «la transparencia se traduce en intimidad sexual». ¿Ha visto esto en tu matrimonio?

Oración:

Agradece a Dios por lo que has aprendido en este volumen sobre el matrimonio este año, y pídele ayuda para implementar esas lecciones con sabiduría, amor y gracia.

En el Antiguo Testamento [...] Dios ordenó [...] ceremonias en las cuales la gente recordaría los términos del pacto [...] y se volvían a comprometer. [Entonces el sexo es el camino para] que el marido y la mujer [...] renueven su compromiso mutuo [...]. El sexo es la forma designada por Dios para que dos personas se digan recíprocamente: «Te pertenezco completamente, permanentemente y exclusivamente a ti». No debes usar el sexo para decir nada menos. [Por lo tanto] es necesario un pacto para que el sexo cree un lugar de seguridad para la vulnerabilidad y la intimidad (pág. 252).

AGRADECIMIENTOS

Gracias a Ray y Gill Lane, quienes nos brindaron un apoyo excepcional al escribir este volumen. Proporcionaron espacio para trabajar, nos prepararon excelentes comidas y nos animaron constantemente. Lo hicieron por nosotros en una de las partes más bellas del mundo: Lake District, Inglaterra. No podemos pensar en un mejor escenario para que trabajen los escritores. Un gran agradecimiento también para nuestro editor en Viking, Brian Tart, y nuestro agente literario David McCormick. Ambos hombres han sido nuestros amigos y socios desde 2007, un récord notable en un mundo de relaciones frágiles y transaccionales. Brian y David han sido infatigables en su compromiso e incansablemente sabios en su trabajo con nosotros. Hemos dedicado este libro a nuestros hijos y sus esposas: David y Jennifer, Michael y Sara, Jonathan y Ann-Marie. Hemos observado con admiración y respeto cómo han hecho lo que sea necesario para nutrir sus matrimonios.